Vorwort

Ein Theologiestudium soll ja vor allem diejenigen elementaren Einsichten, Kenntnisse und Fertigkeiten vermitteln, die heutzutage für eine aufrichtige und (jedenfalls in einem sehr bestimmten, reformatorischen Sinne) auch erfolgreiche Ausübung der Berufe eines Religionslehrers oder einer Religionslehrerin bzw. einer Pfarrerin oder eines Pfarrers von Nöten sind. Die Menge solcher elementarer Voraussetzungen schulischer und gemeindlicher Arbeit scheint in einer immer komplexeren Welt gegenüber früheren Zeiten ganz gewaltig angewachsen zu sein; freilich werden gegenwärtig die Studiendauer und die finanziellen Mittel allerorten gekürzt, was einer soliden Ausbildung nicht gerade sehr zuträglich sein dürfte. In dieser schwierigen Umbruchssituation können zuverlässige Lehr- und Studienbücher dabei helfen, daß wenigstens am fachlichen Niveau der Ausbildung trotz knapperer Kapazitäten und Reserven keine empfindlichen Abstriche vorgenommen werden müssen. Ein solches Arbeitsbüchlein für den Bereich der evangelischen Kirchen- und Theologiegeschichte habe ich im letzten Jahr – ursprünglich auf Anregung der Wuppertaler Alttestamentler Siegfried Kreuzer und Dieter Viewweger – zu schreiben versucht. Die hier unternommene ausführliche Darstellung der historischen Arbeitstechniken, die Hinweise auf Quellen und deren Erschließung in Ausgaben bzw. Sekundärliteratur sollen dazu anleiten, daß der ganze Reichtum der historischen Überlieferung in der begrenzten Zeit eines Studiums so leicht wie irgend möglich zugänglich werden kann – daß also jene methodischen Hilfen bereitgestellt sind, die erst ein selbständiges und kritisches Urteil über die geschichtliche Gestalt des christlichen Glaubens und der Glaubenden zu bestimmten Zeiten ermöglichen. Der spezifische Ort, wo alle diese Methoden vermittelt werden sollen, ist das *kirchengeschichtliche Proseminar*, zu dem das Arbeitsbuch als Begleitlektüre dienen kann.

Die folgenden Seiten wollen Studierende der evangelischen Theologie aber nicht nur durch ein kirchengeschichtliches Proseminar, sondern während ihres ganzen Studiums dieses Faches begleiten und bei der Anfertigung der entsprechenden Pro-/Hauptseminar- bzw. Examens-/Diplomarbeiten unterstützen. Stellenweise führen daher Literaturangaben und Beispiele sehr bewußt über den Rahmen eines kirchengeschichtlichen Proseminars hinaus und stellen Informationen, Hinweise und Methoden für die weiteren Phasen des Studiums, z.T. sogar schon für eine berufliche Praxis bereit, in der Pfarrerinnen und Pfarrer es ja mit vielfältigen Zeugnissen historischer Überlieferung zu tun haben (z.b.: Kirchenbücher; Inschriften auf Grabsteinen und Epitaphien [= Gedenktafeln[1]]). Selbstverständlich ist hier jeweils für den augenblicklichen Nutzungszweck, etwa den eines Proseminares, auszuwählen – Anregungen dazu werden z.B. durch unterschiedliche Drucktypen gegeben. Natürlich ist auch nicht intendiert, daß die in den Anmerkungen gegebenen Nachweise *in extenso* verfolgt werden; sie dienen vielmehr als erste Anregung für die Weiterarbeit bei vertieftem Interesse an dem einen oder anderen Thema, deshalb sind sie ans Ende des Buches gestellt. Die fett gedruckten Lehr- bzw. Merksätze entsprechen freilich den methodischen Lernzielen eines kirchengeschichtlichen Proseminares; auch die Lernkontrollfragen am Ende eines Abschnittes sind darauf bezogen. Es empfiehlt sich unter Umständen, Antworten auf diese Fragen zur Selbstkontrolle schriftlich festzuhalten oder in einer Lerngruppe zu diskutieren. Auflösungen wurden nicht eigens beigegeben, weil hier (wie in sehr einfachen Preisrätseln) die Auflösung bereits aus dem vorherigen Text klar sein sollte und dort nachzulesen ist.

Natürlich kann ein solches »Arbeitsbuch Kirchengeschichte« nicht auf alle Eventualitäten des Lebens vorbereiten. So läßt sich mit seiner Hilfe noch nicht ein antiker bzw. mittelalterlicher Text edieren bzw. ein modernes Archiv (etwa das der eigenen Kirchengemeinde!) mit Gewinn benutzen[2]; erste Schritte in diese Richtung sind aber vorbereitet. Schließlich darf ja das Ideal des selbständigen Historikers bzw. der frei arbeitenden, eher dem Stoff als der Methode verpflichteten Kirchengeschichtlerin nicht vollkommen aus dem Blick geraten; im Sinne dieses Zieles soll mit den methodischen Winken und dem Stoff der Beispiele zu geschärftem Wahrnehmen und besserem Verstehen der historischen

---

[1] Diese und andere Fremdwörter erklärt F. HAUCK/G. SCHWINGE, Theologisches Fach- und Fremdwörterbuch, Göttingen [6]1987 bzw. F. HAUCK/R. MAU, Theologisches Fach- und Fremdwörterbuch, Berlin [2]1980. Zur Anschaffung geeignet ist das fachspezifischere »DTV-Wörterbuch der Kirchengeschichte« von GEORG DENZLER und CARL ANDRESEN, 1993 in vierter, aktualisierter Auflage erschienen (DTV 3245, München 1993).

[2] Das hat der englische Kirchenhistoriker HENRY CHADWICK freilich als Voraussetzung des Theologiestudiums gefordert (Frontiers of Theology. An Inaugural Lecture, Cambridge 1981, 8).

Gegebenheiten und der darin offen oder verborgen liegenden Christentumsgeschichte angeleitet werden.

Auf *drei* Schwierigkeiten dieses Unternehmens ist jedoch zu Beginn hinzuweisen, nämlich auf die starke Spezialisierung der Teildisziplinen der Kirchengeschichte, auf die Problematik einer Methoden-Normierung und auf die neuen Forschungsrichtungen des Faches: *Erstens* ist es fast unmöglich, für die verschiedenen Arten von Lehrveranstaltungen in den fünf Teilen (= Epochen bzw. Perioden) des Fachgebietes Kirchengeschichte (Alte Kirche, Mittelalter, Reformationszeit, Neuzeit, Neueste Zeit[3]) und deren unterschiedliche Schwerpunkte (Themen- bzw. Personenorientierung; kirchen- oder theologiegeschichtliche Ausrichtung) *ein* Lehr- bzw. Arbeitsbuch zur Verfügung zu stellen, in dem alle Interessen und Erwartungen gleichmäßig befriedigt werden. Um dieser Schwierigkeit halbwegs zu begegnen, werden alle behandelten Methodenschritte durch verschiedene *Beispiele* erläutert, die aus *mehreren* jener fünf Zeitepochen und aus unterschiedlichen Gattungen kirchengeschichtlicher Arbeit gewählt sind. (Freilich ziehen sich einige wichtige und in jeder Hinsicht »examensrelevante« Themata als Beispiele durch das ganze Buch: Athanasius, Arius und das Konzil von Nizäa [325 n.Chr.]; Martin Luther und die Reformation sowie Ereignisse aus der Zeit des sogenannten »Kirchenkampfes« in den Jahren nach 1933). *Zweitens* ist es fast unmöglich, *einen* festen Methodenkanon für die überaus unterschiedlichen Quellenarten und Themen zu formulieren oder gar zu normieren. *Schließlich* lassen sich die neuen Forschungsmethoden und -gebiete, die die kirchengeschichtliche Arbeit in der letzten Zeit herausgefordert und befruchtet haben, in diesem Rahmen leider kaum wirklich angemessen darstellen: Sozialgeschichte, Mentalitätsgeschichte und historische Verhaltensforschung, religiöse Alltags- und Frömmigkeitsgeschichte sowie Frauen- und Geschlechtergeschichte. Selbst auf traditionelle Gebiete, die leider im Universitätsalltag eher am Rande stehen, kann hier meist nur knapp verwiesen werden: Ordensgeschichte, Gottesdienst- und Liturgiegeschichte oder Gesangbuchkunde und Hymnologie[4].

Am Ende einer Einleitung gibt ein Autor in aller Regel dankbar Rechenschaft über verschiedene Anregungen – ich nenne zuerst Vorbilder, anhand derer ich versucht habe, mich über die Aufgabe zu orientieren: Eine (eher methodisch ausgerichtete) spezielle *Einleitung* in die

---

[3] Dazu vgl. unten, § 1.1. Das Problem der Periodisierung (S. 7–19).
[4] Vgl. dazu die Literaturhinweise unten in § 12, S. 157–160.

Kirchen- und Theologiegeschichte, wie sie hier versucht ist, scheint es als verbreiteteres literarisches Genre erst seit dem letzten Jahrhundert zu geben[5]. Die vorangegangenen Einleitungen in das Fach »Kirchengeschichte« von *Georg Calixt* (1586–1656)[6] über *Friedrich Schleiermacher* (1768–1834)[7] bis zu *Gerhard Ebeling* (*1912)[8] kombinierten meist methodische mit inhaltlichen Ausführungen oder bestimmten den Charakter der Kirchengeschichte innerhalb der evangelischen Theologie – ersteres beispielhaft bei *Adolf von Harnack* (1851–1930)[9]; letzteres z.B. bei *Kurt-Victor Selge* (*1933)[10].

Bemerkenswerterweise stammt aber schon eine der ersten methodischen Einführungen in die »Allgemeine Geschichtswissenschaft« und deren Theorie von einem Kirchenhistoriker (!), dem Erlangener Aufklärungstheologen *Johann Martin Chladenius* (1710–1759)[11]. Chladenius beschreibt, wie er während seiner Lehrtätigkeit über die »Kirchenalterthümer« dazu gebracht wurde, Regeln historischer Arbeit ausfindig zu machen, weil sich hier der Mangel an methodischen Vorgaben am unangenehmsten bemerkbar gemacht habe[12]. Heute scheint sich die evangelische Kirchengeschichte aus solchen theoretischen und prakti-

---

[5] Vgl. z.B. CHR.W. FLÜGGE, Einleitung in das Studium und in die Literatur der Religions- und Kirchengeschichte, Göttingen 1801; J. NIRSCHL, Propädeutik der Kirchengeschichte für kirchenhistorische Seminare und zum Selbstunterrichte, Mainz 1888; E. BENZ in der ›Einführung in das Studium der evangelischen Theologie‹ (hg. v. H. FRICK, Gießen 1947), 55-89; H. BORNKAMM, Grundriß zum Studium der Kirchengeschichte, Grundriß des Theologiestudiums (hg. v. M. DOERNE) II, Gütersloh 1949; E. WOLF, Kirchengeschichte, in: Einführung in das Studium der evangelischen Theologie, hg. v. R. BOHREN, München 1964, 151–180 und zuletzt G. RUHBACH, Kirchengeschichte. Studienbücher Theologie, Gütersloh 1974.

[6] Apparatus sive introductio in studium et disciplinam Sanctae Theologiae, hg. v. I. MAGER, in: G. Calixt. Werke in Auswahl Bd. 1, Göttingen 1978, 48–364; zu G. C. vgl. J. WALLMANN, Art. G. Calixt, Theologische Realenzyklopädie (= TRE) VII, Berlin, New York 1981 = 1993, 552-559.

[7] Kurze Darstellung des theologischen Studiums zum Behuf einleitender Vorlesungen, hg. v. H. SCHOLZ, QGP 10, Hildesheim/New York 1969 = Leipzig 1910, 58–73 (»Die historische Theologie im engeren Sinn oder die Kirchengeschichte«).

[8] Studium der Theologie. Eine enzyklopädische Orientierung, UTB 446, Tübingen 1975, 68-82.

[9] Einführung in die Alte Kirchengeschichte. Das Schreiben der römischen Kirche an die korinthische aus der Zeit Domitians übersetzt und den Studierenden erklärt, Leipzig 1929.

[10] Einführung in das Studium der Kirchengeschichte, Darmstadt 1982.

[11] Knappe biographische Informationen zu diesem und anderen Historikern bzw. Theologen finden sich bei R. V. BRUCH/R. A. MÜLLER, Historikerlexikon von der Antike bis zum 20. Jh., München 1991 bzw. W. HÄRLE/H. WAGNER, Theologenlexikon von den Kirchenvätern bis zur Gegenwart, München 1987; für Chladenius vgl. den Art. von H. W. BLANKE im ersten Werk, S. 52f. – Eine große Anzahl von Personen-Artikeln enthält auch das »Lexikon für Theologie und Kirche« (LThK), das jetzt in der dritte Auflage zu erscheinen beginnt (Bd. I: Freiburg u.a. 1993).

[12] J. M. CHLADENIUS, Allgemeine Geschichtswissenschaft. Neudruck der Ausgabe Leipzig 1752, Klassische Studien zur sozialwissenschaftlichen Theorie, Weltanschauungslehre und Wissenschaftsforschung 3, Wien u.a. 1985, XVI*f.

schen Methodenfragen eher zurückgezogen zu haben; vom Aufkommen der »Studien-«, »Methoden-« und »Hilfsbücher« seit den siebziger Jahren blieb diese Wissenschaft weitgehend unberührt: Den verschiedenen heute verbreiteten Studienbüchern der Geschichtswissenschaften[13] entsprechen kaum vergleichbare Werke im Bereich der Kirchengeschichte.

Dieses Arbeitsbuch beruht auf meinen eigenen Erfahrungen aus zehn kirchengeschichtlichen Proseminaren an der Eberhard-Karls-Universität in Tübingen; stellvertretend für die fast dreihundert Teilnehmerinnen und Teilnehmer, von deren Mitarbeit, Anregungen und Kritik ich oft und reichlich profitieren konnte, möchte ich die ›Belegschaft‹ der Proseminare vom Wintersemester 1993/1994 und Sommersemester 1994 nennen: Sie haben durch engagierte Kritik und Mitarbeit dem ersten Entwurf zu diesem Arbeitsbüchlein seine Form gegeben. Ihnen gebührt dafür ebenso der besondere Dank wie den ehemaligen Tübinger studentischen Hilfskräften Johanna Braner und Ulrike Kugler für ihre Arbeit an den Texten, die weit über reine Kopier- und Korrekturgänge hinausging. Hilfreiche Hinweise zu den verschiedenen Fassungen gaben auch die Professoren Brennecke (Erlangen), Köpf und Mehlhausen (Tübingen) sowie die damaligen Kollegen Dr.es Bolliger (Zürich), Kany (Mainz), Strutwolf (Münster) und Ulrich (Erlangen). Die Widmung dieses Lehrbuches erwähnt schließlich zwei für den Verfasser wichtige Lehrer aus den (zusammen mit der Philosophie und der Geschichtswissenschaft) wichtigsten Nachbardisziplinen der Theologie, nämlich einen Germanisten und einen Altphilologen: Sie nennt den Vater, der mit seinem großen Engagement für die Lehre dem Sohn ebenso ein Vorbild darstellt, wie den Großvater, dessen »methodische Versuche zur Verlebendigung des Lateinunterrichtes«[14] zwar recht deutlich dem Geist einer bereits vergangenen Epoche – der Reformpädagogik – verpflichtet sind, sich aber in dem Insistieren auf der Gegenwartsbedeutung antiker Texte mit dem Impe-

[13] Eine Auswahl: H. BENGTSON, Einführung in die Alte Geschichte, München [8]1979; H.-P. KOHNS/K.-H. SCHWARTE, Anleitung für Teilnehmer althistorischer Proseminare, Paderborn 1971; H.-W. GOETZ, Proseminar Geschichte: Mittelalter, UTB 1719, Stuttgart 1993; H. QUIRIN, Einführung in das Studium der mittelalterlichen Geschichte, Stuttgart [5]1991; E. OPGENOORTH, Einführung in das Studium der neueren Geschichte, Frankfurt/M. 1979 sowie W. SCHULZE, Einführung in die Neuere Geschichte, UTB 1422, Stuttgart 1987.
[14] TH. HERRLE, Lebendiges Latein. Methodische Versuche zur Verlebendigung des Lateinunterrichtes, Wiesbaden 1953; DERS., Was leistet der Unterricht in den Alten Sprachen [in: FS für M. Pohlenz zum 80. Geburtstag], Societas Latina 19, 1953, 1–14; DERS., Fröhliches Latein. Ein Wiederholungs- und Übungsbuch. Formenlehre – Kasuslehre – Satzlehre, 2 Tle., Bad Dürkheim 1958.

tus des Enkels treffen. Verleger Georg Siebeck hat sich mit außerordentlich regem Interesse und in großer Freundlichkeit auch dieses Textes angenommen, und die Mitarbeiter seines Hauses in der Tübinger Wilhelmstraße haben ihn kundig betreut und in ein graphisch ansprechend gestaltetes Arbeitsbuch umgesetzt – wofür dem Verlag Mohr-Siebeck der erneute tiefe Dank des Autors sicher ist.

Zuletzt wünsche ich allen Benutzerinnen und Benutzern dieses Studienbuches viel Vergnügen an der Kirchengeschichte, spannende Entdeckungen auf diesem Felde und die Gabe, diese für die eigene theologische Existenz, für Kirche und Gesellschaft fruchtbar werden zu lassen. Für Anregungen zur Verbesserung dieses Arbeitsbuches und Hinweise auf stehengebliebene Fehler wäre ich sehr dankbar und bitte also mit Worten eines karolingischen Schreibers des berühmten Schweizer Klosters Sankt Gallen:

Prudens quisquis lector, volumen cum legeris istud,
scriptori imperito veniam concede deposco
et eradere quod super est et non pegriteris
aptare quae desunt. Amen.[15]

Jena und Tübingen, im Herbst 1994   Christoph Markschies

---

[15] »Wer immer du seist, kluger Leser (und: kluge Leserin),
        bitte ich dich inständig, wenn du dies liesest:
    Gewähre dem unerfahrenen Schreiber Verzeihung und zögere nicht,
    zu tilgen, was überflüssig ist,
    und einzufügen, was fehlt. Amen«. (Hs. 28, fol. 262r).

Inhaltsverzeichnis

Zweiter Teil: Kritik

Dritter Teil: Interpretation

Vierter Teil: Darstellung

Schluß

Beigaben

Einführung

§ 1 Das Ziel kirchengeschichtlicher Arbeit (zunächst im Rahmen allgemeiner Geschichtswissenschaft)

Kirchengeschichtliche Arbeit ist zunächst nur ein Teil der allgemeinen historischen Arbeit; die Kirchengeschichte also jene Teildisziplin der allgemeinen Geschichtswissenschaft, die sich mit der Geschichte des Christentums und der christlichen Kirche bzw. den christlichen Kirchen von den Anfängen bis zur Gegenwart beschäftigt. Sie hat daher zuallererst nach allgemeinen historischen Gesetzen und Methoden zu arbeiten und sich an deren wissenschaftlichem Standard zu orientieren. Unter historischer Arbeit verstehen wir, daß auf der Basis einer sorgfältigen, d.i. methodisch kontrollierten Analyse von Quellen in kritischer Darstellung vergangene Sachverhalte, Begebenheiten und Abläufe so genau und so spannend wie möglich mitgeteilt bzw. nacherzählt werden. Die exakten Schritte jenes Weges zum Ziel historischer Arbeit sind Gegenstand der historischen Methodik.

Zudem kann die Kirchengeschichte als Teildisziplin der jeweiligen konfessionellen evangelischen oder katholischen wissenschaftlichen Theologie betrieben werden. Dann verändert sich aber nicht die allgemeine historische Methode, sondern erweitert (oder präzisiert) sich die Fragerichtung der Forschung und der Gesprächszusammenhang der Disziplin.

Wie alle historische Arbeit dient die kirchenhistorische Forschung zunächst dazu, historische Sachverhalte, Begebenheiten und Abläufe zu analysieren und schließlich mitzuteilen bzw. nachzuerzählen in einer kritischen Darstellung auf der Basis des historischen Materials, auf der Basis von *Quellen*. In dieser grundsätzlichen Gestalt und Zielvorgabe der historischen Arbeit besteht keinerlei Unterschied zwischen der etwas unglücklich so genannten »profanen« Geschichtswissenschaft und jener kirchengeschichtlichen Arbeit, die an deutschen evangelischen und katholischen Fakultäten oder von sonstigen konfessionell geprägten Forscherinnen und Forschern betrieben wird. Es ist daher möglich und sinnvoll, das gemeinsame Ziel und die gemeinsame Methode zunächst ohne eine ausführliche Diskussion des Problemfeldes »Kirchengeschichte als Fachgebiet der wissenschaftlichen Theologie« darzustellen.

> Ob und wie an der hier vorgenommenen Zielbestimmung die systematischen Einsichten der Theologie und die spezifischen Erfordernisse dieser Disziplin Modifikationen nötig machen, wird uns also erst im letzten Paragraphen dieses Buches beschäftigen: Das Ziel kirchengeschichtlicher Arbeit im Rahmen der evangelischen Theologie (§ 11; S. 150–153).

Außerdem besteht über diese Aufgabe historischer Arbeit seit der Antike ein weitgehender Konsens aller ernsthaft arbeitenden Historiker resp. Historikerinnen. Herodot aus Halikarnassos (Kleinasien; um 490/ 84–430/25 v.Chr.) hat dafür den Ausdruck ἱστορίης ἀπόδεξις (Publikation einer Forschung) verwendet[1], der bis heute in gewandelter Bedeutung (*historia:* ein Geschichtswerk, die Geschichte) den Gegenstandsbereich dieser Tätigkeit beschreibt. Den alten Titel *pater historiae*, »Vater der Geschichtswissenschaft«, trägt Herodot also in gewissem Sinne zu Recht[2]. Der Weg bis zum heutigen deutschen Ausdruck ›Geschichte‹ ist freilich lang; erst in der zweiten Hälfte des achtzehnten Jahrhunderts kommt im deutschen Sprachraum anstelle des Plurals Geschichten (im Sinne von »Erzählungen«) der Gebrauch des Wortes »Geschichte« im Singular in Mode, um in dem einen Begriff »alles in der Welt Geschehene« (R. Koselleck) zusammenzufassen. Man beginnt seither, darunter einen zusammenhängend sich ereignenden Prozeß zu verstehen, der theoretisch universell gedacht wird[3]. Historische Arbeit zielt auf eine wissenschaftlich verantwortete Analyse und die darauf aufbauende Nacherzählung dieses Prozesses, mithin die Umsetzung von Geschichte in Geschichten einer ganz bestimmten Sorte.

Das Ziel solcher historischer Forschung hat bereits der attische Historiker Thukydides (ca. 460/54–400 v.Chr.) im sogenannten ›Methodenkapitel‹ seines Geschichtswerkes über den peloponnesischen Krieg formuliert und den Weg dorthin folgendermaßen beschrieben:

> »Was aber tatsächlich geschah …, erlaubte ich mir nicht nach Auskünften des ersten besten darzustellen, auch nicht nach meinem Dafürhalten, sondern ich bin Selbsterlebtem und Nachrichten von anderen mit aller erreichbaren Genauigkeit bis ins einzelne nachgegangen. Mühsam war die Forschung, weil die

Zeugen der einzelnen Ereignisse nicht dasselbe über dasselbe aussagen, sondern je nach Gunst und Gedächtnis«[4].

Thukydides versteht also Geschichtsschreibung als Prozeß des Forschens (ζήτησις), bei dem das historische Material (er spricht u.a. von τεκμήρια, von Zeugnissen) so genau wie möglich (griechisch: ὅσον δυνατὸν ἀκριβείᾳ περὶ ἑκάστου) geprüft wird (βασανίζειν)[5]. An diesem Verfahren hat sich in über zweitausend Jahren nichts Wesentliches geändert, wie drei Beispiele der Erforschung wichtiger Konflikte in der Kirchengeschichte zeigen:

1. Der sogenannte ›*arianische Streit*‹ (318–381 n.Chr.)[6]: Hierunter versteht man jene Auseinandersetzungen, die die Theologie des alexandrinischen Priesters Arius ausgelöst hat, der die Gottheit Christi unter die Gottheit des Vaters ordnete (=»Subordination«). Sie werden in den Lehrveranstaltungen und den neueren Darstellungen auf der Basis von Texten griechischer und lateinischer Theologen und (Kirchen-)Historiker des vierten und fünften Jahrhunderts erzählt bzw. geschrieben, die dazu zunächst kritisch auf ihren historischen Wert überprüft werden müssen. Denn die unmittelbaren Zeitzeugen nehmen im Streit Partei (bei Thukydides: εὔνοια); das Gedächtnis der späteren Chronisten irrt (Thukydides: μνήμη).

2. Der ›*Apostolikumsstreit*‹ (1845–1911)[7]: In der Mitte des 19. Jh.s brachen in den evangelischen Kirchen schwere Auseinandersetzungen um die Verbindlichkeit der drei altkirchlichen Bekenntnisse (Apostolikum, Nizäno-Konstantinopolitanum und Athanasianum) auf. Bisher fehlt eine neuere Gesamtdarstellung dieses Konfliktes; wer sie zu schreiben gedenkt, hätte neben den verschiedenen zeitgenössischen Streitschriften (das sind vor allem kleine Broschüren und Traktätchen, die zunächst in einer Gesamtbibliographie zu erfassen wären) etwa die Erinnerungsliteratur und die z.T. unveröffentlichten Briefe der beteiligten Theologen auszuwerten.

3. Der Streit um die ›*Junge Gemeinde*‹ in der DDR (1952/1953)[8]: Ende des Jahres 1952 leiteten Funktionsträger der ›Sozialistischen Einheitspartei Deutschlands‹ eine umfangreiche Kampagne gegen die ›Junge Gemeinde‹ (nach 1945 aufgekommener Begriff für die jüngeren Gemeindeglieder innerhalb der Ortsgemeinden ohne feste Organisationsformen) ein, die als ›westdeutsche und amerikanische Agentenzentrale‹ entlarvt werden sollte. Eine Nachzeichnung dieser Maßnahmen könnte sich z.B. auch auf mündliche Berichte oder Interviews aus der Menge der ca. 3000 Oberschüler stützen, die wegen ihrer Aktivitäten in der Gemeinde von ihren Ausbildungseinrichtungen relegiert wurden (›oral history‹).

Allerdings kommt längst nicht alles Material, mit dem wir es in der Geschichtswissenschaft zu tun haben, im thukydidëischen Sinne als τεκμήριον, als Zeugnis, in Frage. So sind z.B. nicht alle Menschen, die zur selben Zeit leben, auch Zeitgenossen (Schalom Ben-Chorin); sie leben teilweise in vollkommen anderen Kontexten oder Gesprächszusammenhängen und können also für die Aufhellung bestimmter Zusammenhänge rein gar nichts beitragen. So haben z.B. nicht alle Berliner Theologiestudenten der Jahre 1931–1933 die Predigten des Studentenpfarrers und Privatdozenten Dietrich Bonhoeffer im Universitätsgottesdienst in der Dreifaltigkeitskirche im Stadtbezirk Mitte wahrgenommen oder gar gehört[9] und können davon Eindrücke mitteilen.

Natürlich kann das verwendete historische Material seinerseits (zeitgenössische oder wenig spätere) Geschichtsdarstellungen enthalten; z.B. umfassen die »Urkunden zur Geschichte des arianischen Streites«[10] (sie wollen sämtliche Texte sammeln, die diese heftige Kontroverse betreffen) etliche Passagen aus Werken spätantiker Historiker; für den ›Apostolikumsstreit‹ sollte die Nachzeichnung des Konfliktes aus den Händen der Tochter eines Hauptbeteiligten ausgewertet werden[11].

Der Begriff *Darstellung* bezieht sich aber sinnvollerweise im Prozeß historischer Arbeit jeweils auf das Ziel der *gegenwärtigen* Tätigkeit. Dabei kommt zu dem historischen Material (den ›Quellen‹, dazu unten S. 20–30) ein besonderer Kommunikationsvorgang: Es gewinnt im Verlauf der Arbeit eine mündliche Rede (z.B. ein Referat) bzw. ein schriftlicher Text (z.B. eine Seminararbeit oder ein Aufsatz) Gestalt, und dieser Prozeß entfaltet eine gewisse Eigendynamik: Der eine vermag etwas bunter zu erzählen als der andere; die eine analysiert strenger als die andere. Jene Vorgänge werden in der Kommunikationswissenschaft, Linguistik und Hermeneutik untersucht; die Ergebnisse dieser Disziplinen sind in die historische Methodik einzubeziehen (§ 8 innere Quellenkritik; s.u. S. 120–130). – Diese literarische Dimension der historischen Arbeit wurde in der letzten Zeit stärker in den Blick genommen; sie steht z.B. im Mittelpunkt der Arbeiten des Amerikaners *Hayden White*, ausführlich entfaltet in seiner interessanten Darstellung über die Geschichtswissenschaft des letzten Jahrhunderts von 1973 (in deutscher Übersetzung 1991)[12]; Konsens sollte allerdings darüber bestehen, daß in historischen Darstellungen nicht nur einfach irgendeine mehr oder weniger beliebige Form von literarischen Texten vorliegt, sondern der Modus der literarischen Präsentation von der historischen Methode bestimmt ist und diese widerspiegeln sollte.

Das Ziel und zugleich die Voraussetzung solcher Darstellungen ist, wie bereits der berühmte Althistoriker *Johann Gustav Droysen* (1808–1886) in seiner Jenaer Vorlesung ›Historik‹ (1857) herausgestellt hat, *das Verstehen:* Darstellungen wollen ihrer Leserschaft das Verstehen vergangener Epochen ermöglichen bzw. vermitteln und legen so Zeugnis ab vom Verstehen der Autoren und Autorinnen. Droysen wörtlich: »Es gilt zu verstehen«[13]; verständige Interpretation der Vergangenheit ist neben ihrer Mitteilung bzw. Nacherzählung ein weiteres Ziel kirchengeschichtlicher Arbeit im Rahmen allgemeiner Geschichtswissenschaft. – Begriff und Konzept des ›Verstehens‹ bei Droysen sind vor allem in diesem Jahrhundert kritisiert worden; in diesem Arbeitsbuch wird trotzdem daran festgehalten, daß im Zentrum der historischen Arbeit Verstehen mindestens als »die Erfassung der Bedeutung von Äußerungen bzw. Texten im Hinblick auf die Intentionen des oder der Autoren« steht, dann auch im Sinne der »deutenden Interpretation historischer Sachverhalte«, Begebenheiten und Abläufe »im Hinblick auf deren Signifikanz im Licht übergreifender Fragestellungen« (Wolfgang J. Mommsen[14]). Damit ist ein Minimalkonsens umschrieben, ohne daß nun auf die nicht ganz unproblematischen Spezifika des Droysenschen Verstehensbegriffs zurückgegriffen werden muß.

Verstehen ist wiederum zielgerichtet: Es soll ermöglichen, aus der Vergangenheit Lehren für Gegenwart und Zukunft zu ziehen, d.h. Gegenwart und Zukunft besser zu verstehen. In dieser Ansicht vom Ziel historischer Arbeit sind sich so verschiedene Historiker wie Thukydides und Friedrich Schiller (1759–1805) mit Theologen wie Friedrich Daniel Ernst Schleiermacher (1768–1834) einig: Ersterer will sein Werk »zum dauernden Besitz, nicht als Prunkstück fürs einmalige Hören« verfassen[15]; letzterer erhofft vom »Studium der Weltgeschichte« die Erleuchtung des Verstandes und die »Verbesserung« der individuellen Entscheidungs- und Urteilskompetenz[16]. Schleiermacher schreibt: »Die Kirchenleitung erfordert aber auch die Kenntnis des zu leitenden Ganzen in seinem jeweiligen Zustande, welcher, da das Ganze ein geschichtliches ist, nur als Ergebnis der Vergangenheit begriffen werden kann; und diese Auffassung in ihrem ganzen Umfang ist die *historische Theologie* im weiteren Sinne des Wortes. Die Gegenwart kann nicht als Keim einer (…) Zukunft richtig behandelt werden, wenn nicht erkannt wird, wie sie sich aus der Vergangenheit entwickelt hat«[17].

Die teilweise relativ ausführlichen Diskussionen der letzten Jahrzehnte über Begriffe wie »Vergangenheit«, »Narrativität«, »Verstehen«, »Objektivität« in der historischen Wissenschaft sind in diesem Paragraphen bewußt nur äußerst knapp angedeutet oder ausgeblendet worden. Eine ganze Reihe von neuzeitlichen theoretischen Äußerungen zur Geschichtswissenschaft aus den Jahren 1752 bis 1989 sammelt der Band

»Über das Studium der Geschichte« (hg. v. W. Hardtwig, DTV 4546, München 1990). Er enthält auch eine Bibliographie weiterer Quellentexte und sonstiger Literatur zur »Geschichte der Geschichtstheorie, der Geschichtsschreibung und des Geschichtsbewußtseins« (S. 445–465). Gesondert hinzuweisen ist auf die fünf Taschenbuchbände »Theorie der Geschichte. Beiträge zur Historik«, die gesammelte Aufsätze zu den Leitthemen »Objektivität und Parteilichkeit in der Geschichtswissenschaft« (Bd. 1, hg. v. R. Koselleck u.a., München 1977), »Historische Prozesse« (Bd. 2, hg. v. K.-G. Faber u.a., München 1978), »Theorie und Erzählung in der Geschichtswissenschaft« (Bd. 3, hg. v. J. Kocka u.a., München 1979), »Formen der Geschichtsschreibung« (Bd. 4, hg. v. R. Koselleck u.a., München 1982) sowie »Historische Methode« (Bd. 5, hg. v. Ch. Meier, München 1988) enthalten. Die »Theologische Realenzyklopädie« bietet unter den Stichworten »Geschichte/Geschichtsschreibung / Geschichtsphilosophie« und »Kirchengeschichtsschreibung« gehaltvolle Informationen (u.a. K. Koch/U. Luz/R. Mortley/O. Engels/G.A. Benrath/J. Mehlhausen, TRE XII, 1984 = 1993, 569–586. 595–658; E. Stöve, Bd. XVIII, 1989, 535–560).

Den Weg zum Ziel kirchenhistorischer Arbeit, von dem historischen Material (den Quellen) zu Darstellungen, beschreibt die historische Methodik. Im Anschluß an Johann Gustav Droysen unterscheiden wir in diesem Arbeitsbuch vier Teile der Methodenlehre und gliedern es entsprechend: (1) *Heuristik* (das historische Material und seine Auffindung: §§ 2–5 Quellendefinition und Quellensystematik, Quellenkunde, Quellenfindung, wichtige Quellenreihen); (2) *Kritik* (die Prüfung des historischen Materials auf seinen Zeugniswert: §§ 6–8 Hilfswissenschaften und äußere bzw. innere Quellenkritik); (3) *Interpretation* (§ 9) und schließlich (4) *Darstellung* (§ 10 die abschließende Nach- bzw. Neuerzählung). Der Text schließt mit Bemerkungen zum Ziel kirchengeschichtlicher Arbeit im Rahmen evangelischer Theologie (§ 11); beigegeben sind Literaturhinweise für das eigene Studium.

Fragen:

1. Warum ist die Kirchengeschichte ein Teil der allgemeinen Geschichtswissenschaft?
2. Welche Folgen hat das für kirchengeschichtliche Arbeit?
3. Was ist das Ziel aller historischen Arbeit?
4. Auf wen geht die Bezeichnung dieses Tuns als ἱστορία/Historia letztendlich zurück?

1.1. Das Problem der Periodisierung

Es hat sich eingebürgert, im Stoff und der Lehre des Fachgebietes »Kirchengeschichte« zu unterscheiden zwischen einer speziellen »Kirchen-« und einer »Dogmen-« oder »Theologiegeschichte«. Aus pragmatischen Gründen wird dieser Stoff weiter in vier bzw. fünf ›Perioden‹ oder ›Epochen‹ unterteilt: ›Alte Kirche‹, ›Mittelalter‹, ›Reformation‹, ›Neuzeit‹ und ›Zeitgeschichte‹ (oder: ›Neueste Zeit‹). Diese Differenzierungen sind dann und nur dann zweckdienlich, wenn stets im Blick bleibt, daß damit zusammengehörige Dinge unterschieden sind, die aber nicht streng voneinander getrennt werden dürfen.

In der Regel wird an deutschen theologischen Fakultäten der Zyklus der drei- oder vierstündigen ›Hauptvorlesungen‹ im Fachgebiet Kirchengeschichte über vier oder fünf Semester verteilt. Die Studienordnungen sehen entweder zwei getrennte Zyklen von »Kirchen-« und »Dogmen-« bzw. »Theologiegeschichte« (z.B. Tübingen) oder den entsprechend achtsemestrigen kombinierten Zyklus einer »Kirchen- und Theologiegeschichte« (Erlangen) oder aber eine auf vier Semester konzentrierte kombinierte Form (Göttingen) vor. Hinter diesen verschiedenen Modellen stehen natürlich grundsätzliche Erwägungen über die Zusammengehörigkeit von theologischen Konzepten und Entscheidungen und historischen Prozessen. Für das kombinierte Verfahren spricht die Tatsache, daß sich kaum ein Theologumenon der Vergangenheit zureichend erklären läßt, ohne daß auf soziale Verhältnisse, historische Ereignisse und Zusammenhänge eingegangen wird; für eine Trennung spricht, daß so die vulgärmaterialistische These im Ansatz vermieden wird, die jede theologische Meinung als reines Produkt historischer, näher: gesellschaftlicher Verhältnisse erklären will. Außerdem erlaubt eine separate »Dogmen-« resp. »Theologiegeschichte« eine stärkere Bezugnahme auf systematisch-theologische Inhalte und dient so der (dringend nötigen) engeren Verknüpfung der verschiedenen Disziplinen des Faches Theologie. Beide Positionen haben also ihr gutes Recht, wie zwei Beispiele zeigen wollen:

Man wird z.B. die Diskussion um die Einsichten Martin Luthers zur Rechtfertigung des Sünders allein aus Glauben kaum sachgemäß führen können,
ohne sich vorher über die Theologie *und* Praxis des Ablasses, d.h. einer finanziellen Abgeltung zeitlich befristeter Sündenstrafen (anstelle eines Aufent-
haltes im Fegfeuer [lat. *purgatorium*]), sorgfältig kundig gemacht zu haben.
Hier spielen Fragen der religiösen Befindlichkeit (= Mentalität) spätmittelal-
terlicher Menschen genauso eine zentrale Rolle wie die finanziellen Nöte des
päpstlichen Hofstaates (= Kurie) und die politische Stellung des römischen
Papstes im heiligen römischen Reich deutscher Nation[18].

Andererseits wird man sagen dürfen, daß für eine angemessene Darstellung der Lehre von einem »Reinigungsfeuer« (πῦρ καθάρισον) bei dem in
Alexandria und Cäsarea/Palästina lehrenden Theologen Origenes († 253/54:
von griechisch Ὠριγένης, Sproß des Or = Horus, also nicht ›Orig*i*nes‹!)[19]
nahezu völlig unerheblich ist, welche Kaiser zu jener Zeit das römische Reich
regierten, welche wirtschaftlichen Verhältnisse an den beiden genannten Orten herrschten und welcher sozialen Schicht Origenes selbst zuzurechnen
war. Eher wäre es hier sinnvoll, sich über bestimmte Elemente stoischer
(Lehre vom Weltenbrand) und platonischer Philosophie (Seelenwanderung)
kundig zu machen.

Weiter ist immer wieder umstritten, ob man im Protestantismus besser eine »Theologie-« oder aber eine »Dogmengeschichte« schreiben
und lesen sollte. Wir verhandeln dieses Problem hier in zwei Schritten:
(a) Was bedeuten »Theologie« bzw. »Dogma« in evangelischer Theologie? (b) Welche inhaltlichen Unterschiede bestehen zwischen einer
»Dogmen-« und einer »Theologiegeschichte«?

(a) *Zu den Begriffen »Theologie« und »Dogma«:* Der Etymologie
nach handelt es sich bei einer christlichen θεο-λογία zunächst einfach
um ›Rede‹ oder ›Rechenschaft von Gott‹; seit der Hochscholastik versteht man aber, wie Gerhard Ebeling in seinem grundlegenden und
gehaltvollen Artikel »Theologie I. Begriffsgeschichtlich« (RGG VI,
³1962, 754–769) gezeigt hat, unter *theologia* nun nur noch wissenschaftliche Rede, nämlich die Wissenschaft vom christlichen Glauben.
Dabei wird nun Rede oder Rechenschaft von Gott als wissenschaftliche
Aufgabe verstanden und nicht mehr nur als zuallererst bekennender (=
homologischer) Akt von »Gottes-Kunde« oder gar als Zusammenstellung von Göttermythen.

Im strengen Begriffssinne hat man also unter »Theologiegeschichte« eine historische Nachzeichnung der verschiedenen wissenschaftlichen Entwürfe des christlichen Glaubens seit der Antike zu verstehen.

Der griechische Begriff δόγμα ist abzuleiten von τὸ δεδογμένον, das ›als richtig Erschienene‹, und wurde bereits in der frühesten Zeit der Alten Kirche auf Lehren und Vorschriften Jesu bzw. seiner Apostel bezogen, wie Ulrich Wickert in seinem Artikel »Dogma I. historisch« (TRE IX, 1982 = 1993, 26–34) zeigt. Spätestens seit dem sechsten Jahrhundert werden diese »Lehren« verbunden mit den ebenfalls als »Dogmen« bezeichneten formellen Beschlüssen der sogenannten »ökumenischen (im Sinne von »reichsweiten«) Konzilien« von Nizäa (325 n.Chr.), Konstantinopel (381), Ephesus (431) und Chalkedon (451): Neben die urkirchlichen treten hier also die altkirchlichen »Dogmen« und werden als eine verbindliche Gesamtheit von Glaubenslehre empfunden. Schon seit dem Ende des vierten Jahrhunderts verband sich in der christlichen Staatsreligion die religiöse Autorität der »Dogmen« mit ihrer politischen Geltung; der Römer war als Christ und Staatsbürger verpflichtet, die von den Konzilstheologen (»Konzilsväter«) normierte Trinitätstheologie, Christologie und Mariologie zu glauben und als Entfaltung des urkirchlichen Zeugnisses zu verstehen. »Dogmen« kann man also als die »objektiven, überpersönlichen Glaubensnormen, sofern diese in den christlichen Kirchen anerkannt und gültig sind« (K. Beyschlag), bezeichnen.

Nun besteht aber ein Unterschied hinsichtlich der Einstellung zu so verstandenen »Dogmen« zwischen den Kirchen der Reformation und der ›altgläubigen‹ Kirche, der erhebliche Bedeutung für unser Problem »Dogmen- oder Theologiegeschichte« hat: Während in der katholischen Kirche nach einer Entscheidung des ersten vatikanischen Konzils vom 24. April 1870 alles zu glauben ist, »was von der Kirche – sei es in feierlicher Entscheidung oder kraft ihres gewöhnlichen und allgemeinen Lehramtes – als von Gott geoffenbart zu glauben vorgelegt wird«[20], haben die Reformatoren anstelle dieser kirchlichen Approbation die individuelle Prüfung am Zeugnis der heiligen Schrift gesetzt und somit das klassische Dogma der Kirche im Grunde in das individuelle Bekenntnis der Glaubenden überführt. Insofern ist fraglich, ob man im Bereich des Protestantismus überhaupt im klassischen Sinne von »Dogmen« sprechen sollte (Adolf von Harnack), obwohl das eben beschriebene Verfahren individueller Prüfung im Ergebnis bei den Reformatoren selbst auf die Zustimmung zu vielen »Dogmen« bzw. ihrem materialen Inhalt führte. Freilich ist dieser Konsens in der Neuzeit zerbrochen, wodurch heute teilweise sogar der identitätsbildende Grundbestand von kirchlicher Lehre hinsichtlich seiner Gültigkeit umstritten ist.

Im strengen Begriffssinne hat man also unter »Dogmengeschichte«
eine historische Nachzeichnung der verschiedenen formellen Beschlüsse der als normativ rezipierten Synoden (bzw. in der katholischen Kirche auch des päpstlichen Lehramtes) zu verstehen[21].

(b) *Zu den inhaltlichen Unterschieden zwischen »Dogmen-« und
»Theologiegeschichte«:* Der Buch- bzw. Vorlesungstitel »Dogmengeschichte« im evangelischen Raum legt selbstverständlich das oben beschriebene protestantische Verständnis von »Dogma« zugrunde und si-
gnalisiert unter dieser Voraussetzung die Konzentration auf die »in der
evangelischen Kirche in Geltung stehende« oder für ihre Geschichte
relevante »Lehre« (mit Eilert Herms).»Theologiegeschichte« zeigt dagegen bereits im Titel einen weiteren Gegenstandsbereich an: Neben
die Erklärungen und Beschlüsse der verschiedenen Konzilien und Synoden (bzw. die Darstellung der zugrundeliegenden Theologen resp.
Theologien) treten hier auch jene übrigen Äußerungen und Ansichten,
die entweder von den Zeitgenossen oder im Verlauf der weiteren Entwicklung als ›häretisch‹ verworfen worden sind oder jedenfalls in der
Entwicklung keine weitere normative Relevanz besessen haben. Unbe-
schadet dieser weiteren inhaltlichen Bestimmung der »Theologiegeschichte« wird man im Rahmen der evangelischen Theologie natürlich
letztlich nicht auf ein systematisches Urteil im Sinne der reformatorischen individuellen Prüfung am Zeugnis der heiligen Schrift verzichten wollen. Freilich unterscheiden sich die Ergebnisse dieses Verfah-
rens u.U. an einzelnen Punkten von den altkirchlichen und mittelalterlichen Urteilen über »Orthodoxie« und »Häresie«. Über diesen Punkt
besteht aber inzwischen ein ökumenischer Konsens.

Ebenfalls nicht umstritten ist heute, daß sowohl zu einer »Dogmen«- wie »Theologiegeschichte« (und natürlich erst recht zu einer
»Kirchengeschichte«) die Darstellung der Frömmigkeitsgeschichte gehört (dazu auch unten, S. 123 f) – so wird man z.B. die Entwicklung des
Mariendogmas bis zum Konzil von Ephesus (431 n.Chr.) kaum angemessen nachzeichnen können, ohne von der Marienfrömmigkeit der
beteiligten Theologen und der Gemeinden zu sprechen, aus denen sie
stammten bzw. denen sie als Bischöfe vorstanden.

Nun zum Problem der Periodisierung selbst: Es hat sich eine pragmatische Periodisierung des kirchen- bzw. theologiegeschichtlichen
Stoffes in vier bzw. fünf Epochen eingebürgert: ›Alte Kirche‹, ›Mittelalter‹, ›Reformation‹, ›Neue Zeit‹ sowie ›Zeitgeschichte‹/›Neueste
Zeit‹. Wir besprechen diese Zusammenhänge in drei Schritten und stellen zunächst das Periodisierungsproblem in der allgemeinen Ge-

schichtswissenschaft (a), dann in der Kirchengeschichte (b) dar. In einem letzten Abschnitt wird es dann um die exakte Abgrenzung der Perioden voneinander gehen (c).

(a) *Zum Periodisierungsproblem in der allgemeinen Geschichte:* Das heute im Lehrbetrieb aller historischen Disziplinen gewöhnlich praktizierte vierteilige Periodisierungsschema ›Altertum‹, ›Mittelalter‹, ›Neuzeit‹ und ›Neueste Zeit‹/ ›Zeitgeschichte‹ setzt das dreiteilige Schema Antike-Mittelalter-Moderne voraus. Die häufig zu lesende Ansicht, diese Einteilung fände sich so zum ersten Mal beim Utrechter reformierten Theologen *Gisbert Voetius* (1589–1676) und sei dann vor allem durch die Schulbücher des Hallenser Historikers *Christoph Cellerarius* (d.i. Keller; 1634–1707) und die dort entfaltete Vorstellung einer »Historia tripartita« verbreitet worden, vereinfacht den tatsächlichen Befund geringfügig, wie jetzt H. Günther im entsprechenden Artikel »Neuzeit, Mittelalter, Altertum« im »Historischen Wörterbuch der Philosophie« (HWPh VI, Darmstadt 1984, 782–798) zeigt:

Voetius unterscheidet nämlich nicht Perioden der Weltgeschichte, sondern als Kirchenhistoriker die ›Alte Kirche‹ (›antiquitas‹) von der frühen Papstkirche (›intermedia aetas‹) und einer dritten Epoche für die Papstkirche auf dem Höhepunkt der Macht sowie die Ketzer- und die Reformbewegungen ›usque in hunc diem‹. Cellerarius dagegen teilt den universalhistorischen Stoff eigentlich immer noch nach Monarchien ein, d.h. er verwendet eine Periodisierung, die letztlich auf die vier Tiere in der Vision Daniel 7,1–8 und ihre Deutung auf vier Weltreiche (Dan 7,17–27) in der antiken christlichen Historiographie zurückgeht (Hippolyt von Rom, Danielkommentar [um 204 n.Chr.]; Paulus Orosius, Historiae adversus paganos [417/ 418 n.Chr.][22]): Seine ›historia antiqua‹ reicht bis Konstantin, die ›historia medii aevi‹ wird nach den zwölf Jahrhunderten byzantinischer Kaisergeschichte (324–1453 n.Chr.) angelegt und ihr Ende etwas künstlich mit der Reformation synchronisiert. Trotzdem liegt hier das dreiteilige Schema ›Altertum-Mittelalter-Neuzeit‹ im Kern bereits vor, wie z.B. schon einer der Kellerschen Buchtitel anzeigt: »Historia universalis, … in antiquam et medii aevi ac novam divisa« (Jena 1704).

Jenes dreiteilige System stand lange und unangefochten in Geltung; 1809 wandte sich z.B. der Göttinger Historiker *Arnold Hermann Ludwig Heeren* (1760–1842) noch programmatisch gegen irgendwelche Änderungen:

»Die neueste Zeit von der neuen trennen zu wollen, scheint noch viel zu früh. Es mag den Geschichtsschreibern des 20. Jahrhunderts zustehen, diese Eintheilung zu machen; nicht denen im ersten Viertel des 19.; so wenig als es während der Reformation schon passend gewesen wäre, die neue Zeit mit dieser zu beginnen«[23].

Allerdings breiteten sich vierteilige Schemata (›Altertum‹, ›Mittelalter‹, ›Neuzeit‹, ›Neueste Zeit‹ bzw. ›Zeitgeschichte‹) gerade in dieser Zeit, zu Beginn des 19. Jh.s, aus: Der Begriff »Zeitgeschichte« bürgerte sich in Deutschland im Gefolge der Französischen Revolution ein und gewann schließlich feste Konturen, als nach dem Zweiten Weltkrieg in München 1950 ein »Institut für Zeitgeschichte« etabliert wurde, das seit 1953 die »Vierteljahreshefte für Zeitgeschichte« (VZG) herausgibt. Hier wurde – im Sinne des zuletzt in Tübingen lehrenden jüdischen Historikers *Hans Rothfels* (1891–1976) – die Zeitgeschichte als »Epoche der Mitlebenden« begriffen, deren Beginn nun die umwälzenden Ereignisse von 1917/1918 markieren. ›Zeitgeschichte‹ versteht sich hier also über ›Zeitzeugen‹. Entsprechend verschiebt sich der Gegenstandsbereich der Zeitgeschichte ständig, wie die von Eberhard Jäckel (*1929) geprägte Definition als »Zeitgeschichte des sie erforschenden Historikers« signalisieren will.

Über die Frage nach Sinn und Begründung dieser und anderer Periodisierungsmodelle existiert eine Fülle von Literatur[24]. Freilich fragt man sich nach der Lektüre solcher Texte ernüchtert, ob hier nicht gelegentlich eine eher pragmatische Frage zu einem Pseudo-Problem höchster Tragweite aufgeworfen wird: Die Notwendigkeit einer Ordnung der überreichen historischen Materialfülle in gewisse Abschnitte hat noch niemand sinnvollerweise bestreiten können; gleichzeitig ist Konsens, daß der lebendige Fluß historischer Prozesse eigentlich nicht in ein starres periodisches Schema paßt. Der große Berliner Historiker *Leopold von Ranke* (1795–1886) protestierte beispielsweise scharf gegen die Periodisierung und verwendete sie doch ständig in der eigenen historischen Arbeit.

(b) *Zum Periodisierungsproblem in der Kirchengeschichte:* Die Kirchengeschichte folgte mit ihren Unterteilungen in aller Regel der allgemeinen historischen Periodisierung, die ja (mit Voetius) auch von einem Theologen vorbereitet worden war. Allerdings stellt sich für die protestantische Historik natürlich das besondere Problem, wie sich die *Reformation* in das ursprünglich dreiteilige und dann vierteilige Schema integrieren läßt. Im Rahmen jenes dreiteiligen Systems ›Altertum‹, ›Mittelalter‹, ›Neuzeit‹ wurde – jedenfalls von evangelischen Historikern – die Reformation zumeist als hoffnungsvoller Beginn einer besseren Neuzeit angesehen[25]. *Ferdinand Christian Baur* (1792–1860), ein überaus einflußreicher Tübinger Kirchenhistoriker in der Nachfolge Hegels, dehnt z.B. den vierten Band seiner »Geschichte der christlichen Kirche« als »Kirchengeschichte der neueren Zeit« »von der Reformation bis zum Ende des achtzehnten Jahrhunderts« (Tübingen 1863 [= Leipzig 1969]) aus. Dagegen ordnet die »Ökumenische Kirchengeschichte«, die Raymund Kottje (* 1926) und Bernd Moeller (* 1931) in Verbindung mit zahlreichen Kollegen seit 1970 herausgaben, in ihrem zweiten Band »Mittelalter und Reformation« zusammen[26] und folgt darin jedenfalls teilweise katholischer Tradition, die das Ende einer kirchlichen Dekadenzperiode und den Beginn der Neuzeit erst in der katholischen Reform bzw. der Gegenreformation sieht.

Die beschriebene evangelische Wertung der Reformation als Beginn einer ›besseren Neuzeit‹ führte natürlich zur theologischen und historischen Abqualifikation der voraufgehenden Periode, wie schon die Epochenterminologie mit der Benennung »Mittelalter« zeigt: Dieser Zeitabschnitt wurde so gern als »finstre Epoche« kirchlicher und theologischer Dekadenz verstanden, die das goldene frühe Zeitalter der alten Christenheit bzw. des klassischen Altertums von der Reformation bzw. Renaissance (»Wiedergeburt«, »Erneuerung«) trennte. Im Gefolge der theologischen Kritik der Reformatoren an einzelnen dogmatischen Entscheidungen und Frömmigkeitsformen der Alten Kirche wurde dann allmählich auch diese Periode sozusagen in das Mittelalter ›hineingezogen‹ und eine reine Zeit der »Urkirche« davon abgetrennt[27], wodurch sich ein vielteiliges Periodisierungsschema vorbereitete (s.u. die Bemerkungen zu Heussi, S. 18).

Die Bezeichnung »Alte Kirche« weist im Unterschied zum Ausdruck »Mittelalter« eigentlich keine abwertende Konnotation (im Sinne von ›veraltete Kirche‹ o.ä.) auf; man kann sie sich als Zusammenziehung des ausführlicheren »Kirchengeschichte des Altertums« erklären.

Daneben spricht man gelegentlich auch von »Patrologie« oder »Patristik« (im ökumenischen Gespräch z.B. auch von der »Vätertheologie«). Dieser – im Rahmen einer evangelischen Theologie nicht unproblematische – Titel geht wohl auf ein posthum veröffentlichtes Buch des Jenenser Theologen Johann Gerhard (1582–1637) zurück: »Patrologia, sive De Primitivae Ecclesiae Christianae Doctorum Vita ac Lucubrationibus Opusculum ...« (Jena 1653). Der Autor, einer der gelehrtesten Vertreter der lutherischen Barocktheologie[28] (der eingebürgerte Ausdruck »altprotestantische Orthodoxie« sollte wegen seines

wenig freundlichen Beigeschmacks endlich außer Gebrauch kommen!), behandelt nach den Rubriken »Vita«, »Scripta«, »Elogia« und »Errata« die »Väter« (einschließlich von Autoren wie Tertullian und Origenes, die schon während des Altertums als ›Häretiker‹ verurteilt worden sind) sowohl historisch
vom Standpunkt eines Philologen wie systematisch vom Standpunkt seiner
Theologie her. Das Werk führt allerdings weit über das Altertum hinaus bis in
die Gegenwart Gerhards zum römischen Jesuitentheologen Robert Bellarmin
(1542–1621) und enthält z.b. auch einen (freilich sehr knappen) Lutherab-
schnitt. Andererseits ist der Ausdruck »Väter« (*patres*/οἱ πατέϱες), auf den
sich der Ausdruck »Patrologie« natürlich bezieht, als Bezeichnung rechtgläu-
biger Theologen schon im Altertum geprägt und besonders nach dem Konzil
von Nicäa (325 n.Chr.), auf dem Arius (s.o. S. 3) verurteilt wurde, häufig verwendet worden[29]. Ein rein auf solche »Kirchenväter« konzentriertes biogra-
phisches und doxographisches (= die Lehren nachzeichnendes) Arbeiten ist
selbstverständlich möglich und auch in der evangelischen Theologie u.U. sinnvoll, reduziert aber ebenso wie eine reine »altkirchliche« (früher auch: »altchristliche«) Literaturgeschichte die Fülle des christlichen Lebens und Denkens im Altertum auf einen zu engen Ausschnitt[30].

Etwa zur selben Zeit wie in der allgemeinen Geschichtswissenschaft
fand das vierteilige Schema Eingang in die Kirchengeschichte, wobei
die Unterscheidung ›Alte Kirche‹, ›Mittelalter‹, ›Neuzeit‹, ›Neueste
Zeit‹ immer mit dem verkappten dreiteiligen Schema ›Urkirche‹, ›Alte
Kirche‹, ›Mittelalter‹, ›Reformation‹, ›Neuzeit‹ zu konkurrieren hatte.
Ein eigenes vierteiliges System schlug z.B. 1902 der Heidelberger Kirchenhistoriker Hans von Schubert (1859–1931) vor, allerdings ließ er
die zweite, vorreformatorische Epoche von ca. 130 n.Chr. bis 1517 reichen[31].

Vergleichsweise spät fand aber der Terminus »Zeitgeschichte« Eingang in die evangelische Kirchengeschichtsschreibung, und noch später wurde die Epoche nach 1945 zum Gegenstand der Forschung gemacht. Erst 1971 wurde z.B. das Arbeitsgebiet der vom Rat der Evangelischen Kirche in Deutschland einberufenen »Kommission für die
Geschichte des Kirchenkampfes« ausgeweitet und diese in eine »Evangelische Arbeitsgemeinschaft für Zeitgeschichte« umgewandelt (Vor-
sitzende z.Zt. Joachim Mehlhausen [Tübingen] und Leonore Siegele-
Wenschkewitz [Arnoldshain]). Entsprechend wurden 1975 die Göttinger »Arbeiten zur Geschichte des Kirchenkampfes« (AGK) durch eine
zweiteilige Reihe »Arbeiten zur kirchlichen Zeitgeschichte« (AKZG)
ergänzt; seit 1988 erscheint auch eine Halbjahresschrift »Kirchliche
Zeitgeschichte« (KZG).

(c) *Zur Abgrenzung der Perioden in der allgemeinen Geschichte bzw. der Kirchengeschichte:* Bei jedem Versuch der Periodisierung stellt sich das Problem der exakten Grenzen der jeweiligen Perioden, sowohl bei der dreiteiligen Schematisierung (›Wann beginnt das Mittelalter?‹) als auch bei feineren Unterscheidungen in mehrteiligen Konzepten (›Wann hört die Spätantike auf und beginnt das Frühmittelalter?‹). In den Antworten auf jene diffizilen Fragen bestehen heute kaum mehr konzeptionelle Unterschiede zwischen der allgemeinen Geschichtswissenschaft und der Kirchengeschichte; freilich können sie im Rahmen dieses Arbeitsbuches kaum erschöpfend behandelt werden. Die folgenden Übersichten verstehen sich eher als Anregungen für die Diskussion:

Die erste beigefügte Skizze (Abb. 1) zeigt am Beispiel der Periodengrenze zwischen Altertum und Mittelalter und anhand einer Auswahl von Daten aus historischen Darstellungen und theoretischen Entwürfen, welche Positionen mit Bezug auf welche Ereignisse vertreten wurden und werden[32]. Die Einführung der Epochenbezeichnung »Spätantike« im letzten Jahrhundert erlaubte, die Grauzone des Überganges zwischen Antike und Mittelalter eigens abzuheben. Auf den ersten Blick mag die Vielfalt verwirren: Zwischen dem Beginn des Mittelalters beim erwähnten Barockhistoriker Cellerarius und dem belgischen Historiker Henri Pirenne (1862–1935) liegen etwa dreihundert Jahre, der Beginn der Spätantike differiert um circa einhundert Jahre. Aber auf den zweiten Blick könnte gezeigt werden, daß sich für die meisten Datierungen eine gewisse Plausibilität demonstrieren läßt – es ist an dieser Stelle natürlich nicht möglich, die jeweiligen Ereignisse vorzustellen und ihre »epochale« (bzw. epochenwendende) Bedeutung darzustellen oder zu problematisieren[33]. Auch die Frage, ob zwischen ›Spätantike‹ und ›Frühmittelalter‹ die Beziehungen nicht enger sind, als es die gewöhnlichen Vorstellungen eines katastrophalen Abbruchs durch die Ereignisse der Völkerwanderung suggerieren, kann hier nicht diskutiert werden. Ein Epochenwechsel liegt aber ohne Zweifel schon dadurch vor, daß sich in einer Auflösungsperiode des römischen Weltreiches nun germanische Staatsgebilde wie das der Franken als neue bestimmende politische Faktoren etablieren.

Nicht so vollkommen unterschiedlich sind die Ansichten über die Grenze zwischen Mittelalter und Neuzeit, für die ebenfalls eine Skizze (Abb. 2) beigegeben ist[34]; freilich sind hierin die extremeren Positionen, die die Neuzeit erst wesentlich später, mit dem Ende des sogenannten ›konfessionellen Zeitalters‹ (1648/50) oder bei der euro-

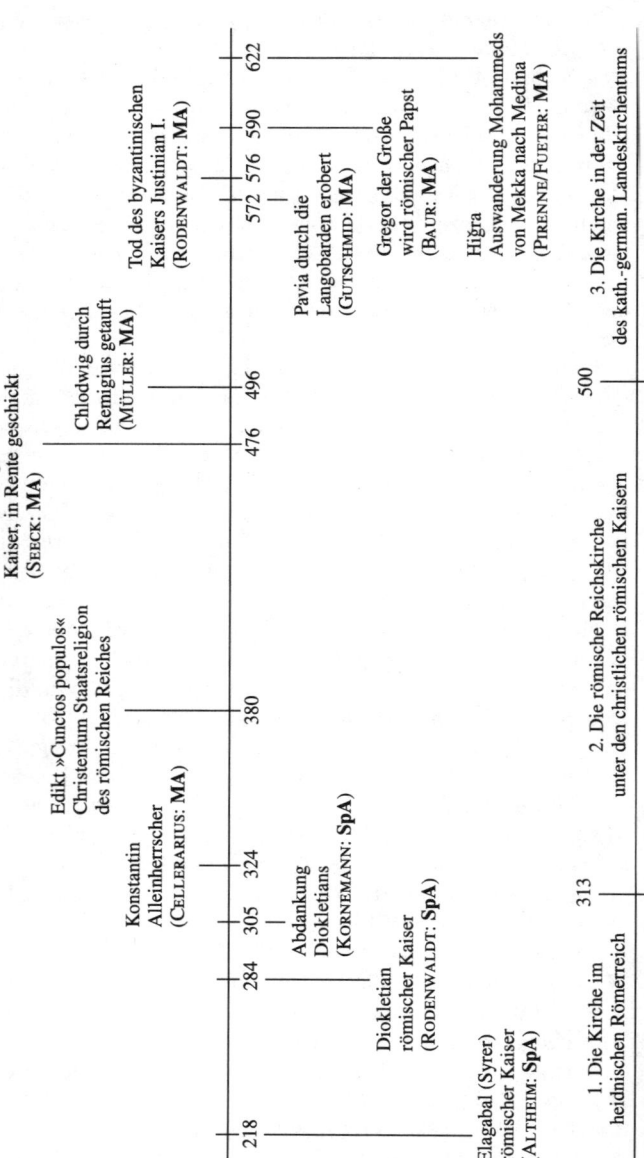

Abb. 1: Die Periodengrenze Altertum – Mittelalter

Abb. 2: Die Periodengrenze Mittelalter – Neuzeit

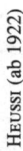

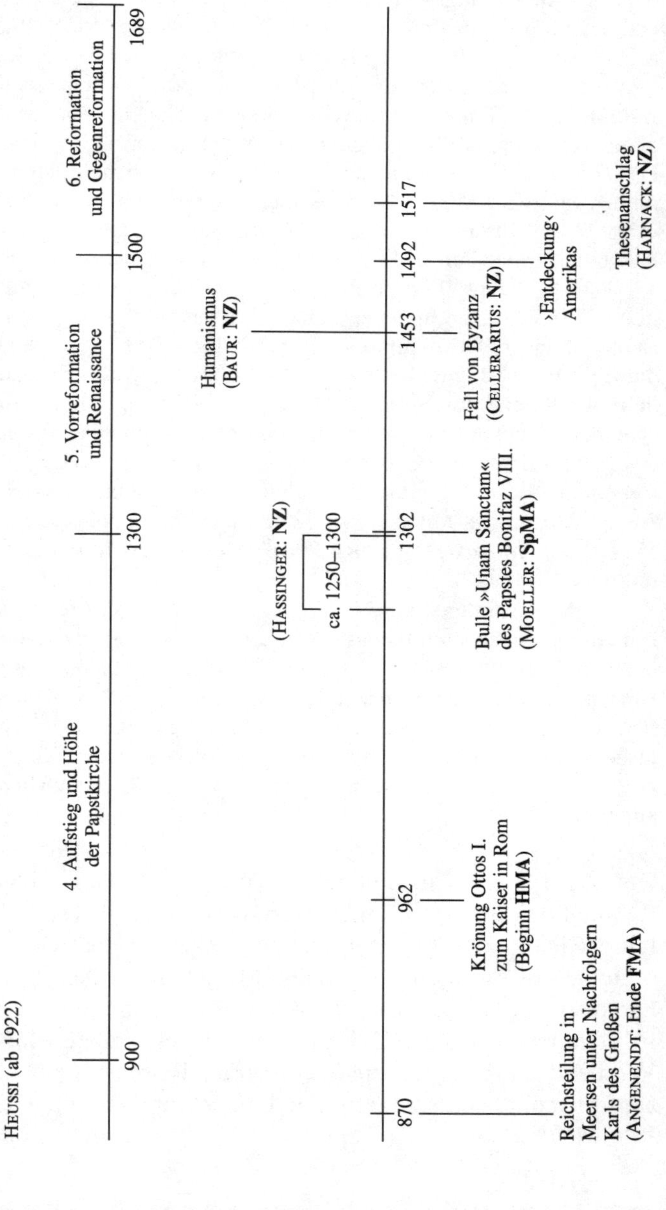

HEUSSI (ab 1922)

4. Aufstieg und Höhe der Papstkirche

870 — Reichsteilung in Meersen unter Nachfolgern Karls des Großen (ANGENENDT: Ende **FMA**)

962 — Krönung Ottos I. zum Kaiser in Rom (Beginn **HMA**)

900

5. Vorreformation und Renaissance

1300

ca. 1250–1300 (HASSINGER: **NZ**)

1302 — Bulle »Unam Sanctam« des Papstes Bonifaz VIII. (MOELLER: **SpMA**)

Humanismus (BAUR: **NZ**)

1453 — Fall von Byzanz (CELLERARIUS: **NZ**)

1492 — ›Entdeckung‹ Amerikas

1500

6. Reformation und Gegenreformation

1517 — Thesenanschlag (HARNACK: **NZ**)

1689

päischen Aufklärung beginnen lassen (letzteres vertrat mit Einschrän-
kungen der Theologe und Philosoph Ernst Troeltsch [1865–1923][35]),
ausgeblendet. Als Beispiel einer eher geistesgeschichtlichen Bestimmung des Anfangs der Neuzeit ist in der Abbildung der bereits erwähnte F. Chr. Baur vertreten, für den diese Epoche ganz exakt mit
dem Humanismus als einem Vorläufer der Reformation beginnt[36].
Der Vorschlag, den Anfang der Neuzeit extrem früh, nämlich im Zeitraum von etwa 1250–1300 anzusetzen, stammt von Erich Hassinger
(* 1907). Er hat diese These vor fünfundzwanzig Jahren in einem
Lehrbuch unter dem Titel »Das Werden des neuzeitlichen Europa
1300–1600«[37] entfaltet; freilich setzte Hassinger sich damit nicht
durch. Die nämliche Epochengrenze wird heute überwiegend im Zusammenhang mit Ereignissen der Jahre 1453–1517 festgelegt, und
dafür gibt es auch gute Gründe: In der Reformation zerbricht die ein-
heitliche Kirche des Mittelalters (zur Bezeichnung ihres Selbstver-
ständnisses und ihrer Rolle für die Gesamtgesellschaft wird seit Ende
des 19. Jh.s der Kunstbegriff *corpus Christianum* verwendet) in Konfessionen; die frühkapitalistische Wirtschaftsordnung entsteht; der
frühmoderne Staat mit Finanzhoheit, Gewaltmonopol und zentraler
Verwaltung bildet sich aus, und der Buchdruck revolutioniert die öf-
fentliche Kommunikation.

In beiden Skizzen eigens hervorgehoben ist die sehr feinmaschige
Einteilung des früheren Jenenser Kirchenhistorikers *Karl Heussi*[38], die
er ab 1922 anstelle des traditionellen Schemas verwendete und die als
Umsetzung seiner Studien zur Periodisierungsproblematik interpre-
tiert werden darf. Dagegen fehlen die neuen Versuche, angesichts der
bisher kaum berücksichtigten Geschichte nichteuropäischer Kirchen
zu einer vollkommenen Neustrukturierung des klassischen Schemas zu
kommen.

Obwohl sich über Einzelheiten trefflich streiten läßt, können im
Rahmen des üblichen Periodisierungssystems folgende unge-
fähre Richtwerte für die Epochengrenzen in der Kirchenge-
schichte aus evangelischer Sicht angegeben werden: (1) ›Alte
Kirche‹ vom Beginn bis zur Völkerwanderung des 5. Jh.s; (2)
›Mittelalter‹ von der Christianisierung der Franken bis zum
Vorabend der Reformation; (3) ›Reformationszeit‹ von 1517 bis
zum Abschluß der evangelischen Lehrbildung am Ende des 16.
Jh.s; (4) ›Neuzeit‹ vom Beginn des 17. Jh.s bis zum Ende des

landesherrlichen Kirchenregimentes[39] sowie (5) ›Neueste Zeit‹ oder ›Zeitgeschichte‹ von den europäischen Revolutionen 1917/1918 bis heute[40].

Fragen:

1. Welche Argumente sprechen für, welche gegen eine Trennung von Kirchen- und Theologie-/Dogmengeschichte in Vorlesungen und schriftlichen Darstellungen?
2. Inwiefern bezeichnet der Ausdruck »Theologiegeschichte« einen weiteren Gegenstandsbereich als die traditionelle Bezeichnung »Dogmengeschichte«?
3. Welche groben vier Periodisierungen sind in der evangelischen Kirchengeschichte eingeführt und wie grenzen sie sich zeitlich voneinander ab?
4. Was spricht für, was gegen eine weitmaschige Periodisierung?

Erster Teil: Heuristik

§ 2 Die Quellen

2.1. Zum Begriff ›Quelle‹ und seiner Definition

Unter ›Quellen‹ verstehen wir die Bestandteile des historischen Materials, d.h. alle Überlieferungen (Texte, Gegenstände, Tatbestände), aus bzw. mit denen die wissenschaftliche Erforschung historischer Sachverhalte und Abläufe geleistet werden kann.

Die heutzutage gängigen begrifflichen Bestimmungen des historischen Materials beziehen sich alle auf den bereits mehrfach erwähnten *Johann Gustav Droysen* und modifizieren seine Definitionen. Der Althistoriker verstand in seinem berühmten »Grundriß der Historik«[41] unter Quellen noch ausschließlich jene mündliche und schriftliche Überlieferung, in der Vergangenheit »als Erinnerung geformt« ist.

> Droysen unterschied (a) *Überreste* (»Historisches Material, was aus jener Gegenwart, deren Verständnis wir suchen, unmittelbar noch übrig ist«: »Gewohnheiten, Sitten, staatliche, kirchliche, bürgerliche Ordnungen, Gesetze usw.«; »Literaturen, Mythologeme, Philosophien usw.«) von (b) *Quellen* (»Historisches Material ..., ... was ... in die Vorstellung der Menschen übergegangen und so umgeformt überliefert ist«: »Korrespondenzen, Streitschriften, ..., die Volkssage«; »indirekte Überlieferungen ..., individuelle Denkwürdigkeiten ..., die gelehrte, rhetorische, wissenschaftliche Geschichtsschreibung«) und als Verbindung von beiden (c) *Denkmäler* (»Überreste, bei deren Hervorbringung die Absicht dauernder Erinnerung wirkte oder mitwirkte«: Urkunden, Inschriften, Münzen oder Wappen [S. 400]).

Demgegenüber hat sich in der modernen Geschichtswissenschaft ein erheblich weiterer Quellenbegriff als zweckmäßig herausgestellt. Vor allem die Entdeckung von kultur-, sozial- und mentalitätsgeschichtlichen Fragestellungen seit Beginn unseres Jahrhunderts zeigte die Problematik eines auf geformte schriftliche und mündliche Erinnerung verengten Quellenbegriffes. Meist folgt man heute dem Frankfurter Historiker Paul Kirn (* 1890), der unter einer Quelle »alle Texte, Ge-

Abb. 3

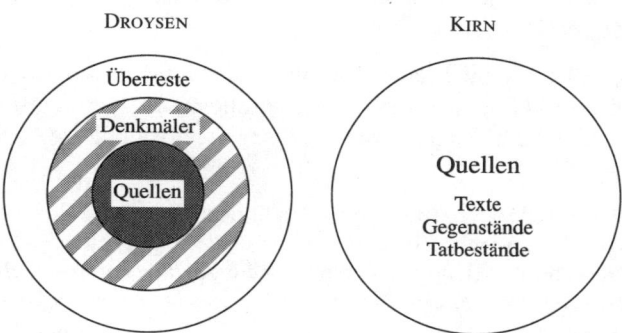

genstände oder Tatsachen, aus denen Kenntnis der Vergangenheit gewonnen werden kann«[42], verstand (unsere eigene Definition oben will den umstrittenen und in der Bestimmung Kirns unklaren Begriff ›Tatsache‹ vermeiden). Den Unterschied zwischen klassischer und moderner Quellendefinition kann man sich graphisch so klarmachen (Abb. 3):

Kritische Analyse dieser Quellen setzt freilich eine exakte Beschreibung ihres Charakters voraus, wozu die folgenden Abschnitte anleiten wollen.

2.2. Zur Systematik von Quellen

Für die *Gruppierung* (bzw. Systematisierung) von Quellen existieren verschiedene Modelle, deren Kenntnis helfen kann, Fragerichtungen zur Untersuchung dieses Materials zu entwickeln:

Droysen unterschied innerhalb seiner ›Quellen‹ eine »subjektive Reihe« überwiegend ›subjektiv‹ verfaßter Erinnerungen von einer ›möglichst sachgemässen‹ »pragmatischen Reihe« (aaO. S. 401). Diese Unterscheidung erweist sich angesichts der modernen hermeneutischen Diskussion, die die Subjektivitäten auch der ›möglichst sachgemäßen‹ Darstellungen sehen lehrte[43], als nur schwer praktikabel. Außerdem setzt sie bereits die inhaltliche *Quellenkritik* voraus.

Ohne große Probleme kann dagegen Droysens Unterscheidung von *Überresten*[44] und bewußt geformter mündlicher bzw. schriftlicher Erinnerung heute noch rezipiert werden. Das geschieht zweckmäßigerweise mithilfe der Terminologie des Greifswalder Historikers *Ernst Bernheim* (1850–1942):

Alles historische Material kann unterschieden werden in (a) Tradition, d.h. geformte und interpretierte Erinnerung, und (b) Überreste, d.h. ungeformte, sozusagen ›absichtslose‹ Erinnerung.

Auch wenn die Grenzen zwischen Traditionen und Überresten z.T. fließend sind, empfiehlt sich eine grobe Unterscheidung beider[45]: Zur großen Gruppe der Überreste zählen (a) die *Sachüberreste* – Gebäude, Kunstwerke bzw. Kunstgegenstände, Gegenstände des täglichen Bedarfs wie Kleidung, Keramik, Möbel, Münzen und Wappen sowie ›Überreste‹ im wörtlichen Sinne, z.B. Skelette; (b) die *abstrakten Überreste* – Institutionen, Rechts- und Verfassungszustände in mündlicher Überlieferung, Sitten und Gebräuche, Orts- und Flurnamen- und dazu schließlich (c) das *Schriftgut,* in dem keine bewußt interpretierte Erinnerung, sondern Dokumentation vorliegt – Inschriften, Urkunden und Akten (das sind: Gesetze, Verträge, (Kauf-) Urkunden, Privilegien, Gerichts- und Verwaltungsakten) sowie nichtgeschäftliche Schriftquellen (Literatur, Privatkorrespondenz und wissenschaftliche Texte). Werden sie als historisches Material einer heutigen Geschichtsdarstellung zugrundegelegt, widerspricht unsere heutige Quellen*nutzung* dem ehemaligen Quellenzweck. Auch diese Definitionen lassen sich graphisch darstellen (Abb. 4):

Abb. 4

Quellen

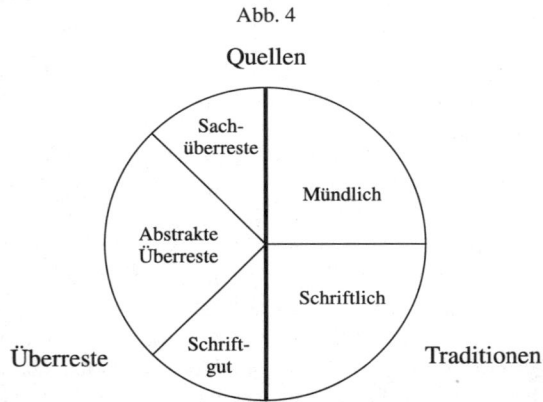

Einige Beispiele sollen im folgenden die Bedeutsamkeit der Überreste illustrieren:

1. *Sachüberreste:* Reinhart Staats (* 1937) hat gezeigt, wie die heute in der Wiener Hofburg aufbewahrte Reichskrone, die aus ottonischer Zeit (um 961–967) stammt, »die ästhetische Ausprägung einer theologisch begründeten Politik am Hofe Ottos des Großen« (912–973) darstellt[46]: Die achtekkige Grundform der Krone verweist so z.B. auf die Bedeutung der Achtzahl als Symbol der Vollendung und ewigen Seligkeit (Aug., Civ. XXII 30); die acht perlengeschmückten Platten, aus denen die Krone zusammengesetzt ist, gleichen den Toren des himmlischen Jerusalem (Apk 21); die vier Platten mit bildlichen Darstellungen gemahnen den Herrscher an seine christliche Amtsführung: *Per me reges regnant* (Prov 8,15; die Inschrift der Christusplatte – vgl. Abb. 5) erinnert den Kaiser als Stellvertreter Christi daran, daß seine Herrschaft gleichwohl nur verliehene Herrschaft sei.

Die Untersuchung von frühmittelalterlichen Gräbern ermöglicht Aussagen über »Lebensbedingungen, Lebensnormen und Lebensformen« von Frauen: So sind Rückschlüsse auf den Bildungsstand der Frauen möglich, wenn die Gräber Schriftfunde enthalten; die Lage der Bestatteten erlaubt Rückschlüsse auf »eine starke Trennung von männlicher und weiblicher Welt«[47].

2. *Abstrakte Überreste:* Die Leipziger Historiker Karl Lamprecht (1856–1915) und Rudolf Kötzschke (1867–1949) haben die Grundlagen dafür gelegt, daß heute durch die Analyse von Orts- und Flurnamen in Verbindung mit der Analyse von Flurregistern und Grundbüchern wichtige Beiträge zur Wirtschafts- und Sozialgeschichte möglich sind: Warum veröden Siedlungen? Warum entstehen neue Siedlungen?[48] Die Kirchengeschichte stellt hier geistes- bzw. theologiegeschichtliche Hintergründe zu solchen geographischen Phänomenen bereit, z.B. zu den unterschiedlichen Plätzen, an denen die mittelalterlichen Orden ihre Klöster anlegten – dazu vgl. den bekannten Merkspruch:

Bernhardus valles, colles Benedictus amabat,
Oppida Franciscus, celebres Dominicus (Ignatius) urbes.[49]

Die Zuneigung der Zisterzienser zu den Tälern, von der in diesem Verslein die Rede ist, läßt sich zum Beispiel tatsächlich auf Äußerungen Bernhards von Clairvaux (1090–1153) zurückführen[50].

3. *Schriftgut:* Die Bedeutsamkeit solcher Texte (etwa von Privatkorrespondenzen) zeigt sich paradigmatisch an der bisher kaum erschlossenen Korrespondenz des Theologen, Kirchenhistorikers und Wissenschaftsorganisators *Adolf von Harnack* (1851–1930)[51]. In der Staatsbibliothek zu Berlin liegen Briefe von ca. 1700 Personen an Harnack, die eine einzigartige Quelle für die Kirchen- und Profangeschichte des 19. bzw. 20. Jh.s darstellen: Neben Theologen und Historikern zählten auch Politiker wie der

ehemalige deutsche Reichskanzler Bernhard Fürst von Bülow (1849–1929) oder Schriftsteller wie Gerhart Hauptmann (1862–1946) zu den Korrespondenzpartnern. Natürlich fällt auch auf Harnack selbst ein neues Licht; ein ganzer Kasten des Nachlasses enthält Korrespondenz und Material zum erwähnten »Apostolikumsstreit« (oben, S. 3).

Aus Verhörprotokollen der Inquisition in der Grafschaft Foix am Fuße der Pyrenäen läßt sich für die Jahre 1295–1324 recht plastisch rekonstruieren, wie sich die Lebensbedingungen der bäuerlichen Gesellschaft und deren Frömmigkeit etc. gestalteten – Urte Bejick (* 1958) hat jüngst Alltag und Mentalität von Frauen der Gegend auf dieser Grundlage plastisch nachgezeichnet[52].

Abb. 5: Reichskrone (961–967)

Zur *Tradition*, also zu geformter und interpretierter Erinnerung, gehören (a) die literarischen Texte historischen Inhalts (Annalen, Chroniken, Biographien, Autobiographien, Geschichtserzählungen aller Art) und (b) mündliche (und ev. später verschriftete) Überlieferung in Sage, Lied/Gedicht und Erzählung. Unsere heutige *Quellennutzung* entspricht dem einstigen *Quellenzweck*.

1. *Annalen:* Neben weniger bedeutsamen antiken Vorgängern sind hier als Beispiele vor allem die mittelalterlichen *Annalen* zu nennen[53], die wahrscheinlich aus klösterlichen Eintragungen historischer Ereignisse in die Ostertafeln (= Zusammenstellungen von Osterterminen[54]) entstanden sind.

So finden sich in den nach dem Kloster St. Bertin im heutigen Nordfrankreich benannten Annalen der Karolingerzeit (*Annales Bertiniani*) nicht nur Angaben über die Jahreszeiten und Temperaturen (im Beispiel zum Jahr 844: »Der Winter war sehr mild und bis Anfang Februar durch schönes Wetter gemäßigt«[55]) und Angaben über Regierungszeiten von Päpsten und Herrschern (zu 844: »Gregor [IV.], der Bischof der römischen Kirche, starb und Sergius [II.] wurde als sein Nachfolger in dieser Würde bestellt«[56]), sondern auch wichtige Ereignisse in knapper Form notiert (zu 844: »Inzwischen, nachdem von den Brüdern Lothar [I., Kaiser 840–855], Ludwig [dem Deutschen, König 840–876] und Karl [dem Kahlen, König 840–877] in brüderlicher Liebe vielfach Boten hin- und hergesandt worden waren, trafen sich diese im Oktober in Diedenhofen«[57]. Der knappe Stil läßt wenig Platz für Wertungen; daß mit diesem Treffen eine mehrjährige Episode von blutigen Kämpfen unter den Söhnen Karls des Großen (Kaiser 800–814) abgeschlossen und die Dreiteilung von dessen Reich im Vertrag von Verdun (843) besiegelt wird, erfährt man nicht.

2. *Chroniken:* Die bedeutendste erhaltene christliche *Chronik* des Altertums stellt wohl Eusebs gleichnamiges Werk von 303 n. Chr. dar, ursprünglich betitelt χρονικοὶ κανόνες καὶ ἐπιτομὴ παντοδαπῆς ἱστορίας Ἑλλήνων τε καὶ Βαρβάρων. Auf ihren Angaben beruhen bis heute sehr viele allgemein verbreitete Datierungen. Freilich ist das Werk nur noch in zwei späteren Übersetzungen, einer armenischen und einer lateinischen, in überarbeiteter Form erhalten. Euseb gibt zunächst die Jahreszahl »nach Abraham«, d.h. nach der Geburt Abrahams – seine Hauptdatierung verrät also eine bewußte theologische Entscheidung: Heil und Wahrheit beginnen bei Abraham, dem Stammvater der Juden (und Christen)[58]. Darauf folgen die Angabe der

Olympiade und das Regierungsjahr eines Königs bzw. des römischen Kaisers und knappe historische Informationen über Herrscher, Bischöfe und wichtige Schriftsteller.

Als Beispiel kann der Eintrag für das Jahr 104 n.Chr. dienen[59]:

‾IICXX   VII   *Romae aurea domus incendio conflagrauit.*
    CCXXI:Olymp:

Der Text erwähnt also als einziges Ereignis des Jahres 104 (= 2120 nach Abraham, siebentes Regierungsjahr des Kaisers Trajan und erstes Jahr der 221. Olympiade), daß der Palast des Kaisers Nero (54–68 n.Chr.) am Fuß des römischen Esquilin, die *domus aurea,* durch Brand(stiftung) in Flammen aufgegangen sei. Von den übrigen Ereignissen, z.B. der schwierigen Lage in Siebenbürgen kurz nach Ende des ersten dakischen Krieges, schweigt der Chronist.

Eine weitere wichtige Chronik gehört schon in die byzantinische Epoche, sie stammt von *Georgius Syncellus* (σύγκελλος = »Patriarchal-Assistent«; ca. 810 n. Chr.)[60]; sie enthält neben reinen listenartigen Aufstellungen auch erzählende Passagen.

3. *Biographien/Autobiographien:* Eine weitere wichtige, aber nicht unproblematische Gattung von Quellen stellen Lebensschilderungen aus der Hand der betreffenden Person selbst bzw. anderer zeitgenössischer Autoren dar – problematisch, weil sie den breiten Strom historischer Überlieferung auf ein einzelnes Individuum und dessen Umfeld konzentrieren und u.U. stark subjektiv gebrochen sind.

In seiner Autobiographie beschreibt Otto Dibelius (1880–1967), warum er notwendigerweise anstelle seiner Amtsbezeichnung »Generalsuperintendent der Kurmark« (d.i. leitender Geistlicher in der Ev. Kirche der altpreußischen Union für den Sprengel der Kurmark) den Titel »Evangelischer Bischof von Berlin« habe annehmen müssen: »Mit dem Titel ›Generalsuperintendent‹ ging es nun nicht mehr. (...) Die Russen wurden jedesmal mißtrauisch, wenn sie das Wort hörten. ›General‹ – das klang nach Militär!«[61]. Eine ganz andere Sicht des Vorgangs findet sich in der stark autobiographisch geprägten Darstellung des preußischen ›Kirchenkampfes‹ von Wilhelm Niesel (1903–1988), der vor dem Hintergrund einer kollegialen Leitungsvorstellung (»bruderrätlich«) die »episkopalen Wünsche« des Berliner Bischofs und seine mangelnde synodale Legitimation kritisiert[62]. In der wissenschaftlichen Di-

beliusbiographie des Münsteraner Kirchenhistorikers Robert Stupperich (*
1904) wird implizit gegen jene Sicht argumentiert, indem vor allem legiti-
mierende kirchliche Stellungnahmen zum Bischofstitel für Dibelius zitiert
werden[63].

4. *Mündliche/verschriftete Überlieferung in Sage, Lied/Gedicht
und Erzählung:* Einen häufig weniger reflektierten, aber dafür dann
aber auch weniger subjektiv überformten Zugang zur Wirklichkeit bieten ursprünglich mündliche Überlieferungen, die sich aber in aller Regel nur noch in schriftlicher und dann auch gern in bearbeiteter Form
erhalten haben.

Eine interessante Quelle für mittelalterliche Papsttumskritik sind die verschiedenen (vermutlich zuerst in mündlicher Form vorgetragenen) Vagan-
ten- und Spottlieder, z.B. die Evangelienparodie *Initium sancti evangelii
secundum marcas argenti,* das ›heilige Evangelium der Mark Silbers‹ aus
der Benediktbeurener Sammlung (Carmen Buranum 44): Hier wird der
Papst als geldgieriger Potentat gezeichnet, der einen armen Kleriker, der
um Hilfe bittet, zwingt »hinzugehen und zu verkaufen« (Mt 13,46) »alles,
was er hatte« (Mt 13,44), und »den Kardinälen, Türhütern und Kammer-
herrn« der römischen Kurie zu schenken[64]. Dagegen wird man die Sammlung von ›christlichen und unchristlichen Scherzen‹, die der Heidelberger
Kirchenhistoriker Hans Freiherr von Campenhausen (1903–1989) vor einiger Zeit zusammengetragen hat, nur mit äußerster Vorsicht als kirchenhistorische Quelle heranziehen – trotzdem bereichern die häufig als Wander-
legenden mehreren Personen zugeschriebenen Geschichten die knappen
biographischen Informationen der Lexika um wichtige, mindestens charakteristische Noten[65]. Das Buch sorgt übrigens selbst auch für unbeab-
sichtigte Heiterkeit, indem es die Gemeinschaft der Neutestamentler der
Jahrhundertwende um einen Georg Heinric*h* und einen Gustav Dalman*n*
bereichert (46/134).
   Neben solchen Verschreibungen stehen übrigens bewußte Namensände-
rungen: Der jüdisch-russische Althistoriker und Bibelwissenschaftler Elias
J. Bickermann (1897–1981)[66], dessen Lebensweg mit Stationen in Rußland, Deutschland, Frankreich und Amerika in besonderer Weise die Wir-
ren und Katastrophen dieses Jahrhunderts spiegelt, verwendete während
seiner verschiedenen Exile (1922–1933 Berlin; 1933–1940 Paris; 1940–
1942 Marseille; 1942–1981 vor allem New York und Columbia) drei verschiedene Namensformen: Bickermann (deutsche); Bikerman (französische) und Bickerman (englische Publikationen). Der Berliner Kirchenhistoriker August Neander (1789–1850) legte 1806 bei seinem Übertritt
von der Synagoge zur evangelischen Kirche den Geburtsnamen David
Mendel ab[67].

Außer der beschriebenen grundsätzlichen Unterscheidung in Tradition und Überrest sind natürlich auch noch Quellenordnungen nach Stoff (Stein, Metall, Papyrus, Pergament, Papier etc.) bzw. technischer (Gerät, Bild, Schrift; Blatt, Rolle, Codex, Buch) oder literarischer Form (dazu unten in der Quellenkunde, § 3) vorstellbar, aber nur in wenigen Fällen wirklich erkenntnisfördernd.

> So verwundert es beispielsweise kaum, daß die schriftliche Dokumentation der außerordentlichen Heirat der byzantinischen Prinzessin Theophanu, einer Kaisernichte, mit dem deutschen Thronfolger Otto II. (14. 4. 972) auch mit einer außerordentlichen Urkunde vorgenommen wurde: Der Text ist mit Goldtinte auf reichgemustertem Grund aufgetragen, der aus purpurroten Kreisen mit Tierpaaren und purpurroten Ornamenten auf blauen Zwickeln besteht, und macht von daher einen äußerst kostbaren und prächtigen Eindruck[68]. – Von gewisser Bedeutung ist dagegen die Beobachtung, daß die Christen in der Umbruchsphase von der Papyrusrolle zum Kodex offenbar von Anfang an auf den Kodex setzten[69].

Zur Systematik von Quellen zählt schließlich eine letzte wichtige, wenn auch meist kaum streng durchführbare Unterscheidung, die in *Primärquellen* und *Sekundärquellen*. Sie fragt nach der *Nähe* der Quelle zu den Ereignissen, Gegebenheiten und Zusammenhängen, auf die sie sich bezieht:

Es ist in vielen Fällen sinnvoll, sich klarzumachen, ob man es bei der historischen Arbeit gerade mit einer Primär- oder einer Sekundärquelle zu tun hat. Als Primärquelle bezeichnen wir diejenige Quelle, die von mehreren vergleichbaren[70] zeitlich dem Untersuchungsgegenstand am nächsten liegt. Eine Quelle kann also im Blick auf verschiedene Zusammenhänge sowohl Primär- wie Sekundärquelle sein. Häufig erweist sich freilich diese Unterscheidung als zu grob oder als selbstverständlich; in einigen Fällen hat sie aber zentrale Bedeutung.

Diese Zusammenhänge soll wieder ein Beispiel verdeutlichen:

Für die Beantwortung der Frage, wie Luther seinen berühmten zweiten Auftritt beim Wormser Reichstag am Abend des 18. April 1521 schloß, geben Primär- und Sekundärquellen eine unterschiedliche Antwort. Zunächst zu den Primärquellen: Luthers eigenhändiger Entwurf für die Rede bricht leider bereits nach wenigen Zeilen ab; er sprach wahrscheinlich weisungsgemäß frei (sodaß sein Manuskript, falls er es denn zu Ende geschrieben hätte, auch keine letztlich zuverlässige Primärquelle für unsere Frage wäre)[71]. Da keine offiziellen Stenogramme der Beratungen existieren, geraten die bereits unmittelbar nach dem Reichstag verbreiteten anonymen Nachschriften seiner Rede in den Rang der Primärquellen. Nach ihnen schloß Luther seine lateinische Rede deutsch: »Gott helf' mir. Amen«[72]; die (bekanntere) ausführlichere Fassung »Ich kan nicht anderst, hie stehe ich, Gott helff mir. Amen«[73] ist demgegenüber nicht authentisch und *sekundär*. Schon an diesem kleinen Detail kann man also erkennen, daß jener bekannte und meist abgedruckte Bericht des Anonymus, der die ausführliche Fassung des Schlußsatzes enthält, gegenüber den Nachschriftendrucken mit Kurzfassung für Luthers abschließende Rede in Worms eine *Sekundärquelle* darstellt[74].

Eine für historische Arbeit schlechthin entscheidende Beobachtung, die man schon bei der Definition und systematischen Ordnung von Quellen machen kann, ist die der *Mehrdimensionalität* von Quellen: Derselbe Text kann gleichzeitig Primär- und Sekundärquelle (in verschiedenen Fragehinsichten) sein; verschiedene Quellen oszillieren zwischen ›Überrest‹ und ›Tradition‹ – das gilt besonders für das reiche Material der Inschriften, die einerseits unmittelbar von Begebenheiten übrig geblieben sind, andererseits bewußt der Nachwelt Zeugnis geben wollen.

So nennt die Stiftungsinschrift des römischen Konsuls Tiberius Iulius Aquila (ca. 75–117 n. Chr.) für einen öffentlichen Bibliotheksbau in der Hauptstadt der römischen Provinz Asia Ephesus (sogenannte ›Celsusbibliothek‹, erbaut nach 117 n.Chr.) nicht nur nötige Regularien wie das Stiftungskapital (die gewaltige Summe von 23.000 Denaren – ein guter Tagesverdienst erbrachte 1 Denar –) und den Modus jährlicher Ausschüttung der Zinsen zugunsten der Büchersammlung (Neukauf von Büchern und Bezahlung der Bibliothekare), sondern trägt auch zum Nachruhm des Stifters und seines Vaters bei[75].

Fragen:

1. Was ist eine Quelle?
2. In welchen Hinsichten können Quellen unterschieden werden?
3. Handelt es sich bei der Apostelgeschichte des Neuen Testamentes um eine Primärquelle?
4. Welcher Quellengattung ist Karls Barths Füllfederhalter zuzuordnen?

Im Folgenden werden nun einige Quellengattungen, deren Benutzung am Anfang schwierig ist oder gewisse Vorkenntnisse voraussetzt, besonders in den Blick genommen – sie waren in der Systematik z.T. schon genannt worden.

§ 3   Quellenkunde: Einführung in ausgewählte Quellengattungen

Der selbständige Umgang mit kirchenhistorischen Quellen – er allein schützt davor, Meinungen und Hypothesen der Forschung ungeprüft zu übernehmen – wird in der Regel erschwert oder verunmöglicht, wenn die Quellen durch ihre sprachliche Gestalt oder technische Form für den Anfänger unzugänglich (oder zumindest: schwer zugänglich) sind. Aus jenem Grunde wird in diesem Abschnitt in vier Quellengattungen aus der Zeit der antiken und mittelalterlichen Kirche eingeführt, die zwar häufig verwendet werden, aber nicht einfach zu benutzen sind: (1) Papyri, (2) Inschriften, (3) Mittelalterliche Urkunden und (4) Akten.

3.1. Papyri

Für Papyri, d.h. im weitesten Sinn christliche Texte auf antikem Papyrus, werden sich vor allem die Studierenden interessieren, die ihr Bild von der Alten Kirche auch um Texte des *Alltags* ergänzen möchten – die Papyri ermöglichen dies, weil sie uns Briefe, Rechnungen, Verträge und Dokumente individueller Frömmigkeit überliefern. Für die Papyruskunde ist ein eigener Wissenschaftszweig zuständig, die *Papyrologie;* es existieren gute Einführungen in das Gebiet[76] sowie Fachzeitschriften, die regelmäßig neue Texte mit Kommentaren abdrucken, z.B. im deutschen Sprachraum das ›Archiv für Papyrusforschung‹ (Leipzig/Stuttgart [APF] 40, 1994) oder die ›Zeitschrift für Papyrologie und Epigraphik‹ (Bonn [ZPE] 94, 1993).

Dank der günstigen klimatischen Bedingungen sind besonders viele Texte aus Ägypten erhalten geblieben. Gewöhnlich beschrieb man die Horizontalfasern eines Blattes (d.h. die Innenseite; *recto*), seltener auch die Außenseite mit den Vertikalfasern (*verso*)[77]. Für Zwecke der Kirchengeschichte existieren einige Sammlungen der wichtigsten Texte mit Übersetzungen: Neben den reinen Inventaren von biblischen und nichtbiblischen Papyri[78] ist hier zu nennen eine ältere Sammlung des Wiener Bibliothekars *Charles Wessely,* in der die ältesten Dokumente des Christentums auf Papyrus mit französischer Übersetzung geboten sind: Bestätigungen von Opfern aus der Zeit der Christenverfolgung unter Kaiser Decius (250/51), Briefe, Fragmente aus kanonischer und nichtkanonischer Überlieferung, magische Papyri, Gebete und Hymnen[79].

So besitzen wir eine ganze Reihe von christlichen Gebetstexten auf Papyrus, die z.B. die Verbreitung des Gottestitels »König der Könige und Herr der Herren« illustrieren und dadurch interessante Rückschlüsse auf die zeitgenössische Frömmigkeit erlauben: ἅγιος εἶ κύριε θεὸ[ς] ὁ βασιλεὺς [τ]ῶν βασιλ[ευόντων καὶ κύριος τῶν κυριευόντων...[80].

Ein Fragment der ›Entlarvung und Widerlegung der fälschlich so genannten Gnosis‹ des Bischofs Irenäus von Lyon (gewöhnlich mit dem Titel der lateinischen Übersetzung: *Adversus Haereses*) aus der unterägyptischen Mönchsstadt Oxyrhynchos zeigt, daß das Werk schon wenige Jahre nach seiner Entstehung (zwischen 180 und 185 n.Chr.) im nördlichen Ägypten greifbar war. Der kleine Text, der von den Herausgebern aus sechs Fetzen von z.T. nicht einmal 1 cm² Größe identifiziert wurde[81], dokumentiert also die Verbindungen zwischen ägyptischer und gallischer Kirche und zeigt, welche Bedeutung die vergleichsweise guten Verkehrsverbindungen des römischen Reiches für die frühe Kirche gehabt haben.

Aus einer Oase in der libyschen Wüste ist ein Brief erhalten, der berichtet, wie eine im Rahmen der diokletianischen Christenverfolgung (nach 304) verbannte Christin an ihrem Verbannungsort sofort von einer Gruppe der dortigen Gemeinde (den Totengräbern) versorgt wird[82].

Für das Verständnis von Papyri und Inschriften sowie für die Benutzung eines kritischen Apparates wissenschaftlicher Textausgaben ist die Kenntnis des sogenannten ›*Leidener Klammersystems*‹ unentbehrlich – es trägt seinen Namen, weil es 1931 auf dem Internationalen Orientalistenkongreß in der holländischen Universitätsstadt Leiden beschlossen wurde. Mit seiner Hilfe kann man zwischen Ergänzungen an der Stelle von zerstörtem Text, Auflösungen von Abkürzungen und durch die Herausgeber getilgtem Text unterscheiden:

Das Leidener Klammersystem:

[...]	Text im Original zerstört, ergänzt
(...)	Auflösung von Abkürzungen
<...>	Zusätze oder Veränderungen der Herausgeber
{...}	Von den Hgg. getilgter Text (= Athetesen)
[[...]]	Rasur des Schreibers
†	Text unheilbar korrupt (*crux interpretum*)
*	Lücke im Papyrus, der Inschrift, dem Kodex

Punkte unter Buchstaben zeigen, daß diese nicht sicher gelesen werden können; Punkte im Text ohne Buchstaben bezeichnen Lücken, an denen ehemals Buchstaben standen (die Zahl der Punkte entspricht dabei der mutmaßlichen Zahl von Buchstaben).

3.2. Inschriften

Von erheblicher Bedeutung für die Alltags-, Sozial- und Mentalitätsgeschichte der Kirche sind vor allem die christlichen Inschriften – auch wenn sie kaum in das Blickfeld des akademischen Unterrichtes und der studentischen Beschäftigung treten. Für die Inschriftenkunde ist ein eigener Wissenschaftszweig zuständig, die *Epigraphik;* allein die erhaltene Menge des Materials (ältere Schätzungen rechneten für die Alte Kirche mit 50 000 Inschriften) spricht für die Bedeutung. Einen umfassenden Überblick über das Material und zugleich eine ausführliche Einführung gewinnt man in dem »Handbuch der altchristlichen Epigraphik« von *Carl Maria Kaufmann,* in dem neben einer Einleitung in Material, Schrift und Datierung ausgewählte Texte in Photographie, Zeichnung, Umschrift und Übersetzung mit Kommentar geboten werden[83].

Die Inschriften selbst wurden zunächst kritisch veröffentlicht in den großen Corpora des 19. Jh.s, die auf Initiativen und Reisen der Berliner

Althistoriker *Theodor Mommsen* (1817–1903) und *August Boeckh* (1785–1867) zurückgehen und von der Preußischen Akademie der Wissenschaften in Berlin betreut wurden bzw. noch heute von ihrer Nachfolgeeinrichtung herausgegeben werden: *Corpus Inscriptionum Latinarum* (CIL; Berlin 1863ff) und *Corpus Inscriptionum Graecarum* (CIG; Berlin 1825–1859) bzw. *Inscriptiones Graecae* (IG; Berlin 1870ff) mit dem *Supplementum Epigraphicum Graecum* (SEG; 1923ff).

Hier sind die christlichen Texte im wesentlichen verstreut publiziert, da das CIL und die IG geographisch gegliedert sind[84]; lediglich für die christlichen Inschriften der Stadt Rom wurde 1861 ein eigenes monumentales Corpus begonnen: *Inscriptiones Christianae Vrbis Romae* (ICVR; Rom 1863ff bzw. Nova Series ebd. 1922ff). Die verschiedenen anderen Sammlungen solcher christlicher epigraphischer Zeugnisse bleiben meist auf bestimmte Regionen begrenzt; Pläne für größere Projekte blieben stecken oder scheiterten im Ansatz[85]. Für die christlichen lateinischen Inschriften existiert eine vorzügliche Auswahl (›Sylloge‹) des Lietzmann-Schülers *Ernst Diehl: Inscriptiones Latinae Christianae Veteres* (ILCV; Bd. 1–3 Berlin 1925–1931; Revisionen und Bd. 4 Berlin 1961–1968); eine geplante Paralleledition für die griechischen Texte kam leider nicht zustande. 64 einschlägige Texte mit Kommentar hat *Wolfgang Wischmeyer* gesammelt (s. vorherige Anmerkung). – Auch wenn die in den oben genannten Werken gebotenen Texte auf den ersten Blick und schon allein durch die verschiedenen Abkürzungen spröde wirken und Studierenden der Anfangssemester wegen fehlender deutscher Übersetzungen nur äußerst schwer oder gar nicht zugänglich sind, lohnt jedenfalls bei vertieftem Interesse ein (zumindest gelegentlicher) Blick auf das Material.

Hier treffen wir auf eine weit größere und in gewissem Sinne auch repräsentativere Menge von christlichen Individuen, als sie uns die literarischen Texte bieten; die in den Inschriften gebotenen Informationen erlauben in der Regel auch viel eindeutigere Interpretationen als archäologische Quellen:

Wischmeyer hat z.B. gezeigt, daß durch die inschriftlichen Informationen auf dem Sarkophag des 332 n.Chr. verstorbenen Bischofs der lykaonischen Stadt Laodikeia Combusta (Ladik), *Marcus Iulius Eugenius*[86], wichtige Erkenntnisse über die Sozialgeschichte der Christen in der römischen Gesellschaft möglich sind – hier eine Nachzeichnung der Sarkophagfront (Abb. 6) und die ersten neun Zeilen der Inschrift mit Übersetzung:

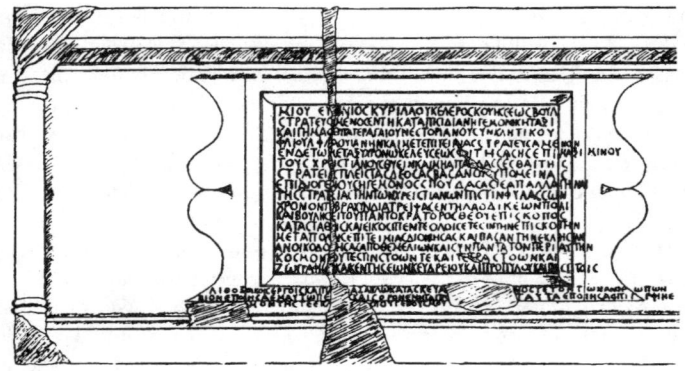

M. Ἰού[λ.] Εὐ[γέ]νιος Κυρίλλου Κέλερος Κουησσέως βουλ(ευτοῦ),
στρατευσ[άμ]ενος ἐν τῇ κατὰ Πισιδίαν ἡγεμονικῇ τάξι,
καὶ γήμα[ς θ]υ[γ]ατέρα Γαῖου Νεστοριανοῦ συγκλητικοῦ
Φλ. Ἰ[ο]υλ. Φ[λα]ουιανήν, καὶ μετ' ἐπιτει[μ]ίας στρατευσάμενον,
ἐν δὲ τῷ μεταξὺ χρόνῳ κελεύσεως φ[ο]ιτησάσης ἐπὶ Μαξιμίνου
τοὺς Χρ[ε]ιστιανοὺς θύειν καὶ μὴ ἀπα[λ]λάσσεσθαι τῆς
στρατεί[α]ς, πλείστας δὲ ὅσας βασάνου[ς] ὑπομείνας
ἐπὶ Διογένους ἡγεμόνος, σπουδάσας ἀπαλλαγῆναι
τῆς στρατείας τὴν τῶν Χρειστιανῶν πίστιν φυλάσσων (…)

Marcus Iulius Eugenius, Sohn des Cyrillus Celer von Kouessea,
    eines Kurialen,
diente in dem dem Statthalter von Pisidien unterstellten Heeresteil,
heiratete die Tochter des Senators Gaius Nestorianus,
Flavia Iulia Flaviana, und leistete den Heeresdienst[87] mit Auszeichnung ab.
Inzwischen aber, als auf einmal ein Edikt unter Maximinus herauskam
    mit dem Befehl,
die Christen sollten opfern, und es sei ihnen nicht gestattet, den Dienst
    zu quittieren,
erlitt er unter dem Statthalter Diogenes sehr viele Qualen und in dem
    Bestreben, loszukommen vom Dienst, bewahrte er den Glauben der
    Christen (…).

Der Text zeigt, daß Marcus als Sohn bereits gläubiger Eltern geboren wurde
(sonst wäre eine Taufe erwähnt) und zu jener kleinen Oberschicht gehörte,
die die Selbstverwaltungsaufgaben der Städte und zugleich auch weite Teile
der öffentlichen Aufwendungen zu bestreiten hatte (sogen. »Dekurionalen«).
Um dieser überaus kostspieligen Pflicht zu entgehen, ›blieb‹ sozusagen nur
der weitere Aufstieg in noch höhere gesellschaftliche Schichten, und ein

Zeugnis solchen Aufstieges bietet die Inschrift: Eugenius diente zunächst unter dem Statthalter der römischen Provinz Pisidien und heiratete dann in eine höherstehende gesellschaftliche Gruppe, nämlich eine römische Senatorenfamilie, ein. Interessanterweise scheint er zunächst als Christ und als (Heeres-)Beamter keine Probleme empfunden oder bekommen zu haben, sondern »diente mit Auszeichnung«. Erst angesichts des 311 n.Chr. von Kaiser Maximinus Daia angeordneten Pflichtopfers für alle Beamten muß er sich zwischen Karriere und Bekenntnis entscheiden und wählt letzteres – auch um den Preis »sehr vieler Qualen« (man darf durchaus mit Folter rechnen). Schließlich schied er doch aus dem Dienst und wurde nach kurzer Zeit zum Bischof der kleinasiatischen Stadt Laodikeia gewählt (diese Informationen stehen in den hier nicht abgedruckten Zeilen). Der ganze Ton der Inschrift zeigt, daß man zu dieser Zeit offenbar schon solchen Kirchendienst für eine dem Staatsdienst mindestens gleichwertige Beschäftigung hielt; das Amt des Bischofs krönt den gesellschaftlichen Aufstieg des Marcus Eugenius. Die Inschrift zeigt also ein weit fortgeschrittenes Stadium christlicher Inkulturation in die spätantike Gesellschaft.

Freilich muß man sich immer wieder klarmachen, daß die Epigraphik vor allem Aussagen über höhere Gesellschaftsschichten erlaubt, die sich längere und daher kostspieligere Texte leisten konnten – wie in unserem Beispiel. Unkritisch betrieben verzeichnet sie das Bild von der gesellschaftlichen Wirklichkeit des antiken und spätantiken Christentums, das aber auch mit Schlagworten wie ›Armenbewegung‹ oder ›Mittelstandsphänomen‹ kaum zureichend beschrieben ist.

Für das Verständnis von antiken Inschriften sowie mittelalterlichen Handschriften und Frühdrucken (= Inkunabeln) ist eine Kenntnis der wichtigsten Abkürzungen äußerst hilfreich. Man unterscheidet suspensive Kürzungen eines Wortes auf einen oder mehrere Buchstaben mit Punkt oder Kürzungsstrich (C. = Gaius; Proff. = Professores: Endbuchstabenverdopplung für den Plural. Analog übrigens: Hgg. = Herausgeber), kontraktive Kürzungen ($\overline{\text{eccla}}$ = ecclesia) mit dem Sonderfall der Nomina Sacra ($\overline{\text{ds}}$ = deus; $\overline{\text{dns}}$ = dominus; $\overline{\text{sps}}$ $\overline{\text{scs}}$ = spiritus sanctus), willkürliche Zeichen (& = et = und – entwickelt aus et > ᵉt> &, d.h. eigentlich eine Ligatur) sowie hochgesetzte Buchstaben bzw. Buchstabenkürzungen (fi⁹ = filius; pri⁹ = prius). Das klassische Werk von Adriano Cappelli enthält in zwei Teilen »Sigle ed abbreviature epigrafiche« sowie eine Einführung und Tabellen für mittelalterliche Kurzschrift[88] – wer mit solchen Texten selbständig (d.h. aus Handschriften und an Originalen) arbeiten möchte, sollte sich dieses preiswerte Werk zulegen. Einige der wichtigsten inschriftlichen

Abkürzungen löst auch Kaufmann im erwähnten »Handbuch der altchristlichen Epigraphik« (S. 39f) auf; Hinweise auf die verschiedenen
Systeme der Datierung von Inschriften sind weiter unten in 6.1 gegeben (S. 86–88).

Einige besonders wichtige christliche Inschriften des Altertums
sind mit deutscher Übersetzung jetzt in dem schönen Quellenband
von Richard Klein und Peter Guyot ediert: Das frühe Christentum bis
zum Ende der Verfolgungen. Eine Dokumentation (2 Bde., TzF 60/62,
Darmstadt 1993/1994 – unser Beispiel übrigens auf Seite 256–258
mit Bemerkungen auf Seite 452f).

3.3. Mittelalterliche Urkunden

Sollen mittelalterliche Themata – wie z.B. die Frage, wie und warum
bestimmte Kaiser wen als Bischof einsetzten – am Detail bearbeitet
werden und damit bestimmte Standardansichten z.B. über ›das otto-
nisch-salische Reichskirchensystem‹ geprüft werden, bedarf es der
Arbeit mit Urkunden, wie sie z.B. in den entsprechenden Bänden der
›Monumenta Germaniae Historica‹ (s. u. S. 63f) veröffentlicht sind.

Unter Urkunde im strengen Sinne des Begriffs wollen wir einen
Text bzw. seinen Inhalt (!) verstehen, für den dreierlei gilt: (a)
Er stellt eine Absicht des/der Urheber(s) in rechtlich wirksamer
Weise dar bzw. dokumentiert rechtliche Vorgänge. (b) Er dient
als Zeugnis dieser aufgezeichneten Absicht für Gegenwart und
Zukunft. (c) Dazu bezieht er sich auf rechtliche Konventionen
und folgt einer normierten Form solcher Absichtserklärungen.
Der Dokumentation seiner Authentizität dient eine Beglaubigung. Als Urkunde definieren wir also »ein in bestimmten Formen gehaltenes und beglaubigtes Zeugnis über eine Willens-
äußerung rechtlicher Natur bzw. über Vorgänge von rechtser-
heblicher Natur« (R. Thommen/A. v. Brandt).

In unserem Rahmen können nur erste Erläuterungen für die Benutzung dieses Materials und wenige Hinweise auf vertiefende Literatur
gegeben werden[89]. Die mittelalterlichen Urkunden lassen sich drei-
fach untergliedern. (1) Zunächst können sie nach ihren *Urhebern* in
drei große Gruppen geteilt werden: Kaiser- u. Königsurkunden,

Papsturkunden sowie Privaturkunden. (2) Nach ihrem *Bezug auf den Rechtsakt* unterscheidet man ›Beweisurkunde‹ (deklaratorische Urkunde) und ›dispositive Urkunde‹ (konstitutive Urkunde): Eine Beweisurkunde dokumentiert bzw. beweist einen vorher mündlich und symbolisch vollzogenen Rechtsakt. Die dispositive Urkunde setzt bzw. schafft den Rechtsakt, ihr geht kein mündlicher symbolischer Akt mehr voraus. Die dispositive oder konstitutive Urkunde ist erst in der späten römischen Kaiserzeit entstanden und wurde carta genannt, während es knappe Notizen (*notitia, breve memorativum*) und ausführlichere urkundliche Dokumentationen von voraufgegangenen Rechtsakten schon länger gab, letztere wurden als *chirographum* bezeichnet. (3) Eine dritte und letzte Unterteilung bezieht sich auf *Qualität und Dauerhaftigkeit des Rechtsinhaltes:* Grundsätzlich bedeutsame Rechtshandlungen wurden als Diplom (oder Präzept bzw. Privileg) von den schlichten alltäglichen Geschäftsurkunden, Mandat genannt, unterschieden.

Diese Differenzierungen sind weitestgehend neuzeitlichen Charakters; unsere Redewendung »mit Brief und Siegel« zeigt z.B., daß Urkunden im Mittelalter gern als Brief bezeichnet wurden.

Das Erscheinungsbild einer mittelalterlichen Kaiserurkunde, die uns hier als Beispiel dienen soll, war auf Repräsentation angelegt: Das Format des Pergamentblattes übertraf das gewöhnliche Buchformat; die erste und letzte Zeile waren in einer extrem verlängerten Schrift, der gitterförmigen Elongata, gehalten. Die Zeilenabstände des eigentlichen Textes waren gewöhnlich übergroß, die Urkundenschrift verwendete weitgestreckte Ober- und Unterlängen. Siegel und das Herrschermonogramm zogen zusätzlich die Aufmerksamkeit des Betrachters auf sich. Die Form der Urkunde folgte einer strengen Konvention und zerfiel in die drei Teile Protokoll, Text und Eschatokoll – vgl. die beigefügte Abbildung (Nr. 7)[90]:

(a) Protokoll

Chrismon: Zeichen, das sich ursprünglich aus einem Kreuz entwickelte, zunächst in Kreuzform, später meist in Gestalt eines ausgeschmückten ›C‹, daher auch auf ›Christus‹ gedeutet.
Invocatio: Anrufung Gottes, ersetzt die alte Nennung der Konsulennamen in römischen Urkunden, z.B. seit karolingischer Zeit *In nomine sanctae et individuae trinitatis.*

Intitulatio: Name, Devotionsformel[91] und Titel des Ausstellers der Urkunde, z.B. *Otto divina favente clementia imperator augustus.*

Inscriptio: Name des Empfängers mit Gruß (= *salutatio*), z.B. *Universis sacri Romani imperii fidelibus presentes litteras inspecturis graciam suam et omne bonum.*

Arenga: allgemeine Einleitung, gewöhnlich in rhetorisch stilisierten pathetischen Wendungen, die z.T. interessante Rückschlüsse auf das Selbstverständnis des Ausstellers erlaubt. Sie fehlt häufig.

(b) Text oder Kontext

Promulgatio/Publicatio: meist durch *quapropter* resp. *idcirco* verbundene Verkündigungsformel, z.B. *quapropter omnium fidelium nostrum animadvertat industria.*

Narratio/Interventio: Erzählung der Einzelumstände, die die Urkunde veranlaßt haben/Fürbitte dritter zugunsten des Empfängers der Urkunde, z.B. eingeleitet mit *ut, qualiter, quatinus* oder *quod.*

Dispositio: Rechtsinhalt und Zentrum der Urkunde, eingeleitet z.B. *quoddam* oder *eapropter.*

Sanctio: Androhung einer Strafe bei Zuwiderhandlung (= Pönformel), z.B. *quod qui fecerit, indignationem nostram se noverit graviter incurisse.*

Corroboratio: Angabe des oder der Beglaubigungsmittel, z.B. Hinweis auf eigenhändige Kaiserunterschrift (*manu propria subter eam firmavimus*) oder Vollziehungsbefehl, die Urkunde zu siegeln (*anuli nostri impressione assignari iussimus*).

(c) Eschatokoll oder Schlußprotokoll

Subscriptiones: Unterschriften; es wird das Monogramm des Ausstellers angekündigt, z.B. *signum domni Ottonis invictissimi* [MONOGRAMM] *imperatoris augusti*[92]. Unter dem Signum steht die Rekognition des Kanzlers, bis zum 11. Jh. von einem »Rekognitionszeichen« begleitet, das sich aus dem Wort *subscripsi* entwickelte und schließlich zum reinen Schmuckzeichen verkam.

Siegel: Kaiserurkunden wurden niemals ungesiegelt ausgegeben; als Material der Siegel kennen wir neben Wachs auch Blei und (seltenst) Gold.

Datierungszeile mit Apprecatio: Datumsangabe nach dem römischen Kalender, Jahresangabe nach der Inkarnation des Herrn und den Regierungsjahren des Herrschers und dem Indikationsjahr, einem ursprünglich römischen System eines fünfzehnjährigen Zyklus[93], Ortsname und abschließender kurzer Segenswunsch (*apprecatio*): *in Dei/Christi nomine feliciter. Amen.*

Eine Analyse nach diesen Formkategorien bewährt sich auch an anderen bekannten Texten, z.b. an der sogenannten ›Konstantinischen Schenkung‹, einer vermutlich in karolingischer Zeit am päpstlichen Hof entstandenen Fälschung, die freilich vorgibt, ein Schreiben Konstantins des Großen an Papst Silvester I. darzustellen und unter dieser Voraussetzung eine große Rolle in der mittelalterlichen Debatte um die Stellung des Papsttums spielte, bis sie im 15. Jh. endgültig als tendenziöse Fälschung entlarvt wurde[94]:

> Hier findet sich nahezu das vollkommene formale Inventar einer mittelalterlichen Urkunde: die *Invocatio* in karolingischer Form (§ 1: *In nomine sanctae et individuae trinitatis*); eine *Intitulatio* mit einer Pietasformel (§ 1: *Imperator Caesar Flavius Constantinus in Christo Iesu [...] fidelis*); die *Inscriptio* mit *Salutatio* (§ 1: *sanctissimo ac beatissimo patri patrum Silvestro [...], gratia, pax, caritas ...*); die *Promulgatio* (§ 1: *ad agnitionem omnium populorum [...] propagare*). Die ausführliche *Narratio* enthält die Legende von der Heilung des aussätzigen Kaisers Konstantin durch den römischen Bischof Silvester im Taufbad (§§ 7–9); schließlich folgen die angeblichen Dispositiones des Kaisers für den Papst (§§ 11–18), darunter z.B.: Papst als *vicarius filii Dei in terris* (§ 11); Vorrang des römischen vor den anderen Patriarchen (§ 12), Übergabe des ehemals kaiserlichen Lateranpalastes und kaiserlicher Insignien wie der Mitra (§ 13); Errichtung einer neuen Hauptstadt Byzanz, damit die Stadt Rom allein dem Papst zustehe (§ 18). Die Urkunde schließt mit einer Pönformel (§ 19: Ewige Verdammnis für Übertreter), der *Corroboratio* (§ 20: eigenhändige Unterschrift), einer Datumszeile und der *apprecatio* (§ 20).

Wie stark alle formalen politischen und wirtschaftlichen Vollzüge des Mittelalters auch theologische Bedeutung hatten, zeigt sich besonders plastisch an den Herrscher-Monogrammen der Urkunden – als Beispiel ist hier das Karls des Großen gewählt (Abb. 8 – Interpretation von Arnold Angenendt).

Abb. 8: Monogramm Karls

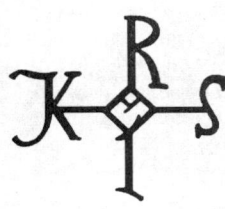

Monogramm Karls des Großen: Karl vollzog zur Ratifizierung einen Strich, den sog. Vollzugstrich, der sich in der unteren Mitte befindet.

Zu lesen ist von links bis zur Mitte einschließlich der oberen Hälfte der Raute: KA, weiter von oben nach unten mit der ganzen Raute: ROL; dann von der Mitte mit nur der unteren Hälfte der Raute nach rechts: VS. Die in der Mitte stehende Raute gilt als Symbol für den Kosmos; sie enthält alle Vokale, während die Konsonanten von außen zugeordnet sind. Die Leseabfolge ergibt ein Kreuz: KA – linker Balken, ROL – Stamm, VS – rechter Balken. Als Grunddeutung ergibt sich demnach: Kreuz im Kosmos.

PROTOKOLL	Chrismon

	Publicatio
	Narratio
	Dispositio
KONTEXT	
	Corroboratio

	Signumzeile mit Herrschermonogramm
ESCHATO-KOLL	Siegel und Rekognitionszeichen
	Datierungszeile mit Apprecatio

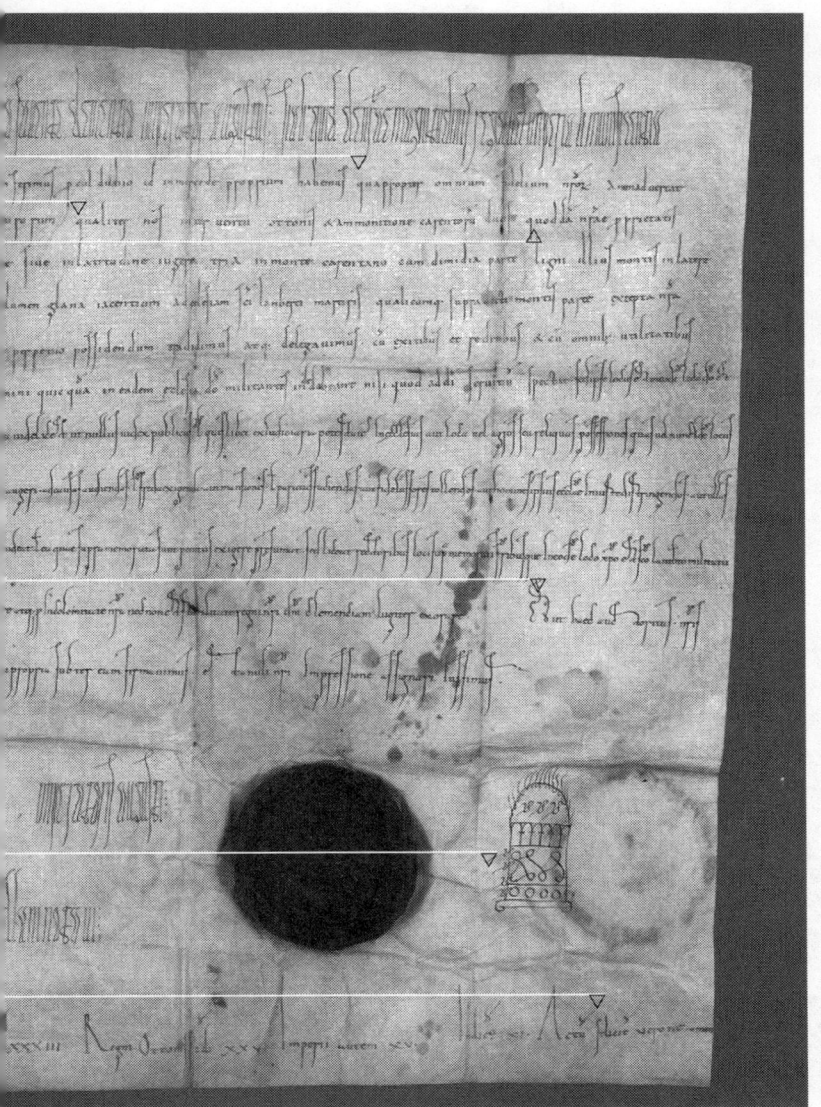

Abb. 7: Urkunde Ottos II. von 983 n. Chr.

Eine Urkunde kann als Original erhalten sein; u.U. liegen (z.B. bei Verträgen) sogar mehrere Originale vor. Der Empfänger fertigte meist Abschriften der Urkunden in Sammelbänden an, die man als *Kopialbücher* oder *Chartulare* bezeichnet. Der Aussteller der Urkunde hielt den Inhalt (häufig in Konzeptform) in *Registern* (Missiven) fest. Solche Registerbücher sind z.T. als wichtige Geschichtsquelle ediert worden, wenn die Originalurkunden, deren Versendung dokumentiert ist, längst verloren gegangen sind[95].

3.4. Akten

Vor allem bei Untersuchungen im Bereich der Neuzeit und der Zeitgeschichte kommen z.T. bereits während des Studiums Akten in den Blick; aber spätestens in der schulischen bzw. pfarramtlichen Praxis ist dann immer wieder mit solchen Quellen umzugehen.

Akten dokumentieren, was geschehen, ›verhandelt‹ worden ist (von lateinisch: acta); im Gegensatz zur einzelnen Urkunde geht es hier um einen Überlieferungszusammenhang mehrerer Stücke in einer Akte. Natürlich können – und werden im Normalfall – in solchen Akten auch einzelne Urkunden enthalten sein. Akten dokumentieren in aller Regel Vorgänge, die sich im Zusammenhang einer Institution (Herrscher, Bischof, Regierung, Oberkirchenrat etc.) abgespielt haben.

Wir unterteilen Akten einer Institution in (a) eingehende und (b) ausgehende Akten sowie (c) in den Innenlauf bestimmte Akten, die innerhalb der Einrichtung angefertigt worden sind und sie auch nicht verlassen sollen[96].

Eine Akte besteht in der Regel aus dem Einband (Umschlag, Tektur) und dem Inhalt. Der Aktendeckel gibt Auskunft über Besitzer oder Produzenten, den Inhalt und die Signatur(en = Aktenzeichen). Der Inhalt kann rein chronologisch (*Serie*) oder in einer gegliederten Serie geordnet sein, indem z.B. die Serie nach Eingang und Ausgang geordnet wird. Freilich wurde vielfach schon im 18. Jh. dieses Prinzip in großen Institutionen (z.B. Staatsverwaltungen) wegen mangelnder Übersichtlichkeit aufgegeben und durch eine Gliederung rein nach Sachgesichtspunkten ersetzt. Die so entstehenden Sachakten (*Dossier*) lassen sich in den Registraturen der Behörden und auch in den Archiven entsprechend nur über Akten- oder Registraturpläne auffinden. Registraturen, die die Akten jeweils einer Institution aufbewahren, sind nach Sachprinzipien (*Pertinenzprinzip*) gegliedert. Bei Archiven, die Akten mehrerer Institutionen sammeln, hat sich diese Ordnung nicht bewährt – hier sind die Akten nach Provenienz, d.h. ihrer institutionellen Herkunft sortiert[97]. – Es versteht sich daher fast von selbst, daß alle Zitate aus Akten in wissenschaftlichen Arbeiten mit größtmöglicher Gründlichkeit und Sorgfalt vorgenommen werden sollten, damit die Stücke gegebenenfalls auch von anderen identifiziert und benutzt werden können. Nach diesen Prinzipien sind sie in der Regel auch herausgegeben worden.

Zum wissenschaftlichen Standard der Aktenpublikation gehört, daß solche Quellen nicht nur einfach in ihrem Text wiedergegeben werden. Ihnen hat vielmehr ein sogenanntes *Regest* (von lateinisch: regesta = Sammelbücher mit Urkundenabschriften oder Registerbücher) voranzustehen, aus dem der Aufbewahrungsort zum Zeitpunkt der Publikation, eine eventuell vorhandene aktuelle Archivnummer und eine knappe Inhaltsangabe hervorgeht. Auf das Regest kann eine formalisierte Beschreibung der Urkunde hinsichtlich Schriftart und anderer Auffälligkeiten (z.B. handschriftliche Einträge) folgen. Erst dann wird der Text der Urkunde selbst mitgeteilt.

Nach diesen Prinzipien werden z.B. die Akten, die in den Berichts- und Dokumentationsbänden des Nürnberger Kriegsverbrecherprozesses (1945/46) ediert sind, behandelt. In dieser Sammlung findet sich auch mancher für die kirchliche Zeitgeschichte interessante Text, beispielsweise ein »Entwurf einer Verordnung über die Rechtsverhältnisse der Religionsgesellschaften und religiösen Vereinigungen«, der im Juni 1940 zunächst für Danzig-Westpreußen entwickelt wurde, aber sicher eine Zielvorstellung nationalsozialistischer Kirchenpolitik für das Gesamtreich dokumentiert[98]: Diese Verordnung sieht das Ende aller Staatsleistungen an die »Religionsgesellschaften und religiösen Vereinigungen« vor, schafft die Kirchensteuer ab und bindet zugleich jede neue Beitragsordnung an staatliche Genehmigungen. Aus dem Regest und der Beschreibung der Urkunde geht hervor, wann der Entwurf in Berlin anlangte und was dort mit ihm geschah. Diese Texte lauten (Groß- und Kleinschreibung vereinheitlicht; Abkürzungen der Editoren aufgelöst):

»Document 066–PS. Letter from Bormann to Rosenberg, 24 June 1940, with Draft of a Decree concerning the Legal Status of Religious Societies and Religious Associations within the Reichsgau Danzig-West Prussia (Exhibit USA-689)

> - - - - - - -
>
> Beschreibung der zugrundegelegten Urk[unde]:
> zweiteilig
> Erstes S[chriftstück]: im B[rief]k[opf] [einge]pr[ägtes] Hoheitszeichen |
> U[nterschrift] Ti[nte] hellblau | r[echts] von Adr[essat] Eing[angs-
> vermerk] St[empel] schwarz: Kanzlei Rosenberg Eing.-Nr. *1799* Dr. (?)
> (Ti[nte]) am – 1. JUL. 40 *abschreiben H.* (Blei[stift]) unter Eing[angs-
> vermerk]: *Abschr. an III z. Stellungn 2/7.* (Blei[stift])«.

Eine so ausführliche Beschreibung des Schriftstückes wie in unserem Beispiel wird nur in den allerseltensten Fällen notwendig sein; allerdings ermöglicht sie künftigen Bearbeitern der Urkunde, mit einem
Blick alle wesentlichen Informationen für die Interpretation parat zu
haben, auch ohne das Original oder sein Faksimile nochmals anzusehen. Mindestens die Angaben eines Regestes sollten allerdings in einer
Aktenpublikation komplett sein, damit das veröffentlichte Aktenstück
identifiziert, im Archiv wieder aufgefunden und mit dem Druck verglichen werden kann.

Fragen:

1. Worin liegt die Bedeutung von Papyri, Inschriften und Akten für die kirchengeschichtliche Arbeit?
2. Welche Mindestanforderungen gelten für eine Aktenpublikation?
3. Was bedeutet (nach dem Leidener Klammersystem) †, was {...}?
4. Was ist eine Inkunabel?

In einem weiteren Abschnitt soll es nun um die Frage gehen, wie sich
überhaupt die für die Bearbeitung eines kirchenhistorischen Themas
relevanten Quellen auffinden lassen.

§ 4 Quellenfindung

Die Suche nach dem Quellenmaterial, das im Rahmen der historischen Arbeit benötigt wird, beginnt zweckmäßigerweise mit
dem Studium von Lexikonartikeln, Einleitungen und Literatur-

geschichten. Dann sollten die verschiedenen entsprechenden Hilfsmittel, vor allem die Quellenkunden, herangezogen werden.

In aller Regel beginnt die Bearbeitung eines kirchengeschichtlichen Themas (sei es im Rahmen einer Lehrveranstaltung, einer [Pro-]Seminar- oder Examensarbeit, sei es in der eigenen Kirchengemeinde) mit der Zusammenstellung des relevanten historischen Materials, also der *Quellenfindung*. Um diejenigen Quellen zu finden, die für die Bearbeitung eines kirchengeschichtlichen Themas oder die Lösung einer theologiegeschichtlichen Aufgabe nötig sind, stehen eine ganze Reihe von Hilfsmitteln zur Verfügung. Falls man nicht schon durch das Thema selbst (z.B. »Vita Heinrici IV. imperatoris – eine Interpretation«; »Die Auseinandersetzung zwischen Luther und Müntzer nach den Hauptschriften ihres Streites«) auf eine bestimmte oder mehrere Quellen gewiesen ist, finden sich erste Hinweise auf die benötigten Grundtexte meist in Lexikonartikeln, Anmerkungen der benutzten Editionen oder der Sekundärliteratur (vgl. auch unten § 11 Anhang: Anregungen für eine Proseminararbeit am Beispiel, S. 154 f).

Bei dem theologiegeschichtlichen Thema »Die Kirchenväter bei Johann Gerhard« empfiehlt es sich beispielsweise, zunächst einen Lexikonartikel über den (bereits oben erwähnten: S. 13) lutherischen Barocktheologen zu konsultieren. Aus Martin Honeckers Personenartikel in der »Theologischen Realenzyklopädie« (Bd. XII, 1984 = 1993, 448–453) könnte man entnehmen, daß Gerhard da (ebenfalls bereits erwähnte) »Patrologia« über Leben, Schriften und Lehren der Kirchenväter geschrieben hat: S. 452,51 f. Bei näherer Betrachtung dieses Werkes würde man dann außerdem erkennen, daß Gerhards Sohn sie posthum veröffentlicht hat, weswegen sie keine Vorrede oder sonstige prinzipielle Äußerungen des ursprünglichen Autors zum Thema enthält. Honecker weist aber in seinem zitierten Artikel auf weitere Schriften hin, die ›charakteristisch für Gerhards Auffassung von Theologie‹ sind (449,40). Hier finden sich dann auch entsprechende prinzipielle Äußerungen zu den Kirchenvätern.

Für eine allgemeine Orientierung bieten sich neben den gängigen Lexika weiter die verschiedenen Einleitungen und Literaturgeschichten (bibliographische Angaben unten, S. 46–53) an; hier läßt sich allgemein in Erfahrung bringen, welche Quellen bestimmter Gattungen für bestimmte Epochen zur Verfügung stehen; in diesen Werken wird eine allgemeine Einleitung in Tendenz und Aufriß oder Gliederung der betreffenden Schriften mit den wichtigsten Forschungsproblemen gegeben. Ebenso bedeutsam sind schließlich die mehr oder minder ausführlichen *Quellenkunden*, die die jeweils besten Ausgaben einer schriftlichen Quelle meist tabellarisch zusammenstellen und im Verlauf der Arbeit in jedem Falle konsultiert werden sollten, damit nicht anhand veralteter oder gar problematischer Textgrundlagen gearbeitet wird.

Zur Anschaffung empfohlen wird für interessierte Studierende ein nach Hilfsmitteln, Handbüchern und Quellen gegliedertes »Bücherverzeichnis zur deutschen Geschichte« von *Winfried Baumgart* (DTV 3247; München [7]1988).

4.1. Quellenfindung im Bereich der Antike/Spätantike

Im Vorfeld der großen neuen Kirchenväterausgaben nach dem zweiten Weltkrieg (dazu unten, S. 61–63) und im Zusammenhang mit der großen Brüsseler Ausgabe der Heiligenviten (S. 72) entstanden kritische Bestandsaufnahmen der gesamten lateinischen und griechischen ›Kirchenväterliteratur‹ – wobei dieser Begriff insofern in die Irre führt, als auch die von der Kirche als »Häretiker« verworfenen Schriftsteller hier nicht ausgeschlossen sind – und des hagiographischen Materials. In diesen Werken sind jeweils der lateinische Titel der Schrift, meist das Incipit, d.h. die anfängliche Zeile in der Originalsprache, sowie die maßgebliche (kritische) Edition und wichtige Literatur zur Textgestaltung genannt:

(lateinische christliche Literatur):
E. *Dekkers*/A. *Gaar,* Clavis Patrum Latinorum (= CPL), Turnhout [2]1961 (Hier ist eine *Neuausgabe* geplant; als *Ersatz* dient einstweilen H. J. *Frede,* Kirchenschriftsteller. Verzeichnis und Sigel, Vetus Latina. Die Reste der altlateinischen Bibel I/1, hg. von der Erzabtei Beuron [= VL], Freiburg 1981 mit Aktualisierungsheften 1984/1988).
(griechische christliche Literatur):
M. *Geerard,* Clavis Patrum Graecorum (= CPG), 5 Bde., Turnhout 1979–1988. (Die Ausgabe ist weitgehend chronologisch geordnet: Bd. 1 umfaßt das 1.–3. Jh.; Bd. 2 das 4. Jh.; Bd. 3 das 5.–8. Jh., im 4. Bd. werden Konzilstexte und die Katenenüberlieferung[99] dargestellt; Bd. 5 enthält die Register).
(griechische und lateinische christliche Briefliteratur):
Epistolari Cristiani (secc. I–V). Repertorio bibliografico, Parte prima: Epistolari Greci e Latini (secc. I–III), a cura di C. Burini, Rom 1990; Parte seconda: Epistolari Latini (secc. IV–V), a cura di G.A. Pentiti/M.C.S. Cerroni, Rom 1990; Parte terza: Epistolari Greci (secc. IV-V), a cura di F. Sillitti, Rom 1990.

(hagiographische, d.h. Heilige betreffende Literatur):
Bibliotheca Hagiographica Graeca (= BHG), 3ᵉ éd. par F. Halkin, SHG 8, 3
Bde., Brüssel 1985 (= 1957).
Bibliotheca Hagiographica Latina antiquae et mediae aetatis (= BHL), ed. par
Sociéte des Bollandistes, 2 Bde., SHG 6, Brüssel 1949 (= 1898–1901); Novum
Supplementum par *H. Fros,* SHG 70, Brüssel 1986; Novum Auctarium par *F.
Halkin,* SHG 65, Brüssel 1984.

Diese Quellenkunden bewähren sich besonders bei jenen altkirchlichen Autoren, in deren Werken sich viele pseudepigraphe, d.h. mit fal-
schen Verfasserangaben versehene Schriften befinden. So umfaßt die
Liste der unter der Autorschaft des *Athanasius* († 373 n.Chr.)[100] stehenden *Opera* bei Geerard 219 Nummern (Bd. II, S. 12–60, Nr. 2090–
2309), aber nur ein knappes Drittel davon geht wirklich auf den Bischof von Alexandria zurück. Geerard unterscheidet *Dubia,* d.h. Texte,
deren Zuschreibung zweifelhaft ist, und *Spuria,* d.h. Pseudepigrapha
(von lateinisch *spurius:* unehelich, unecht, unterschoben). Ähnlich wie
bei den Pseudepigrapha beider Testamente wurden dem »Haupt der antiarianischen Orthodoxie« schon früh Texte unbekannter und hinsichtlich ihrer Rechtgläubigkeit umstrittener Autoren unterschoben.

Literatur zur Pseudepigraphie (in Auswahl): *M. Geerard,* Clavis Apocrypho-
rum Novi Testamenti, Turnhout 1992; *J. Machielsen,* Clavis Patristica Pseudepigraphorum Medii Aevi (= CPPM), Pars I Opera Homiletica (2 Bde.), Turnhout 1990. – N. Brox, Falsche Verfasserangaben. Zur Erklärung der frühchristlichen Pseudepigraphie, SBS 79, Stuttgart 1975; M. Hengel, Anonymität,
Pseudepigraphie und ›literarische Fälschung‹ in der jüdisch-hellenistischen
Literatur, in: Pseudepigrapha, Entretiens sur l'Antiquité Classique Tome
XVIII, Vandœuvres-Genève 1972; W. Speyer, Die literarische Fälschung im
heidnischen und christlichen Altertum. Ein Versuch ihrer Deutung, HAW I/2,
München 1971.

Ausführlichere Informationen über die antiken/spätantiken Quellen
finden sich in den *patristischen* bzw. *altkirchlichen Literaturgeschichten:*

Handlich, zuverlässig und zur Anschaffung geeignet ist das Werk
von *Berthold Altaner/Alfred Stuiber,* Patrologie. Leben, Schriften und
Lehre der Kirchenväter (Freiburg ⁸1978 = 1993)[101]; für die hagiographische Literatur nach wie vor *Hippolyte Delehaye,* Les légendes hagiographiques (4ᵉ éd. augmentée d'une notice de l'auteur par P. Pee-
ters, SHG 18, Brüssel 1973 [= 1955]), auch in englischer Übersetzung
(The Legends of the Saints, transl. by D. Attwater, New York 1962).
Gerade ist eine kurze, preiswerte und gute »Einführung in die lateini-

sche Hagiographie« erschienen: *Dieter von der Nahmer,* Die lateinische Heiligenvita (Darmstadt 1994), die auch viel textliches Material zitiert (weitere Literatur zur Hagiographie unten, S. 157).

Ausführlicher, aber älter und somit z. T. veraltet sind die mehrbändigen Literaturgeschichten von *Otto Bardenhewer* (Geschichte der altkirchlichen Literatur, 5 Bde., Freiburg [2]1913–1932; *verschiedene Nachdrucke*) und *Johannes Quasten* (Patrology, 3 Bde., Utrecht u.a. 1960–1964)[102].

Im Rahmen des »Handbuchs der Altertumswissenschaft« sind auch Literaturgeschichten für die patristische und byzantinische Zeit erschienen, die gegenwärtig z.T. neu bearbeitet werden:

> *(lateinische heidnische und christliche Literatur):*
> *R. Herzog/P.L. Schmidt* (Hgg.), Handbuch der Lateinischen Literatur der Antike (HLL), Bd. 5 Restauration und Erneuerung (284–374 n.Chr.), HAW VIII/5, München 1989.
>
> *(griechische christliche Literatur):*
> *O. Stählin,* Die altchristliche griechische Literatur, in: W. Schmidt/ O. Stählin, Geschichte der Griechischen Literatur, 2. Tl. Die nachklassische Periode der griechischen Literatur, Bd. 2 Die nachklassische Periode der grch. Literatur von 100–530 n.Chr., 6., umgearb. Aufl., München 1924, S. 1105–1500.
>
> *(byzantinische Literatur):*
> *H.-G. Beck,* Kirche und theologische Literatur im byzantinischen Reich, HAW XII 2/1, München, 2., unveränd. Aufl. 1977; *Ders.,* Geschichte der byzantinischen Volksliteratur, HAW XII 2/3, München 1971; *H. Hunger,* Die hochsprachliche profane Literatur der Byzantiner, HAW XII 5/1 Philosophie, Rhetorik, Epistolographie, Geschichtsschreibung, Geographie, München 1978; HAW XII 5/2 Philologie, Profandichtung, Musik, Mathematik und Astronomie, Naturwissenschaften, Medizin, Kriegswissenschaft, Rechtsliteratur, München 1978.

Eine unübertroffene, wenn auch stark revisionsbedürftige und für studentische Zwecke in der Regel zu ausführliche handschriftliche und chronologische Bestandsaufnahme der vornizänischen Literatur stellt ein monumentales Werk von *Adolf von Harnack* dar, dessen Neubearbeitung *Hanns Christof Brennecke* (Erlangen) und der Verfasser übernommen haben:

> *Geschichte der altchristlichen Litteratur bis Eusebius.* 1. Tl. Die Überlieferung und der Bestand der altchristlichen Litteratur bis Eusebius, bearb. unter Mitwirkung v. E. Preuschen, Leipzig 1893; 2. Tl. Die Chronologie der altchristlichen Litteratur, 2 Bde., Leipzig 1896/1904 (nachgedruckt Leipzig 1958).

Für eine allererste Orientierung sind auch zwei Titel des Marburger Kirchenhistorikers *Wolfgang Bienert* besonders brauchbar: W. Bienert/ G. Koch, Kirchengeschichte I. Christliche Archäologie, UB 423, Stuttgart 1989 (Grundkurs Theologie, Bd. 3); Ders., Kirchengeschichte (KG) 1. Tl., in: Theologie im 20. Jh., Stand und Aufgaben, hg. v. G. Strecker, UTB 1238, Tübingen 1983, 146–202.

Die derzeit maßgeblichen Ausgaben der profanen antiken und spätantiken Autoren lassen sich am besten ermitteln nach den Abkürzungsverzeichnissen der wichtigen großen Lexika, die jeweils die beste Edition auf recht neuem Stand angeben:

> *Lexika für lateinische Texte:*
> Thesaurus Linguae Latinae, editus iussu et auctoritate consilii ab academiis societatibusque diversarum nationum electi, Index librorum scriptorum inscriptionum ex quibus exempla afferuntur, Editio altera, Leipzig 1990.
> *für griechische Texte:*
> Thesaurus Linguae Graecae Canon of Greek Authors and Works, ed. L. Berkowitz, Oxford [3]1990.

Auch für diese Texte liegt eine Reihe von Einführungen und Literaturgeschichten vor, auf die freilich in unserem Rahmen nur summarisch verwiesen werden kann: Eine allererste Orientierung bieten nach wie vor die Studienbücher von *Hermann Bengtson,* Einführung in die Alte Geschichte (München [8]1979) und *Gerhard Jäger,* Einführung in die klassische Philologie (München [2]1980). Für die antike historiographische Literatur liegen von *Karl Christ* und *Ingomar Weiler* kombinierte Einführungen und Quellenkunden vor[103], die neben der Bibliographie der wichtigsten Quellen auch die »Hauptprobleme und Forschungstendenzen« mit der relevanten Literatur dokumentieren. Zu empfehlen ist auch die knappe Literaturgeschichte von *Albrecht Dihle* (Die griechische und lateinische Literatur der Kaiserzeit. Von Augustus bis Justinian, München 1989), sie erspart den Blick in die oftmals veralteten und umfangreichen Bände des bereits oben erwähnten »Handbuchs der Altertumswissenschaft« .

> Unabdingbar für die Arbeit an den antiken bzw. spätantiken Texten, seien sie von christlichen oder heidnischen Autoren, sind neben den ›klassischen‹ Lexika (dazu unten, S. 96f) Speziallexika, Indices und Konkordanzen. Eine ältere Übersicht von *H./B. Riesenfeld* (Repertorium Lexicographicum Graecum. A Catalogue of Indexes and Dictionaries to Greek Authors, CB.NT 14, Stockholm, Lund, Kopenhagen 1953) ergänzt jetzt der Katalog einer entsprechenden Verlags- und Nachdruckreihe (Georg Olms Verlag Katalog AΩ. Lexika, Indizes, Konkordanzen zur klassischen Philologie, Hildesheim 1986).

4.2. Quellenfindung im Bereich des Mittelalters

Die klassische Quellenkunde für die mittelalterliche historische Literatur, die auch Elemente einer Literaturgeschichte enthält, liegt in einem von *Wilhelm Wattenbach* (1818–1897) begründeten Werk vor: Das erste Faszikel seiner Einführung »Deutschlands Geschichtsquellen im Mittelalter« erschien 1858, nach dem Zweiten Weltkrieg und in den siebziger Jahren wurden Neubearbeitungen begonnen, die aber z.T. schon wieder veraltet oder noch nicht abgeschlossen sind. Hier handelt es sich nicht um eine reine Aufzählung von Ausgaben (und inzwischen auch nicht mehr, wie von Wattenbach geplant, um ein Werk für die Bedürfnisse eines breiteren Publikums), sondern um eine Einleitung in den Forschungsstand mit reichen Literaturhinweisen in den Anmerkungen, die über die Anforderungen eines durchschnittlichen Theologiestudiums weit hinausreicht:

> W. Wattenbach/W. Levison/H. Löwe, Deutschlands Geschichtsquellen im Mittelalter. Vorzeit und Karolinger, 6 Hefte und ein Beiheft v. R. Buchner, Weimar, 1952–1990.
>
> W. Wattenbach/R. Holtzmann, Deutschlands Geschichtsquellen im Mittelalter. Die Zeit der Sachsen und Salier, Tl. 1/2 = Heft 1–4, Berlin 1938–1943/ ^{2}1943–1948 = Darmstadt 1967; Neuausgabe des 3. Teiles und Nachträge zum 1./2. Tl. bes. v. F.-J. Schmale, Köln u.a. 1971.
>
> W. Wattenbach/F.-J. Schmale, Deutschlands Geschichtsquellen im Mittelalter. Vom Tode Kaiser Heinrichs V. bis zum Ende des Interregnum, Bd. 1, Darmstadt 1976.
>
> (knapper:)
>
> P.-J. Schuler, Grundbibliographie mittelalterliche Geschichte, Historische Grundwissenschaften in Einzeldarstellungen, Bd. 1, Stuttgart 1990.
>
> (ferner jetzt:)
>
> R. Schönberger/B. Kible, Repertorium edierter Texte des Mittelalters aus dem Bereich der Philosophie und angrenzender Gebiete, Berlin 1994.
>
> (außerdem:)
>
> A. Potthast, Bibliotheca historia medii aevi. Wegweiser durch die Geschichtswerke des europäischen Mittelalters bis 1500, 2 Bde., Berlin ^{2}1896 = Graz 1954.
>
> (Neubearbeitung:)
>
> *Repertorium fontium historiae medii aevi* (…), bisher 5 Bde., Rom 1962ff.

Knappere und vollständigere Einleitungen in die mittelalterliche Literatur und ihr Studium liegen in verschiedenem Umfang vor: Eher technisch lösen ihre Aufgabe *Heinz Quirin,* Einführung in das Studium der mittelalterlichen Geschichte (Stuttgart ^{5}1991) bzw. *Hilkert Weddige,*

Einführung in die germanistische Mediävistik (München [2]1992). Eine konzentrierte und empfehlenswerte »Einführung in die Geschichte des Mittelalters« hat *Hartmut Boockmann* vorgelegt (München [5]1992). Im »Handbuch der Altertumswissenschaften« sind drei ausführliche, wenn auch z.T. veraltete Bände von *Max Manitius* nachgedruckt: Geschichte der lateinischen Literatur des Mittelalters (HAW IX 2/1, München 1911–1931 = 1973–1976). Teilweise werden sie ersetzt durch die »Geschichte der lateinischen Literatur des Mittelalters« von *Franz Brunhölzl*, von der bereits zwei Bände vorliegen (München 1975ff).

Oftmals sehr hilfreiche und gleichzeitig knappe Informationen bieten die Personenartikel im *Lexikon des Mittelalters* (hg. v. R. Auty, R.-H. Bautier u.a., München/Zürich 1980ff) bzw. in *Die deutsche Literatur des Mittelalters. Verfasserlexikon* (hg. v. K. Ruh u. G. Keil, 2., völlig neu bearb. Aufl., Berlin 1977ff).

Für den Grenzbereich zwischen Spätantike und Mittelalter ist hinzuweisen auf *P. Courcelle,* Histoire littéraire des grandes invasions germaniques (EAug, Paris [3]1964). Den Stand der wissenschaftlichen Debatte nach dem Zweiten Weltkrieg repräsentieren als Standardwerke *Ernst Robert Curtius'* Buch zu den Beziehungen zwischen Antike und Mittelalter (Europäische Literatur und lateinisches Mittelalter, Tübingen [11]1993) und die Literaturgeschichte von *Helmut de Boor* (Die deutsche Literatur von Karl dem Großen bis zum Beginn der höfischen Dichtung, Geschichte der deutschen Literatur I, München [4]1960). Besonders hinzuweisen ist neben der knappen Einführung von *Max Wehrli*[104] jetzt auf ein Sammelwerk von *Dieter Kartschoke, Joachim Bumke* und *Thomas Kramer*[105].

4.3. Quellenfindung im Bereich von Reformation und Neuzeit

Für diese Epochen liegen wieder eine Reihe von relativ ausführlichen großen Quellenkunden vor, die hier in chronologischer Reihenfolge genannt sind:

G. *Wolf,* Quellenkunde der deutschen Reformationsgeschichte, 3 Bde., Gotha 1915–1923.

F. *Schnabel,* Deutschlands geschichtliche Quellen und Darstellungen in der Neuzeit, 1.Tl. Das Zeitalter der Reformation, 1500–1550, Leipzig/Berlin 1931 (= Darmstadt 1972).

K. *Schottenloher,* Bibliographie zur deutschen Geschichte im Zeitalter der Glaubensspaltung 1517–1585 , 7 Bde., Stuttgart 1956–1966 (Bd. 1–6 = ND der Ausgabe Leipzig 1933–1940; kritische Auswahl, sogen. ›bibliographie raisonée‹!).

Dahlmann-Waitz: Quellenkunde der deutschen Geschichte. Bibliographie der Quellen und Literatur zur deutschen Geschichte, hg. v. H. Heimpel † u. H. Geuss, Stuttgart 1965ff (bisher 7 Bde., geplant sind 8 Bde. und ein Register in Teilbänden).

W. Baumgart (Hg.), Quellenkunde zur deutschen Geschichte der Neuzeit von 1500 bis zur Gegenwart, 5 Tle. (von geplanten 7 Bd.en), Darmstadt 1977ff.

Die letztgenannte Serie versucht, eine Lücke zu schließen, da für die neuere und neueste Geschichte keine mittelgroße, relativ vollständige Quellenkunde in der Art des neubearbeiteten ›Wattenbach‹ (s.o. S. 50) und der hier oben genannten Titel von Wolf und Schnabel existieren. Die bereits vorliegenden Faszikel des vergleichsweise preiswerten Werkes geben knappe Einleitungen in die historischen Perioden, bibliographieren die Veröffentlichungen und kommentieren sie teilweise. Sekundärliteratur wird nicht angeführt (vgl. unten § 10.1 Bibliographische Hilfsmittel, S. 143–146), bislang sind auch erst die Bearbeitungen der Jahre 1500–1618, 1715–1718, 1815–1918 veröffentlicht. Einen gewissen Ersatz bildet – neben dem monumentalen, vom ›Max-Planck-Institut für Geschichte‹ herausgegebenen neuen ›Dahlmann-Waitz‹ – das oben (S. 46) schon genannte wesentlich knappere »Bücherverzeichnis zur deutschen Geschichte« von Baumgart; es enthält nur Titel ohne Kommentare.

Eine geraffte, aber sehr informative und gut dokumentierte Übersicht über Quellen und Forschungsprobleme dieser Epochen hat der Tübinger Kirchenhistoriker *Joachim Mehlhausen* gegeben – dieser Text empfiehlt sich für eine gründliche Lektüre vor dem Examen[106]. Für das Lutherstudium und die Reformationszeit existieren eine ganze Reihe von Einleitungs- und Studienbüchern:

K. Aland, Hilfsbuch zum Lutherstudium, Witten ³1970.
B. Lohse, Martin Luther. Eine Einführung in sein Leben und sein Werk, München 1981.
H. Walz, Deutsche Literatur der Reformationszeit, Darmstadt 1988.
H. Wolf, Martin Luther. Eine Einführung in germanistische Luther-Studien, Stuttgart 1990.
R. Wohlfeil, Einführung in die Geschichte der Reformation, München 1982.

Das erstgenannte »Hilfsbuch« des Münsteraner neutestamentlichen Textkritikers und Kirchenhistorikers *Kurt Aland* (1915–1994) ist eines der unentbehrlichen Arbeitsinstrumente der Lutherforschung; es enthält neben einem chronologischen ein alphabetisches Verzeichnis aller

Lutherschriften, mit dem sich die zahlreichen und in der kritischen
›Weimarer Ausgabe‹ (dazu S. 65 f) oft sehr versteckt angeordneten Wer-
ke des Reformators leicht auffinden lassen – seit 1983 auch in einem
Band der Ausgabe selbst (WA 61); ein Schlüssel für die verschiedenen
Lutherausgaben erlaubt Verifikationen von Zitaten aus älterer Sekun-
därliteratur in den aktuellen Ausgaben (auf dem Stand von 1970)[107].

Aus der großen Menge der übrigen Einleitungen und Literaturgeschichten für diese Epoche(n) kann hier natürlich nur eine äußerst subjektive Auswahl geboten werden, die sich auf eine im akademischen
Unterricht und in der Forschung vernachlässigte Epoche konzentriert:
Klassisch genannt werden kann *Erich Auerbachs* Entwurf[108]; die Stan-
dardeinführung in die Literatur der Neuzeit dürfte von *Richard Newald*
stammen (Die deutsche Literatur vom Späthumanismus zur Empfind-
samkeit. 1570–1750, Geschichte der deutschen Literatur V, München
[3]1960). Bemerkenswerte Hinführungen zum Geist der Barockzeit und
der Barocktheologie, die auch für Theologiestudierende bedeutsam
sein könnten, haben die Literaturwissenschaftler *Richard Alewyn* und
Erich Trunz gegeben[109].

4.4. Zur Zitation von Quellen

Quellen sollten so einfach wie möglich, so vollständig wie nötig
und so einheitlich wie üblich zitiert werden, um Leserinnen und
Lesern die Verifikation zu erleichtern. Der Einfachheit halber
werden zunächst Autor und Text (sogenannte »innere Zitation«), der Vollständigkeit halber in der Regel Edition und Paginierung (sogenannte »äußere Zitation«) und der Einheitlichkeit
halber dies alles nach festgelegten Abkürzungsschemata geboten. Der Autor und sein Text werden mindestens in den Anmerkungen abgekürzt.

Zur wissenschaftlichen Solidität einer kirchengeschichtlichen Untersuchung gehört, daß der Leserschaft die Nachprüfung der vorgelegten
Ansichten, Thesen und Interpretationen so leicht als irgend möglich
gemacht wird. Außerdem sollte nichts, was aus Quellen und Literatur
(überprüft [!] und) übernommen wird, ohne Beleg gegeben werden.
Bei der Zitation ist es schon aus Platzgründen (Seitenbeschränkungen
etc.) zweckmäßig, nicht jedesmal den vollständigen Titel einer Schrift

und die Autoren der kritischen Ausgabe anzugeben, sondern nach den eingeführten Verzeichnissen abzukürzen. Solche bewährten Kürzungen finden sich in folgenden Lexika (mit Beispielen):

(a) für klassische *griechische Quellen* nach dem Verzeichnis bei *H. G. Liddell/ R. Scott/H. St. Jones,* A Greek-English Lexicon (compiled by H.G. Liddell and R. Scott, rev. and augmented throughout by H.St. Jones with the assistance of R. McKenzie and the cooperation of many scholars, with a supplement 1968), Oxford 1983 u.ö., XVI–XLV.

Beispiel: Plat., r. VII 514 a = Platon, res publica (bzw. grch. πολιτεία) siebentes Buch (in griech. Zählung: Z), Paginierung der Ausgabe von Henricus Stephanus (Paris 1578) Seite 514, erstes Seitenviertel. Die Stephanuspaginierung findet sich stets am Rand der jeweiligen modernen Textausgabe; vergleichbare Zitationen nach Seiten älterer Ausgaben sind z.b. auch bei Aristoteles und Plutarch üblich.

(b) für *spätantike heidnische und christliche griechische Quellen* nach dem Verzeichnis bei *G. W. H. Lampe,* A Patristic Greek Lexikon (Oxford 1987 [= 1961], IX–XLIII).

Beispiel: Orig., Cels. I 54 = Origenes, Contra Celsum (bzw. grch. πρὸς τὸν ἐπιγεγραμμένον Κέλσου ᾿Αληθῆ Λόγον ᾿Ωριγένους = κατὰ Κέλσου), erstes Buch, Paragraph 54.

(c) für *klassische lateinische Quellen* nach dem Abkürzungsverzeichnis des ›Thesaurus Linguae Latinae‹ (Editus iussu et auctoritate consilii ab academiis societatibusque diversarum nationum electi Index librorum scriptorum inscriptionum ex quibus exempla afferuntur, editio altera, Leipzig 1990, 1–228) oder dem ›Oxford Latin Dictionary‹ von *P. G. W. Glare* (Oxford 1982, IX–XX).

Beispiel: Cic., rep. VI 9 = Cicero, de re publica, sechstes Buch, neunter Paragraph. Es hat sich eingebürgert, bei Cicero *ausnahmsweise* die in den Ausgaben angegebene Kapiteleinteilung nicht zu geben, sondern nur nach Buch und Paragraph zu zitieren. Vollständiger wäre also: Cic., rep. VI 9(1),9.

(d) für *spätantike heidnische und christliche lateinische Quellen* wieder nach dem Abkürzungsverzeichnis des ›Thesaurus Linguae Latinae‹ oder nach dem Verzeichnis des ›Dictionnaire Latin-Français des Auteurs Chrétiens‹ von *A. Blaise* (Revu spécialement pour le vocabulaire théologique par H. Chirat, Turnhout 1954, 9–31)[110].

> **Beispiel:** Aug., conf. XIII 18,23 = Augustin, confessiones, dreizehntes
> Buch, achtzehntes Kapitel, dreiundzwanzigster Paragraph. – Die große kriti-
> sche Ausgabe der älteren lateinischen Bibel vor der Vulgata (der sogen.
> ›Vetus Latina‹), die in Beuron bei Sigmaringen erstellt wird, zitiert nahezu
> vollständig Belege für Bibelstellen nach dieser Version bei den lateinischen
> Kirchenvätern und verwendet dafür ein außerordentlich knappes Sigelsy-
> stem[111] (unser Bsp.: AU cf), das sich nur in besonderen Fällen eignen dürfte.

(e) für *mittelalterliche lateinische (= mittellateinische) Quellen* nach dem Abkürzungsverzeichnis des ›Mittellateinischen Wörterbuchs‹ (Mittellateinisches
Wörterbuch bis zum ausgehenden 13. Jh., in Gemeinschaft mit den Akademien
der Wissenschaften zu Göttingen, Heidelberg, Leipzig, Mainz, Wien und der
Schweizerischen Geisteswissenschaftlichen Gesellschaft hg. v. der Bayerischen Akademie der Wissenschaften und der Deutschen Akademie der Wissenschaften zu Berlin, Abkürzungs- und Quellenhinweise, München 1969, passim). Eine Entschlüsselung von Abbreviaturen mittellateinischer Texte gelingt
u.U. auch mit dem ›Mediae Latinitatis Lexicon Minus‹ von *J. F. Niermeyer*
(Abbreviationes et Index Fontium, composuit C. van de Kieft adiuvante
G.S.M.M. Lake-Schoonebeek, Leiden 1984, passim), das allerdings keine entsprechende Liste enthält.

> **Beispiel:** Annal. Bert. = Annales Bertiniani (oben S. 25).

Für Quellenwerke aus Reformation, Neuzeit und Zeitgeschichte existieren leider keine derartigen Abkürzungskonventionen. – Bei dem
Umgang mit den oben genannten Verzeichnissen für die vorangehenden Epochen ist noch folgendes zu beachten:

Entweder gibt man die ursprünglichen Bücher eines mehrbändigen
Werkes (wie etwa Augustins ›confessiones‹) mit römischen und die
Paragraphen bzw. Abschnitte mit arabischen Ziffern – dann steht freilich *kein* Komma zwischen Buch und Paragraph (Bsp.: XIII 18,23) –
oder alle Angaben arabisch – dann mit Kommata (Bsp.: 13,18,23). Es
ist vollkommen belanglos, für welche der beiden Konventionen man
sich entscheidet; nur auf eine gewisse Konsequenz sollte geachtet sein.

Zwei aufeinanderfolgende Kapitel werden durch »f« oder »f.« bezeichnet (VIII 10f); mehrere Kapitel *nicht* durch »ff/ff.«, sondern durch
exakte Angabe (VIII 10–13). Nicht aufeinanderfolgende Kapitel trennt
Semikolon (VIII 8; 13); Paragraphen trennen Punkte (VIII 10,1. 4).

Es ist üblich, für die Abkürzungen die griechischen Autorennamen zu *latinisieren*, z.B. Κέλσος zu *Celsus* oder Ἐυσέβιος zu *Eusebius*. Dieses Verfahren empfiehlt sich auch für die übrige Darstellung – jedenfalls sollte man innerhalb eines Textes nicht zwischen beiden Schreibweisen schwanken! Auch die antiken Werktitel werden grundsätzlich lateinisch gegeben, selbst wenn das Werk ursprünglich griechisch abgefaßt wurde: statt ἔλεγχος καὶ ἀνατροπὴ τῆς ψευδωνύμου γνώσεως (= ›Entlarvung und Widerlegung der fälschlich so genannten Gnosis‹) lateinisch: *Adversus haereses,* abgekürzt: ›haer.‹ (zu Autor und Werk oben, S. 31).

Zur *vollständigen Zitation* gehört (jedenfalls nach unserer Meinung) auch die Angabe der *benutzten Edition* (sogenannte »äußere Zitation«), sofern sie nicht vollkommen selbstverständlich ist. Eine solche Information erleichtert das Nachlesen und Überprüfen von wissenschaftlichen Untersuchungen wesentlich.

So ist es zwar kaum nötig, für die in (a) genannte Platonstelle darauf hinzuweisen, daß man die Oxforder Platonausgabe von *Burnet* verwendet (sie enthält auch neben der Stephanuspaginierung keine anderen Seitenzahlen), aber u.U. hilfreich, die Angabe durch Zeilenzahlen zu ergänzen: r. 514 a 3 = Zeile 3 des ersten Seitenviertels p. 514 Stephanus nach der Oxforder Ausgabe. Vor allem bei allen längeren Abschnitten erweisen sich solche Angaben als äußerst nützlich: Bei der Angabe »Orig., Cels. I 54 (GCS Origenes I, 105,4f Koetschau)« weiß man sofort, daß es um die zwei Zeilen Zitat aus dem Ἀληθὴς Λόγος des Celsus am Beginn des Abschnittes geht, und muß nicht zweiunddreißig Zeilen griechischen Textes lesen oder überfliegen.

Bei *Fragmentsammlungen* sollte neben der Nummer des Fragmentes die benutzte Ausgabe/Sammlung angegeben werden: Asterius, Frgm. 15 Vinzent/5 Bardy[112]. Ähnliches gilt für *Sammelwerke:* DH 1451 = H. Denzinger/ P. Hünermann, Enchiridion Symbolorum definitionum et declarationum de rebus fidei et morum/Kompendium der Glaubensbekenntnisse und kirchlichen Lehrentscheidungen, Textabschnitt Nr. 1451[113] = Bulle »Exsurge Domine« des Papstes Leo X. vom 15. Juni 1520 (verurteilt einen Satz Martin Luthers von 1518).

Inschriften kann man entweder knapp mit dem Sigel des jeweiligen Inschriftencorpus, der Bandnummer und der fortlaufenden Nummer oder unter Beifügung der Seite zitieren: IG II 1289 = Inscriptiones Graecae, Vol. II Pars III, Berlin 1888, S. 31 Nr. 1289 oder ILCV 956 a = E. Diehl, Inscriptiones Latinae Christianae Veteres, Vol. I, Berlin 1925 = Dublin/Zürich ³1970, S. 175 Nr. 956 a. Eine knappe Angabe der Seite (etwa: [p. 31/175]) erleichtert das Nachblättern in den teilweise recht voluminösen Bänden.

Papyri werden meist nach dem Fundort oder der Sammlung zitiert, im Beispiel: POxy. (oder Pap. Oxy.) 658 (ein Bescheid, daß während der dezischen

Christenverfolgung [250 n.Chr.] von einem Aurelius in Oxyrhynchus geopfert
wurde) und PBer. 13430 (dgl. Opfer in Theadelphia): Die Abkürzung »POxy./
Pap.Oxy.« bedeutet, daß es sich um einen Papyrus aus der Sammlung jener
Texte handelt, die in der unterägyptischen Mönchsstadt Oxyrhynchus am Bahr
Jûsuf (Josephsfluß) gefunden worden sind;»PBer./Pap. Berol(inensis).« gibt
an, daß es sich um einen Text aus der Papyrussammlung der Staatlichen Museen zu Berlin handelt. Meist zitiert man nach der Ordnungsnummer der Herausgeber oder (bei unveröffentlichten Stücken) der Inventarnummer der
Sammlung: POxy. 658 (Grenfell/Hunt, The Oxyrhynchus Papyri, Vol. 4, London 1904, p. 49, Nr. 658)[114].

Aus Gründen der *Einheitlichkeit* ist es kaum angeraten, einer Arbeit ältere Abkürzungsverzeichnisse zugrundezulegen (wie z.B. das der dritten Auflage der RGG [Tübingen 1957] oder des ThWNT [Stuttgart
1933]). Eingeführt und für die studentischen Zwecke weitgehend vollständig angelegt ist das Abkürzungsverzeichnis der TRE (weitgehend
identisch mit dem ›Internationalen Abkürzungsverzeichnis für Theologie und Grenzgebiete‹, zusammengestellt von Siegfried Schwertner,
Berlin, New York [2]1994); es enthält sowohl Vorschläge für allgemeine
Abkürzungen, Abbreviaturen für biblische Bücher, außerkanonische
und Qumranschriften sowie für Rabbinica. Abgekürzt wird vor allem
in den Anmerkungen eines Textes; innerhalb des Haupttextes sollten
Abkürzungen (von solchen für biblische Bücher einmal abgesehen)
vermieden werden.

Fragen:

1. Iren., haer. I 10,1 (SC 264, 154,1 Rousseau/Doutreleau) – Was bedeuten
   diese Abkürzungen?
2. Nach welcher Edition zitiert man die »Oratio de incarnatione Verbi« des
   Athanasius?
3. In welchem Band der ›Weimarer Ausgabe‹ wurde Luthers Schrift ›Von
   den Konziliis und Kirchen‹ ediert und wann schrieb der Reformator diesen Text?
4. Gesucht sind Geschichtsquellen der Karolingerzeit – in welchen quel-
   lenkundlichen Werken finden sich Informationen?

§ 5 Wichtige Quellenreihen

In der Regel können Studierende sich zeitaufwendiges Suchen nach
Quellen sparen, wenn ihnen die wichtigsten Quellenreihen, ihre Geschichte und ihre Editionsprinzipien wenigstens in ganz groben Zügen
vertraut sind – sie werden dann meist schon vermuten können, wo sich
eine Ausgabe oder Übersetzung des gewünschten Textes findet. Außerdem hat schon der bereits erwähnte (S. X) Erlangener Barocktheologe
Johann Martin Chladenius (1710–1759) auf den Nutzen gelegentli-
chen Blätterns in solchen Reihen hingewiesen:

> »Ein rechter Liebhaber der Historie blättert (…) alle Bücher durch, die ihm
> vorkommen: er wird selten eines finden, darinnen er nicht eine und andere an-
> genehme Nachricht antreffen sollte«[115].

Im Folgenden rekapitulieren wir daher zunächst die Editionsgeschich-
te der patristischen Literatur in groben Zügen, berichten dann von der
Herausgabe einiger wichtiger mittelalterlicher und reformatorischer
Werke, schließlich von der neuen Werkausgabe eines »Kirchenvaters
der Neuzeit« und abschließend über die bisherige Veröffentlichungsge-
schichte der Akten des ehemaligen ›Ministeriums für Staatssicherheit‹
der DDR. Neben der einleitenden Funktion haben diese Passagen unseres Arbeitsbuches auch die Funktion, auf die Bedeutung der sogenannten *Wissenschaftsgeschichte* aufmerksam zu machen – Kirchengeschichte der Neuzeit kann auch als Geschichte der Erforschung der Kirchengeschichte in der Neuzeit betrieben werden.

5.1. Altkirchliche Quellenreihen

Die Geschichte der *altkirchlichen* (bzw. patristischen) *Wissenschaft* ist
– wenn man eine große Linie zeichnen will – im wesentlichen durch
fünf große Versuche gekennzeichnet, umfassende brauchbare Editionen für die christlichen Quellentexte der Spätantike zur Verfügung zu
stellen – wobei sich die ersten beiden Unternehmungen eher auf ›Kirchenväter‹ konzentrierten und die sogenannten ›Häretiker‹ teilweise
ausgelassen haben:
    (1) Zunächst edierten die Benediktinermönche der französischen
Kongregation von St. Maur (*Mauriner;* Hauptsitz war die Abtei
Saint-Germain-des-Prés in Paris[116]) im 17. und 18. Jahrhundert die

wichtigsten antiken (und mittelalterlichen) Kirchenväter in kritischen
Ausgaben aufgrund ausgewählter Handschriften vor allem der Pariser
und Römischen Bibliotheken: Athanasius (Montfaucon 1698), Augustin (Blampin u.a. 1679–1700), Basilius von Cäsarea (Garnier
1721ff), Bernhard von Clairvaux (Mabillon 1667ff), Johannes Chrysostomus (Montfaucon 1718–1738) und Irenäus (Massuet 1710).
Teilweise sind die Editionen aus diesen selten gewordenen Ausgaben
bis heute unübertroffen bzw. nicht ersetzt; die Mauriner stellten
jeweils mindestens vierzig Brüder für die wissenschaftliche Arbeit
frei.

(2) Der französische Kleriker *Jacques Paul Migne* (1800–1875)[117]
ließ (u.a. durch den französischen Direktor der vatikanischen Bibliothek, J. B. Kardinal Pitra) für einen *cursus completus* der altkirchlichen und mittelalterlichen Väterliteratur die jeweils besten Ausgaben
(und das waren vor allem die genannten Mauriner-Ausgaben[118]) sammeln und abdrucken, die griechische Reihe umfaßt in 161 Bänden die
Autoren von Clemens Romanus bis zum Unionskonzil von Florenz
im Jahr 1439 (Paris 1844–55), die lateinische Reihe reicht in 217 Bänden von Tertullian bis zu Papst Innozenz III. 1216 (1857–66) – es handelt sich also beim ›Migne‹ nicht um eine Reihe neuer Editionen, sondern um einen (z.T. leicht korrigierten und chronologisch geordneten)
Sammelnachdruck, der vor allem in einer Zweitauflage durch den Pariser Drucker Garnier nach 1868 äußerst flüchtig und fehlerhaft er-
folgte; der klassische Philologe Eduard Schwartz (1858–1940), der
seinerseits mustergültige Editionen patristischer Literatur vorleg-
te[119], sprach gar von einer *cloaca maxima*[120]. Freilich intendierte
Migne, der seit 1833 als Verleger in Paris lebte, mit seiner Reihe auch
nur, die wichtigen christlichen Autoren für billiges Geld den Land-
geistlichen zur Verfügung zu stellen. U.a. deswegen handelt es sich
noch heute um die wohl verbreitetste und am leichtesten zugängliche
Kirchenväterausgabe.

Wenn irgend möglich, wird man für die Benutzung von Mauriner-
ausgaben (z.B. des Athanasius) trotzdem also immer auf deren Origi-
naldrucke und nicht auf die Patrologie Mignes zurückgehen. Texte, die
seither nochmals kritisch ediert worden sind (ca. 80 % des Materials),
sollten daher in keinem Falle nach Migne benutzt werden!

Der französische Patrologe Adalbert Hamman hat durch ein fünfbändiges
›Supplement‹ in chronologischer Reihenfolge versucht, die Patrologie Mignes
um jene Texte im Nachdruck zu ergänzen, die seinerzeit ausgelassen wurden
oder seither erschienen sind (Paris 1958–1975), und damit die heute (wie be-

schrieben) stark eingeschränkte Benutzbarkeit des Riesenwerkes wenigstens noch einigermaßen sicherzustellen. Hier findet man nun bequem (allerdings wie bei Migne selbst ohne kritischen Apparat!) Schriften, die an entlegenen Orten erschienen oder gewöhnlich nur schwer zugänglich sind. Neben den Indexbänden der Ausgabe (PL 218–221 bzw. PLS 5) wurde durch die Theologische Fakultät Tilburg zu beiden Serien ein alphabetischer und systematischer Index auf Karteibasis erstellt, der wie ein Nachdruck der ganzen Serie vom Verlag Brepols in Turnhout (Belgien) vertrieben wird. Die lateinische Series kommt nach und nach als CD-Rom auf den Markt (Chadwyck-Healey, Cambridge [GB]).

(3) Im selben Jahr, als ein Brand der ›Series Graeca‹ Mignes (und dem ganzen Unternehmen) ein Ende setzte, begann ein neuer Anlauf zur Edition der Quellenschriften, den sich die Wiener und Berliner Akademie teilten: 1866 erschien der erste Band des *Corpus Scriptorum Ecclesiasticorum Latinorum* (= CSEL), in dem alle lateinischen Texte bis zum siebenten Jahrhundert erscheinen sollten[121]. Von dieser Ausgabe, die nach wie vor von der »Kommission zur Herausgabe des Corpus der lateinischen Kirchenväter der Österreichischen Akademie der Wissenschaften« herausgegeben wird, liegen bisher über hundert Bände vor; Schwerpunkte der Arbeit sind gegenwärtig Augustin, Ambrosius und die spätantiken Mönchsregeln. Mit der Ausgabe verbunden war und ist ein Handschrifteninventarprogramm in den Sitzungsberichten der Akademie[122], das gegenwärtig für Augustin fortgesetzt wird[123].

1897 folgte die Berliner Akademie mit ihrer Reihe *Die Griechischen Christlichen Schriftsteller* (= GCS)[124], zunächst war sie nach dem Willen ihres *spiritus rector,* Adolf von Harnack, auf die »paläontologische Schicht« des Christentums beschränkt, d.h. auf die Autoren vor dem antiarianischen Konzil von Nizäa (325), wie der ehemalige Untertitel anzeigt: Schriftsteller »*der ersten drei Jahrhunderte*«. 1969 wurde die Ausgabe allerdings mit der Edition der Briefe des Kappadoziers Gregor von Nazianz (329/30– ca. 390)[125] vorsichtig auf die nachnizänische Zeit erweitert. In den letzten Jahren der DDR haben eine Reihe von Theologen und Philologen dieses Unternehmen trotz aller Widerstände vor dem völligen Zusammenbruch bewahrt; gegenwärtig liegen fast siebzig Bände (allerdings mit deutlichem Schwerpunkt auf den Werken des bedeutenden alexandrinischen Theologen und Bibelexegeten Origenes [† 253/54] und seines Enkelschülers Eusebius [† 339], dem »Vater der Kirchengeschichte«[126]) vor. Jetzt betreut diese traditionsreiche Reihe der deutschen Patristik die neustrukturierte Berlin-Brandenburgische Akademie der Wissenschaften.

Entsprechend erschienen Ausgaben der nachnizänischen Autoren bis in die sechziger Jahre außerhalb der GCS in eigenen Ausgaben; so z.B. die von Hans Lietzmann (1875–1942), einem Schüler Harnacks, inaugurierte Ausgabe der Werke des bereits erwähnten Athanasius[127] oder die große kritische Ausgabe der Werke des Kappadoziers Gregor von Nyssa († 394), die auf Anregung des klassischen Philologen Ulrich von Wilamowitz-Moellendorff (1848–1931) dessen Schüler Werner Jaeger (1888–1961) begonnen hat (= GNO; jetzt 14 Bände)[128].

Als (bedingt durch die Flucht des damaligen Kommissionsvorsitzenden Kurt Aland [1915–1994] aus der DDR im Sommer 1958) Projekten und Reihen der im Ostteil der Stadt gelegenen Berliner Akademie westliche Pendants zur Seite gestellt werden mußten (*Patristische Texte und Studien im Auftrag der patristischen Kommission der Akademien der Wissenschaften in der Bundesrepublik Deutschland* = PTS), erschienen in verstärktem Maße Texte griechischer christlicher Autoren dort, zuletzt nach über fünfzigjährigen Vorarbeiten die monumentale *Editio critica maior* der Schriften des *Pseudo-Dionys,* eines neuplatonischen christlichen Denkers aus Syrien (fünftes Jahrhundert), der sich als Dionys vom Areopag (Apg 17,34) ausgibt und abendländische Denk- und Kunstgeschichte tief beeinflußt hat[129].

(4) Der bislang letzte große Anlauf zur Neuausgabe aller Kirchenväter wurde seit 1952 von der Benediktinerabtei St. Peter in Steenbrugge (Belgien) unternommen. Das *Corpus Christianorum* erscheint (a) seit 1954 in einer lateinischen Serie der Kirchenväter in chronologischer Folge von Tertullian bis Beda Venerabilis (673/74–735 n. Chr.) (*Series Latina* = CChr.SL; fast 130 Bände – seit 1991 die reinen Texte auch auf CD-Rom); (b) in einer Serie der lateinischen Kirchenväter vor allem der sogenannten ›karolingischen Renaissance‹ des achten und neunten Jahrhunderts, die jetzt aber bis in das fünfzehnte geführt werden soll (*Continuatio Mediaevalis* = CM; über hundert Bände, ebenfalls auf CD-Rom); (c) in einer griechischen Serie, die nachnizänische Kirchenväter in Ergänzung zum Berliner Korpus publizieren soll (*Series Graeca* = SG; gegenwärtig in fast fünfundzwanzig Bänden vor allem Editionen von Autoren des fünften bis siebenten Jahrhunderts und Inventare zu zwei der ›drei großen Kappadozier‹, nämlich Gregor von Nazianz und Basilius von Cäsarea [† 379]). – Während die ersten Faszikel der lateinischen Reihe dem Vorsatz, einen neuen Migne zu schaffen, verpflichtet waren[130], werden inzwischen nur noch eigene kritische Neu-

editionen abgedruckt, vor allem von Augustin- und Hieronymustexten. 1983 begann auch eine Serie mit den *Apokryphen des Neuen Testamentes* zu erscheinen (= SA), in der bisher einige der apokryphen Apostelakten in aufsehenerregenden Neueditionen mit z.t. recht verändertem Text erschienen sind.

(5) Zwei Schüler des französischen Historikers H. I. Marrou (1904–1977), die Jesuiten H. de Lubac und J. Daniélou, gründeten 1941 eine zweisprachige Ausgabe von Kirchenvätern mit französischer Übersetzung unter dem Titel ›*Sources Chrétiennes*‹ (= SC), die zunehmend auch neue Textversionen aufnahm und z.B. durch eine umfangreiche kritische Edition des bereits mehrfach genannten Hauptwerkes des Irenäus von Lyon (verfaßt ca. 180–185) hervorragt[131]. Sie kann sich auf die reichen Bestände des Pariser »Institut de Recherche et d'Histoire des Textes« stützen, das untrennbar mit dem Namen des französischen Philologen und Kirchenhistorikers *Abbé Marcel Richard* (1907–1976) verbunden ist. Die genannte Kollektion hatte ursprünglich auch deutliche innerkatholische Absichten und wollte vor dem Hintergrund der sogenannten »Modernismuskrise« – einem Konflikt zwischen der französischen katholischen (Reform-)Theologie und dem päpstlichen römischen Lehramt[132] – auf die Pluralität der patristischen Theologie hinweisen: Der patristische Pluralismus und die altkirchliche Entwicklung von Dogmen sollte als Modell gegenwärtiger Kirche vorgestellt werden. Zu diesem Zweck wurden z.T. auch der westlichen Tradition fremde oder häresieverdächtige Texte wie die des syrischen Vaters Aphrahat († nach 345; SC 349/59 [1988/ 89]) bzw. nichtnizänische Osterhomilien (SC 146 [1969]) in das Programm aufgenommen, das nunmehr (1994) über vierhundert Nummern umfaßt. Insofern handelt es sich also – nach dem Migne – um die reichste Sammlung von griechischen und lateinischen Kirchenvätertexten, die gegenwärtig auf dem Markt zu erhalten ist[133].

1990 begannen deutsche Patristiker und Mediävisten unter Federführung von *Wilhelm Geerlings* (Bochum) mit einer parallelen Reihe, die schon durch ihren Titel (»*Fontes Christiani*. Zweisprachige Neuausgabe christlicher Quellentexte aus Altertum und Mittelalter« [Freiburg u.a. 1991 ff]) den Bezug auf das französische Vorbild verrät. Die Originaltexte werden von anderen Reihen genommen, die deutsche Übersetzung wird neu erarbeitet. Bisher liegen fast zehn Bände, darunter die Traktate Aphrahats, der Römerbriefkommentar des Origenes/ Rufin und die ›Traditio Apostolica‹ vor[134], leider in diesen drei Fällen jeweils ohne den neuesten kritischen Text. – Diese neue zweisprachige und recht preiswerte Reihe eignet sich besonders für Studierende, die durch Quellenlektüre längerer Texte einen eigenen kritischen Zugang zu diesem Teil des Fachgebietes »Kirchengeschichte« gewinnen wollen oder gern am Beispiel einen Theologen des Altertums kennenlernen möchten und ihre eigenen Kenntnisse der Alten Sprachen nicht durch ständiges Studium von reinen Übersetzungen verkümmern lassen möchten.

5.2. Mittelalterliche und reformationsgeschichtliche Quellenreihen

Für die schwieriger zu systematisierenden mittelalterlichen und frühneuzeitlichen Autoren, bei denen einprägsame Großkorpora wie in der Alten Kirchengeschichte zudem auch weitgehend fehlen, mögen hier paradigmatisch zwei Serien und ihre Geschichte stehen: die *Monumenta Germaniae Historica* und die kritische Ausgabe der Werke Martin Luthers mit kurzen Hinweisen auf Werkausgaben weiterer Reformatoren.

(1) *Monumenta:* Im Frühjahr 1819 gründete Reichsfreiherr Karl vom Stein in Frankfurt die »Gesellschaft für ältere deutsche Geschichtskunde« und stellte ihr zugleich die Aufgabe, eine »Gesamtausgabe der Quellenschriften« zur mittelalterlichen deutschen Geschichte zu edieren[135]. Damit wollte der Initiator der dann *Monumenta Germaniae Historica* genannten Ausgabe, der 1809 auf Druck Napoleons als preußischer Minister entlassen worden war, auf neuem Wege die Erinnerung an die einstige deutsche Reichseinheit für die Gegenwart beleben. Zeugnis dieser Einstellung ist das noch heute in jedem Band befindliche Motto der Ausgabe: *Sanctus amor patriae dat animum,* das im Kontext der deutschen Einigungsbestrebungen des Vormärz und nicht als übertriebener Nationalismus verstanden werden sollte (Abb. 9).

Das schnelle Wachstum der im wahrsten Sinne des Wortes monumentalen Ausgabe versetzt noch heute in Staunen: Ein kleiner Kreis von Gelehrten (»Monumentisten«, seit 1823 unter der Leitung von *G.H. Pertz* [1795–1876] und maßgeblicher Mitwirkung von *J. F. Böhmer* [1795–1863] und *G. Waitz* [1813–1886]) gab innerhalb von fünfzig Jahren über zwanzig Bände »Scriptores« in Folioformat mit jeweils 600–900 Seiten (vor allem Annalen und Chroniken der Karolinger- und

Abb. 9: Monumenta-Motto

Salierzeit – d.h. 8./9. und 11. Jh.) sowie vier Bände »Leges« (dgl. im Folioformat, fränkische Kapitularien und Reichsgesetze) heraus. Daneben liefen bereits damals die Vorarbeiten für die weiteren Teilserien: »Diplomata« (Königs- und Kaiserurkunden; seit 1872 25 Bände); »Epistolae« und »Antiquitates«. 1877 inaugurierte der bedeutende Althistoriker *Theodor Mommsen* (1817–1903) die »Auctores Antiquissimi« für die spätantiken Autoren; 1884 folgten die »Scriptores rerum Merovingicarum« und weitere Teilreihen im preiswerteren Quartformat. Heute umfaßt allein der Gesamtprospekt der nach wie vor unvollendeten Reihe *Monumenta Germaniae Historica,* den die gleichnamige Körperschaft öffentlichen Rechts (Sitz in München; Präsident der Zentraldirektion ist gegenwärtig der Mediävist Rudolf Schieffer) herausgibt, über 50 Seiten. – Deutsche Übersetzungen erschienen auf der Grundlage der kritischen Edition, z.T. durch die Herausgeber, in der Reihe »Geschichtsschreiber der deutschen Vorzeit in deutscher Bearbeitung« (Berlin 1849ff; drei Gesamtreihen).

Auf Initiative der ›Wissenschaftlichen Buchgesellschaft‹ (Darmstadt) begann 1955 eine zweisprachige Edition von »ausgewählten Quellen zur deutschen Geschichte des Mittelalters«, die den Namen des Gründers der MGH im Titel trägt: »Freiherr vom Stein-Gedächtnisausgabe«. Sie verwendete ursprünglich die Editionen der MGH und Übersetzungen aus ihrem Umkreis, wurde allerdings inzwischen auch um andere Texte und eine zweite Reihe erweitert: »Ausgewählte Quellen zur deutschen Geschichte der Neuzeit«. Dort finden sich z.B. zweisprachige Ausgaben der wichtigsten mittelalterlichen Geschichtswerke des Gregor von Tours (538–594), Lampert von Hersfeld (1025–1085) und Otto von Freising (1112–1158), aber auch die Briefe des angelsächsischen Missionars Bonifatius (672/75–754) oder eine Sammlung von »Quellen zum Investiturstreit«[136].

(2) *Weimarer Luther-Ausgabe:* Nach einem vergeblichen Versuch 1853 erschien 1883 der erste Band einer kritischen Gesamtausgabe von »D. Martin Luthers Werke(n)«, nachdem bereits 1881 eine kaiserliche Kabinettsorder die Finanzierung des Projektes abgesichert hatte[137]. Eine besondere Bedeutung gewann die Ausgabe, als bis dato unbekannte exegetische Vorlesungsmanuskripte des jungen Luther veröffentlicht wurden, die das Bild der reformatorischen Entwicklung bis 1517 auf eine vollkommen neue Grundlage stellten und dadurch erst die Materialien für einen nach dem zweiten Weltkrieg ausgebrochenen Streit um die Datierung und Interpretation von Luthers ›reformatorischem Durchbruch‹ bereitstellten[138].

Der ›Kommission zur Herausgabe der Werke Martin Luthers‹ stand lange Gerhard Ebeling vor, ihr jetziger Vorsitzender ist der Kirchenjurist Martin Heckel (Tübingen). Nach dem Verlagsort wird die Ausgabe, die zum hundertjährigen Jubiläum 1983 vorläufig mit 96 Bänden in 111 Teilen abgeschlossen wurde, gern auch ›Weimarer Ausgabe‹ (= WA) oder ›Weimarana‹ genannt. Leider wirkt die Disposition etwas verwirrend; ursprünglich war hier eine chronologische Anordnung der Schriften intendiert, die sich aber so wenig einhalten ließ wie eine strikte Unterscheidung in die vier Abteilungen ›Schriften‹, ›Deutsche Bibel‹ (WA.DB), ›Briefwechsel‹ (WA. B) und ›Tischreden‹ (TR). Bei den Bänden 30 II/ III, 32, 33, 41 und 48 sollten in jedem Falle die späteren Berichtigungen und Ergänzungen in den ›Revisionsnachträgen‹ konsultiert werden; zu frühen Faszikeln der WA liegen z.T. neuere und bessere Editionen vor (dazu unten). Inzwischen haben sich freilich auch z.T. die Editionsprinzipien gewandelt; die älteren Bände der WA modernisierten z.B. die Interpunktion, wovon man heute in einer kritischen Edition absehen würde.

Für die weiteren anstehenden Neuherausgaben ist das ›Archiv zur Weimarer Ausgabe‹ (AWA, Weimar) vorgesehen[139]; dort ist t.z.B. eine vollständige Neuedition von Luthers geistlichen Liedern und Kirchengesängen durch den Schweizer Hymnologen Markus Jenny erschienen (4, 1985), nach der die Kirchenlieder Luthers nun zu zitieren sind. Ein alphabetisches und chronologisches Verzeichnis der Schriften Luthers erschließt die Ausgabe (WA 61); mit der Veröffentlichung von Registerbänden zu Personen-, Orts- und Sachstichworten ist auf der Basis eines vollständigen Registers am Tübinger ›Institut für Spätmittelalter und Reformation‹ begonnen worden.

Für studentische Zwecke besonders brauchbar sind zwei kleinere Lutherausgaben, die in jedem Fall die Anschaffung (und gründliche Lektüre wenigstens der Texte von 1517/1518 und 1520!) lohnen:

Philologisch u.U. sogar zuverlässigere Texte als die ›Weimarer Ausgabe‹ bietet die 1912–1933 von *Otto Clemen* herausgegebene achtbändige Auswahlausgabe, die nach ihrem ursprünglichen Verlagsort ›Bonner Ausgabe‹ (BoA) oder Clemen-Ausgabe (Cl) genannt wird und auch als preiswerte Paperbackausgabe vorliegt[140]. Sie kann in jedem Fall für wissenschaftliche Zwecke brauchbar und zitierfähig genannt werden.

Reformationshistoriker der ehemaligen DDR begannen nach längeren Vorbereitungen 1979 mit einer bisher fünfbändigen ›Studienausgabe‹ (StA), deren Inhalt und Gliederung z.T. erheblich von der Bonner Edition abweicht und ebenfalls eine große philologische und historische Leistung darstellt. Im ersten Band sind z.B. die wichtigen Disputationen von 1516–18 unter Einschluß der philosophischen Thesen der Heidelberger Disputation vom April 1518 enthalten und eine lesenswerte Einführung »Zum Verständnis der Luthersprache« (13–28)[141].

Auf das unentbehrliche »Hilfsbuch zum Lutherstudium« von *Kurt Aland,* in dem allerdings die StA natürlich noch fehlt (Witten [3]1970), war bereits oben hingewiesen worden (S. 52f).

Nur kurz kann an dieser Stelle auf die kritischen Ausgaben der übrigen Reformatoren hingewiesen werden – sie schließen sich z.T. an das *Corpus Reformatorum* an, 1834 von dem auch für andere Fachgebiete der Theologie wichtigen und äußerst fleißigen Gothaer Generalsuperintendenten Karl Gottlieb Bretschneider begründet, der dazu u.a. die reichen Bestände der dortigen Bibliothek nutzen konnte[142]. Hier erschienen in teilweise vorkritischen Editionen zunächst Werke Philipp Melanchthons (1497–1560: CR 1–28; Braunschweig 1834–1860); darauf die Opera Jean Calvins (1509–1564: CR 29–87; Braunschweig/Berlin 1863–1900) und Huldreich Zwinglis (1484–1531: CR 88–101; Berlin/Leipzig 1905ff, ab 1961 Zürich). In Ergänzung der unvollständigen und unbefriedigenden Editionen des letzten Jahrhunderts erschienen ›Supplementa‹ für Melanchthon und Calvin; in Analogie zur kleinen, kritischen Lutherausgabe Clemens steht seit 1951 eine fünfbändige Werkauswahl Melanchthons, die R. Stupperich edierte (Gütersloh). 1993 veröffentlichte H. G. Pöhlmann eine zweisprachige Ausgabe der »protestantischen Urdogmatik«, der *Loci Communes* von Philipp Melanchthon (Ph. Melanchthon, Loci Communes 1521 Lateinisch-Deutsch, Gütersloh 1993).

Das »katholische Pendant« zum »Corpus Reformatorum« ist das *Corpus Catholicorum,* eine 1917 gegründete Reihe für die »Werke katholischer Schriftsteller im Zeitalter der Glaubensspaltung«. Hier werden z.b. die Werke des Ingolstädter Professors Johannes Eck (1486–1543) ediert, der (nach anfänglich gutem Verhältnis) zu einem der wichtigsten altgläubigen Gegner Luthers wurde, z.b. auf der Leipziger Disputation von 1519 und durch sein »Enchiridion locorum communium adversus Lutherum« (1525), eine Gegenschrift zu Melanchthons *Loci.* Die deutsche Übersetzung wurde im Zusammenhang mit dem Augsburger Reichstag von 1530 erarbeitet; mit 121 Ausgaben und Übersetzungen handelt es sich um die verbreitetste und meistgelesene Schrift der katholischen Literatur des Reformationszeitalters[143].

5.3. Neuzeitliche Quellenreihen

Stellvertretend für die verschiedenen Editionen von Werken neuzeitlicher Autoren soll an dieser Stelle der Hinweis auf die neue kritische Schleiermacher-Gesamtausgabe und die Publikationen von Texten des ›Ministeriums für Staatssicherheit‹ der ehemaligen DDR stehen:

(1) *Schleiermacher-Gesamtausgabe:* Im Todesjahr Friedrich Daniel Ernst Schleiermachers († 12. 2. 1834), damals Berliner Theologieprofessor und Prediger an der dortigen Dreifaltigkeitskirche, erschien ein erster Band der »Sämmtlichen Werke«, die 1864 mit insgesamt 29 Bänden in drei Abteilungen (›Zur Theologie‹, ›Predigten‹ und ›Zur Philosophie‹) abgeschlossen war. Die Ausgabe bot freilich nur die veröffentlichten Texte letzter Hand sowie eine Auswahl der Predigten, verzichtete aber auf den wichtigen Briefwechsel. Der reiche literarische Nachlaß ist dort zudem nur teilweise und zumeist in völlig ungenügender Form ediert worden. So fand sich z.B. 1980, zwanzig Jahre nach Erscheinen einer ersten kritischen Neuedition dieses Textes (s.u. S. 80), das Manuskript der zweiten Auflage der bedeutenden ›Glaubenslehre‹ im Verlagsarchiv wieder. Da Friedrich Schleiermacher wichtige Schriften schließlich z.T. mehrfach bearbeitete und dabei erheblich veränderte[144], ergab sich die Notwendigkeit einer Neuedition – entsprechende Vorstöße scheiterten zweimal an finanziellen Schwierigkeiten (1927/1961), bevor 1984 der erste einer auf 40 Bände angelegten »Kritischen Gesamtausgabe« erschien, die in Verbindung mit anderen H.-J. Birkner† und K.-V. Selge herausgeben.

(2) *Akten des ehemaligen ›Ministeriums für Staatssicherheit‹ der DDR:* Am 15. Januar 1990 drangen, wie zuvor schon in anderen Städten der DDR, mehrere Tausend Demonstranten in die Zentrale des ehemaligen Ministeriums für Staatssicherheit (seit 29./30. November 1989: »Amt für nationale Sicherheit«) an der Berlin-Lichtenberger Normannenstraße ein. Dadurch rückten ungeheure Mengen an Akten, darunter 18.000 laufende Meter Personendossiers[145], in das Blickfeld der Öffentlichkeit. Innerhalb des Ministeriums gab es eine Unterabteilung, die für Kirchenangelegenheiten zuständig war (seit 1964: Hauptabteilung XX/ 4)[146]; die Edition von deren schriftlichen Hinterlassenschaften spielt naturgemäß eine wichtige Rolle für die Kirchengeschichtsschreibung der Jahre 1949–1989, wenn auch die Aussagekraft und Bedeutung dieser Texte stets kritisch geprüft werden muß und keinesfalls überschätzt werden darf.

Kurz vor Inkrafttreten gesetzlicher Beschränkungen am 1. 1. 1992 veröffentlichte der damalige Berliner Kirchenhistoriker Gerhard Besier mit vielen Mitarbeitern eine Edition von Texten, die offenbar aus der Leipziger Bezirksverwaltung des Ministeriums stammten, wie die starke Konzentration auf die sächsische Metropole vermuten läßt[147] – der Herausgeber gab allerdings weder an, woher er diese Sammlung von 161 Dokumenten wie und wann erhielt noch wo sie sich zum Zeitpunkt der Veröffentlichung befand. Auch die Edition selbst bleibt hinter den Standards für die Edition zeitgeschichtlicher Quellen zurück: Regesten (d.h. knappe Inhaltsangaben) und Textzitat sind nicht getrennt; es erfolgt keine Zuordnung von Dokumenten- und Archivnummern; Hinweise auf kritische ›Gegenüberlieferungen‹ unterbleiben, und die Kommentierung enthält Fehler bzw. bleibt unvollständig.

Eine dem Standard der zeitgeschichtlichen Quelleneditionen[148] entsprechende und vollständigere Dokumentation ist künftig zu erwarten vom Tübinger Kirchenhistoriker Joachim Mehlhausen, der das Material im Auftrag des Rates der Evangelischen Kirche in Deutschland (EKD) und in Verbindung mit der »Evangelischen Arbeitsgemeinschaft für kirchliche Zeitgeschichte« (München) bearbeiten wird.

Den Abschnitt beschließen nun *tabellarische Zusammenstellungen* wichtiger Primärquellen bzw. Quellenreihen für die verschiedenen kirchengeschichtlichen Perioden (5.4./5.5.). Zur ›Alten Kirche‹ (5.4.1.-5.4.5.) sind solche wichtigen Quellenreihen mit ihren Abkürzungen erfaßt, mit denen die Studierenden im Laufe ihrer Beschäftigung mit kirchen- und theologiegeschichtlichen Themen in der Regel das eine oder andere Mal zu tun haben werden – und einige wichtigere Autoren genannt, die sich in der entsprechenden Sammlung finden. Besonderes Gewicht wurde auf Übersetzungsreihen (5.4.3.) und die zweisprachigen Ausgaben gelegt[149]. In einem eigenen Abschnitt (5.4.6.) sind Autoren und Werke dieser Periode zusammengestellt, deren Ausgaben nicht in einer der gängigen Reihen zu finden sind. Es folgen dann wichtige mittelalterliche Quellensammlungen (5.5.1.), die weitgehend »reihenfrei« edierten Werke der Theologen aus Mittelalter, Reformation und Neuzeit (5.5.2./5.5.3.), sodann wichtige Text- und Aktenpublikationen (5.5.4.) und schließlich wichtige Texte von Theologinnen (5.5.5.).

Jährlich erscheint in Marburg ein Verzeichnis der wichtigsten »Bücher zum Studium der evangelischen Theologie« (in 43. Ausgabe 1993 hg. v. J. Engelage u.a.), das gegen ein geringes Entgelt von deutschen theologischen Buchhandlungen abgegeben wird und eine schnelle und zuverlässige Orientierung über Lieferbarkeit und Preis der hier notierten Titel ermöglicht.

5.4. Übersicht über wichtige altkirchliche Quellen- und Übersetzungsreihen

5.4.1. Altkirchliche originalsprachliche Quellenreihen

> J. P. Migne, Patrologia Cursus Completus (1844–1855/ 1857–1866):

MPL/PL	Series Latina,
MPG/PG	Series Graeca,
PLS	Supplement (A. Hamman, 1958–1975).
	(z.B. in PG 47–64: Johannes Chrysostomus [† 407]).
CSEL	Corpus Scriptorum Ecclesiasticorum Latinorum (hg. v. der Kirchenväterkommission der Österreichischen Akademie der Wissenschaften Wien; 1866 ff).
	(z.B. Ambrosius [† 397]; Augustin [† 430] u. Tertullian [† nach 220])
GCS	Die Griechischen Christlichen Schriftsteller der ersten Jahrhunderte (hg. von der Berliner Akademie, 1897ff).
	(z.B. Clemens Al. [† 215]; Origenes [† 253/54] u. Eusebius [† 339])

TU   Texte und Untersuchungen zur altchristlichen Literatur,
                Leipzig/Berlin 1882ff).
                (z.B. TU 61/89/130: J. Reuss [Ed.], Mt-, Jo- u. Luk-
                Kommentare aus der Katenenüberlieferung)

PTS   Patristische Texte und Studien (hg. im Auftrag der Patri-
                stischen Kommission der Akademien der Wissenschaf-
                ten in der Bundesrepublik Deutschland, Berlin 1963ff).
                (z.B. PTS 33/36: Heil/Ritter/Suchla [Edd.], Corpus Dio-
                nysiacum)

CChr.   Corpus Christianorum (hg. von der Abtei St.Peter in
SL/SG   Steenbrugge/Belgien), Series Latina (Turnhout 1953ff);
CM/A   Series Graeca (ebd. 1977ff); Continuatio Mediaevalis
                (ebd. 1966ff); Series Apocrypharum (1983ff).
                (z.B. Augustin [† 430]; Cyprian [† 258]; Hieronymus;
                [† 419])

GNO   Gregorii Nysseni Opera (auxilio aliorum virorum doc-
                torum edenda curaverunt W. Jaeger†, H. Langerbeck†,
                H. Dörrie†, Leiden u.a. 1960ff).

BiTeu/   Bibliotheca Scriptorum Graecorum et Romanorum
BSGRT   Teubneriana (Leipzig, Stuttgart 1849ff).
                (z.B. Theodoret [† um 466] und künftig Laktanz [† nach
                317])

OCT/SCBO   Oxford Classical Texts/Scriptorum Classicorum Biblio-
                theca Oxoniensis (Oxford 1902ff).
                (z.B. Isidor von Sevilla [†636])

CSLP   Corpus Scriptorum Latinorum Paravianum (Turin
                1944ff).
                (z.B. Ambrosius [† 397] und Arnobius [frühes 4. Jh.])

5.4.2. Quellenreihen für Texte in den Sprachen des christlichen
        Orients[150]

PS   R. Graffin, Patrologia Syriaca (Paris 1894–1926).
                (z.B. Aphrahat [† nach 345])

PO   R. Graffin/F. Nau, Patrologia Orientalis (Paris 1903ff).
                (z.B. Irenäus [† nach 185] und Hippolyt [† 235])

CSCO. Ae; A; Ar; C; I; S	Corpus Scriptorum Christianorum Orientalium (ed. consilio Universitatis Catholicae Americae et Universitatis Catholicae Lovaniensis); Scriptores Aethiopici (Rom u.a. 1903ff); Scriptores Arabici (1903ff); Armeniaci (1953ff); Coptici (1906ff); Iberici (1950ff); Syri (1903ff)[151]. (z.B. Theodor von Mopsuestia [† 428] u. Ephraem [† 373])

5.4.3. Zweisprachige altkirchliche Quellenreihen
(z.T. mit kritischem Text)

SC	Sources Chrétiennes (Paris 1947ff). (z.B. Irenäus [† nach 185] und Gregor von Nazianz [† 390])
FChr	Fontes Christiani (Zweisprachige Neuausgabe christlicher Quellentexte aus Altertum und Mittelalter, Freiburg u.a. 1990ff). (z.B. Aphrahat [† nach 345] u. Origenes [† 253/54])
TC	Traditio Christiana. Texte und Kommentare zur patristischen Theologie, hg. v. A. Benoît, F. Bolgiani, J. G. Davies u. W. Rordorf (Zürich 1969 ff). (z.B. TC 1: H. Karpp, Die Buße)
CUFr	Collection des Universités de France, publiée sous le Patronage de l'Association Guillaume Budé (Paris). (z.B. Basilius von Cäsarea [† 379])
OECT	Oxford Early Christian Texts (Gen.Ed. H. Chadwick, Oxford 1971ff). (z.B. Tatian [† nach 172] und Tertullian [† nach 220])
LCL	The Loeb Classical Library (Department of Classics of Harvard University; Cambridge/Massachusetts, London 1914ff). (Basilius [† 379] und Eusebius [† 339])
TuscBü	Tusculum-Bücher(ei) (München 1923ff). (z.B. Augustin [† 430])
SQAW	Schriften und Quellen der Alten Welt (bisher hg. vom Zentralinstitut für Alte Geschichte und Archäologie der

Akademie der Wissenschaften der DDR [Berlin 1956ff]).

Biblioteca Patristica (diretta da M. Naldini, M. Simonetti; Florenz 1983ff).

Scrittori Greci e Latini, Fondazione Lorenzo Valla, Mailand.

5.4.4. Thematische Quellenreihen und originalsprachliche, z.T. kritische Auswahlausgaben

Mansi	J. D. Mansi, Sacrorum Conciliorum Nova et Amplissima Collectio, Vol.1–31 (Paris 1759–1798).
ACO	Acta Conciliorum Oecumenicorum iussu atque mandato Societas Scientiarum Argentoratensis edenda instituit E. Schwartz, continuavit J. Straub (Straßburg/Berlin 1914ff).
EOMIA	Ecclesiae Occidentalis Monumenta Iuris Antiquissima (ed. C.H. Turner, E. Schwartz, H.-G. Opitz, Oxford 1899–1934).
ActaSS	Acta Sanctorum, ed. J. Bolland (1596–1665) et G. Henskens (1601–81) et alii, Brüssel 1643–1794 und 1836ff.
StT	Studi e Testi, pubblicati per cura degli Scrittori della Biblioteca Vaticana e degli Archivisti dell' Archivio Segreto (Vatikanstaat, 1901ff).
KlT	Kleine Texte für Vorlesungen und Übungen, begr. v. H. Lietzmann, hg. v. K. Aland (Bonn/Gießen/Berlin, 1902ff).
SQS	Sammlung ausgewählter kirchen- und dogmengeschichtlicher Quellen als Grundlage für Seminarübungen (hg.v. G. Krüger; Tübingen 1891ff).
TKTG	Texte zur Kirchen- und Theologiegeschichte (hg. G. Ruhbach u. a., Gütersloh 1966–1982).
Mirbt	C. Mirbt, Quellen zur Geschichte des Papsttums und des römischen Katholizismus (Tübingen [4]1924; in 2 Bden. neu bearb. v. K. Aland, Tübingen [6]1967/1972).

5.4.5. Reine Übersetzungsreihen von altkirchlichen Texten

BKV   Bibliothek der Kirchenväter (Kempten [1]1869–1888: Auswahl der vorzüglichsten patristischen Werke in dtsch. Übersetzung hg. von V. Thalhofer; [2]1911–1938 hg. v. O. Bardenhewer, Th. Schermann u. K. Weyman [1. R.] bzw. J. Zellinger u. J. Martin [2. R.])[152].

BGrL   Bibliothek der griechischen Literatur, hg. v. P. Wirth und W. Gessel (Stuttgart 1971 ff).
(z.B. Origenes [† 253/54] und das »Corpus Dionysiacum«).

BAW.   Bibliothek der Alten Welt, hg. v. C. Andresen†, O. Gi-
RR.GR.AC.   gon, E. Hornung u. W. Rüegg; Römische Reihe, Griechische Reihe, Antike und Christentum (Zürich u.a. 1950ff).
(z.B. Augustin [† 430]).

Sophia   Sophia. Quellen östlicher Theologie, hg. v. J. Tyciak u. W. Nyssen (Freiburg 1961ff).

ANCL   Ante-Nicene Christian Library, 24 + 1 Bde., Edinburgh 1867–1897.

ANFa   Ante-Nicene Fathers. Translations of the Fathers down to A.D. 325, Bd. 1–10, New York 1926 (*ND der Edinburgher Sammlung*).

NPNF   A Select Library of the Nicene and Post-Nicene (Christian) Fathers of the Christian Church, Bd. 1–14, Oxford 1887–1892; 2nd Series Oxford 1892ff (= Grand Rapids 1974ff).

FaCh   The Fathers of the Church. A new translation (Washington 1947ff).

ACW   Ancient Christian Writers (Westminster/M., London 1946ff).

5.4.6. Wichtige altkirchliche Schriften bzw. Theologen
(sofern sie nicht in einer der oben genannten Reihen
erschienen sind)

–   Die apostolischen Väter. Griechisch-deutsche Parallel-
                   ausgabe auf der Grundlage der Ausgaben von F. X.
                   Funk/K. Bihlmeyer und M. Whittaker mit Übersetzun-
                   gen v. M. Dibelius u. D.-A. Koch hg. v. A. Lindemann
                   und H. Paulsen, Tübingen 1992.

SUC   Schriften des Urchristentums: 1. Tl. Die apostolischen
                   Väter, eingel., hg., übertragen und erläutert v. J. A. Fi-
                   scher, Darmstadt ^{9}1986; 2. Tl. Didache (Apostellehre),
                   Barnabasbrief, Zweiter Clemensbrief, Schrift an Dio-
                   gnet, eingel., hg., übertragen und erläutert v. K. Wengst,
                   Darmstadt 1984; Clavis patrum apostolicorum (Kon-
                   kordanz), congessit, contulit, conscripsit H. Kraft,
                   Darmstadt 1964.

NTApo   W. Schneemelcher, Neutestamentliche Apokryphen in
                   deutscher Übersetzung, hg. v. W. Schneemelcher,
                   5. Aufl. der von Edgar Hennecke begründeten Samm-
                   lung, Bd. I Evangelien, Tübingen 1987; Bd. II Apostoli-
                   sches, Apokalypsen und Verwandtes, Tübingen 1989.

AAA   Acta Apostolorum Apocrypha, post Constantinum Ti-
                   schendorf denuo edd. R.A. Lipsius et M. Bonnet, 3
                   Bde., Leipzig 1891–1903 = Darmstadt 1959.

–   Die ältesten Apologeten, hg. v. E. J. Goodspeed, Göttin-
                   gen 1914 = 1984.

                   Index Apologeticus sive Clavis Iustini Martyris Operum
                   aliorumque Apologetarum pristinorum, composuit E. J.
                   Goodspeed, Leipzig 1912 = 1969.

CorpAp   J. C. Th. von Otto, Corpus apologetarum Christianorum
                   saeculi secundi, 9 Bde., Jena 1847–1881.

–   Catenae Graecorum Patrum in Novum Testamentum,
                   ed. J. A. Cramer, 8 Bde., Oxford 1840 = Hildesheim
                   1967

5.5. Wichtige mittelalterliche und neuzeitliche Quellen- und Übersetzungsreihen

5.5.1. Mittelalterliche originalsprachliche Quellenreihen und Regesten

MGH. AA; EP; LL; D	Monumenta Germaniae Historica (Berlin, Hannover, Leipzig/Stuttgart, München 1826ff): Auctores Antiquissimi; Epistulae; Scriptores; Leges; Diplomata; Epistolae; Libelli de lite imperatorum et pontificum saeculis XI et XII conscripti.
CChr.CM	Corpus Christianorum, Continuatio Mediaevalis, Turnhout 1967 ff.
RI. K; KR	Regesta Imperii, hg. v. J. F. Böhmer, Innsbruck 1881 ff: Die Regesten der Karolinger (1889ff); Die Regesten des Kaiserreiches (1889 ff).
DRTA	Deutsche Reichstagsakten (Ältere, jüngere und mittlere Reihe), München 1892 ff.

5.5.2. Mittelalterliche (Mönchs-)Theologen (Texte und Übersetzungen)

Anselm von Canterbury. Opera Omnia, hg. v. P. F. S. Schmitt †, Stuttgart 1966 (= zweibändiger Nachdruck der Ausgabe Seckau/Rom/Edinburgh 1938–1961 in 6 Teilen)[153].

Bernhard von Clairvaux. Sämtliche Werke in 10 Bänden, Innsbruck, Wien 1990ff. (bisher 4 von 10 Bänden; zweisprachige Ausgabe mit Übersetzung).

S. Bonaventurae Opera Omnia. Collectio Completa, Florenz/Grottaferrata 1882–1902 (11 Bände, Index).

Summa Fratris Alexandri (= *Alexander von Hales*), studio et cura PP. Collegii S. Bonaventurae ad fidem codicum edita, Florenz/Grottaferrata 1924–1948 (4 Bde. mit Index).

Meister Eckhardt. Die deutschen und lateinischen Werke [hg. im Auftrag der deutschen Forschungsgemeinschaft]: Die deutschen Werke hg. v. J. Quint, Stuttgart 1936ff; Die lateinischen Werke, hg. v. J. Koch, K. Weiß, H. Fischer u.a., Stuttgart 1938ff. (bisher 7 vollständige Bde., diverse Lieferungen).

Ders., Traktate. Lateinische Werke [Sämtliche deutsche Predigten und
Traktate sowie eine Auswahl aus den lateinischen Werken. Kommentierte zweisprachige Ausgabe]. Texte und Übersetzungen hg. v.
N. Largier, Bibliothek des MA 20/21 = Bibliothek deutscher Klassiker 91/92, Frankfurt/M. 1993.

(Franziskus von Assisi) Opuscula Sancti Patris Francisci Assisiensis
denuo edidit iuxta codices mss. C. Esser, Bibliotheca Franciscana
Ascetica Medii Aevi 12, Grottaferrata 1978.

Franziskanische Quellenschriften, hg. v. den deutschen Franziskanern,
Werl/ Westf. 1980ff. (z.B. Bd.1 Die Schriften des hl. Franziskus von
Assisi, Einführung, Übersetzung, Erläuterungen von L. Hardick u.
E. Grau, Werl 1980).

(Gabriel Biel) Gabrielis Biel Collectiorum circa quattuor libros senten-
tiarum, ed. W. Werbeck, 4 Bde. in 5 Tlen., Register, Tübingen 1973–
1992.

(Johannes Duns Scotus) Iohannis Duns Scoti Opera Omnia studio et
cura Commissionis Scotisticae ad fidem codicem edita, Vatikanstaat
1950ff (bisher 10 Bde.).

Johannes Duns Scotus. Abhandlung über das erste Prinzip, hg. u. übers.
v. W. Kluxen, TzF 20, Darmstadt 1974.

(Petrus Lombardus) Magistri Petri Lombardi, Sententiae in IV Libris
Distinctae, Spicilegium Bonaventurianum IV/V, Grottaferrata
1971–1981 (3 Bde.).

(Thomas von Aquin) Sancti Thomae de Aquino opera omnia iussu Leo-
nis XIII P.M. edita, cura et studio fratrum Praedicatorum, Rom
1882ff (sogen. Editio Leonina).

Die deutsche Thomas-Ausgabe. Vollständige, ungekürzte deutsch-lateinische Ausgabe der Summa Theologica, übersetzt von Dominika-
nern und Benediktinern Deutschlands und Österreichs (…), Salz-
burg 1933ff.

Thomas von Aquin, Summe gegen die Heiden (Summa contra genti-
les), 1.-4. Buch, Lateinisch und Deutsch, hg. u. übers. v. K. Albert
u.a., TzF 15–19, Darmstadt ²1987–1990 (bisher 3 Bde.).

L. Schütz, Thomas-Lexikon. Sammlung, Übersetzung und Erklärung
der in sämtlichen Werken des h. Thomas von Aquin vorkommenden
Kunstausdrücke und wissenschaftlichen Aussprüche, 2., sehr vergr.
Aufl. Paderborn 1895 = Stuttgart 1958.

Index Thomisticus. Sancti Thomae Aquinatis Operum Omnium Indices et Concordantiae (…) digessit R. Busa (…), Stuttgart 1974ff

(49 Bde.; dazu: Sancti Thomae Aquinatis Opera Omnia, curante R. Busa, 7 Bde., Stuttgart 1980).

(Jacobus de Voragine, Legenda Aurea) Th. Graesse, Jacobi a Voragine, Legenda Aurea, vulgo Historia Lombardica dicta (...), Osnabrück 1969 [=1846]; L. A. aus dem Lateinischen übersetzt v. R. Benz, Köln 1969.

5.5.3. Theologen der Reformation und Neuzeit

WA   D. Martin Luthers Werke. Kritische Gesamtausgabe, Weimarer Lutherausgabe, 96 Bde. in 111 Teilen, Weimar 1883ff.

WA.TR   Tischreden, Weimar 1912–1921, 6 Bde.

WA.DB   Die deutsche Bibel, Weimar 1906–1961, 12 Bde.

WA.B   Briefwechsel, Weimar 1930–1985, 18 Bde.

StA   Martin Luther. Studienausgabe, in Zusammenarbeit mit H. Junghans, R. Pietz †, J. Rogge u. G. Wartenberg hg. v. H.-U. Delius, Berlin (Ost) 1979ff (bisher 5 Bde).

BoA   Luthers Werke in Auswahl, Studienausgabe hg. v. O. Clemen u.a., 8 Bde., 6., durchg. bzw. 3. Aufl., Berlin 1966/1962.

            Anfänge reformatorischer Bibelauslegung, hg. v. J. Fikker, 1. Bd. in 2 Tlen. Luthers Vorlesung über den Römerbrief, Leipzig [3]1927; 2. Bd. in 2 Tlen. Luthers Vorlesung über den Hebräerbrief 1517/1518, Leipzig 1929.

            Martin Luther, Vorlesung über den Römerbrief 1515/1516, Lateinisch-deutsche Ausgabe, 2 Bde., Darmstadt 1960.

            D. Martin Luthers Psalmenauslegung/Evangelienauslegung/Epistelauslegung, hg. v. E. Mülhaupt/E. Ellwein, 3/5/5 Bde., Göttingen 1959ff.

            [M. Luther], Disputatio de homine, 1. Tl. Text und Traditionshintergrund (= G. Ebeling, Lutherstudien II/1); 2. Tl. Die philosophische Definition des Menschen (= Lutherstudien II/2); 3. Tl. Die theologische Definition des Menschen (= Lutherstudien III), Tübingen 1977–1982.

CR   Corpus Reformatorum: CR Bd. 1–28 [Melanchthon]
                  Opera (…), ed. C.G. Bretschneider et H.E. Bindseil,
                  New York/London/Frankfurt 1963 (= Braunschweig
                  1834–1860); 29–87 [Calvin] Opera (…), ed. W. Baum,
                  E. Cunitz et E. Reuß, New York/London/Frankfurt 1964
                  (= Braunschweig/Berlin 1863–1900); 88–101 [Zwing-
                  li], ed. E. Egli et alii, Zürich 1982ff (= Berlin/Leipzig
                  1905ff) bzw. Zürich 1961ff.

CCath   Corpus Catholicorum. Werke katholischer Schriftsteller
                  im Zeitalter der Glaubensspaltung, Münster 1919ff.

(Lebens-)   *Melanchthons* Werke in Auswahl, unter Mitwirkung
Daten: von H. Engelland, G. Ebeling, R. Nürnberger u. H. Volz
(1497–1560)   hg. v. R. Stupperich, Gütersloh 1951–1955, 6 Bde.
                  Melanchthons Briefwechsel, kritische und kommentier-
                  te Ausgabe, hg. v. H. Scheible, 6 Bde. Regesten Stuttgart
                  1977–1988, bisher 1 Bd. Texte Stuttgart 1991.

(1466?–1536)   *Erasmus* von Rotterdam, Ausgewählte Schriften. Aus-
                  gabe in acht Bden., Lateinisch-Deutsch, hg. v. W. Wel-
                  zig, Darmstadt 1968–1975.
                  Opera Omnia Desiderii Erasmi Roterodami, recognita
                  et adnotatione critica instructa notisque illustrata, Am-
                  sterdam 1969ff.
                  Opera Epistolarum Desiderii Erasmi Roterodami, de-
                  nuo recognitum et auctum, ed. P.S. Allen et al., 12 Bde.,
                  Oxford 1906–1958.

                  Flugschriften der frühen Reformationsbewegung
                  (1518–1524), hg. v. A. Laube, A. Schneider unter Mit-
                  wirkung v. S. Looß, 2 Bde., Berlin (Ost) 1983.

                  Flugschriften der Bauernkriegszeit, unter Leitung v. A.
                  Laube/H.W. Seiffert hg. u. bearb. v. C. Laufer, D. Lö-
                  sche, S. Looß, A. Schneider u. W. Zöllner, Berlin (Ost)
                  ²1978., 2 Bde.

1559   Württembergische Große Kirchenordnung 1559 (= ND
                  Stuttgart 1968 von:»Von Gotes gnaden unser Christoffs
                  Hertzogen zu Würtemberg und zu Teckh/ Graven zu
                  Mümpelgart/ etc. Summarischer und einfaeltiger Be-
                  griff/ wie es mit der Lehre und Ceremonien in den Kir-
                  chen unseres Fürstenthumbs/ auch derselben Kirchen

anhangenden Sachen und Verrichtungen/ bisher geuebt und gebraucht/ auch fürohin mit verleihung Goettlicher gnaden gehalten und volzogen werden solle. Getruckt zu Tüwingen/ Im jar 1559«).

(1555–1621) *Johann Arndt* Vier (später: sechs) Bücher vom wahren Christentum, zuerst Braunschweig 1606, ein (zitierfähiger) Reprint (einer Edition von 1676) Wiesbaden 1991, als (nicht zitierfähige) Leseausgabe z.b.: Johann Arnds, des hocherleuchteten Lehrers, weiland General-Superintendent des Fürstentums Lüneburg, sechs Bücher vom wahren Christentum nebst dessen Paradiesgärtlein, Gernsbach o.J. (ca. 1850).

(1582–1637) *(Johann Gerhard)* Ioannis Gerhardi Loci Theologici cum pro abstruenda veritate tum pro destruenda quorumvis contradicentium falsitate per theses nervose solide et copiose explicati. Opus praeclarissimum novem tomis comprehensum denuo juxta editionem principem accurante typis exscribendum curavit (...) E. Preuß, Berlin 1863–1875 9 Bde. in 5 Tlen.

(1586–1656) *Georg Calixt,* Werke in Auswahl, hg. von der Abteilung für niedersächsische Kirchengeschichte an den vereinigten Theologischen Seminaren der Universität Göttingen, Göttingen 1978ff (geplant: 8 Bde., erschienen: 4 Bde.).

(1635–1705) *Philipp Jakob Spener,* Schriften, hg. v. E. Beyreuther, Hildesheim 1979ff (*auf 12 Bde. geplante Nachdruckreihe, diverse Suppl. in Aussicht gestellt*); Pia Desideria, hg. v. K. Aland, KlT 170, 3., durchges. Aufl., Berlin 1964; Briefe aus der Frankfurter Zeit 1666–1686, Bd. 1 1666–1674, hg. v. J. Wallmann, Tübingen 1992.

(1663–1727) *August Hermann Francke,* Werke in Auswahl, hg. E. Peschke, Berlin 1969. [Werke-Ausgabe der Historischen Kommission zur Erforschung des Pietismus]: Predigten I/II, hg.v. E. Peschke, TGP II/9–10, Berlin, New York 1987/89; Streitschriften, hg. v. E. Peschke, TGP II/1, ebd. 1981; Die frühen Katechismuspredigten, AGP 28, Göttingen 1992.

(1700–1760) *Nikolaus Ludwig Reichsgraf von Zinzendorf,* Haupt-
schriften in 6 Bänden, hg. v. E. Beyreuther u. G. Meyer,
Hildesheim 1962/3 (Nachdrucke der Originalausgaben:
Leipzig u.a. 1732–1760); Ergänzungsbände zu den
Hauptschriften, hg. und mit Einführungen versehen von
E. B. u. G. M., 13 Bde., Hildesheim 1964–73 (*dgl.
Nachdrucke;* nicht aufgeführt sind die verschiedenen
Nebenreihen bei Olms: »Materialien und Dokumente«).

(1725–1791) *Johann Salomo Semler,* Abhandlung von freier Untersuchung des Canon, hg. v. H. Scheible, TKTG 5, Gütersloh ²1980 (= 1.Aufl., Halle 1771).

(1744–1803) *Johann Gottfried (von) Herder,* Theologische Schriften,
hg. v. Chr. Bultmann u. Th. Zippert, Johann Gottfried
Herder Werke in zehn Bänden, Bd. 9/1 = Bibliothek
deutscher Klassiker 106, Frankfurt/M. 1994.

(1768–1834) *Friedrich Daniel Ernst Schleiermacher,* Kritische Gesamtausgabe, hg. v. H.-J. Birkner † und G. Ebeling, H.
Fischer, H. Kimmerle und K.-V. Selge, Berlin 1984ff
(geplant: 40 Bde.; erschienen: 8 Bde.); Der christliche
Glaube nach den Grundsätzen der evangelischen Kirche
im Zusammenhange dargestellt von F. Schleiermacher,
7. Auflage – auf Grund der zweiten Aufl. und kritischer
Prüfung des Textes neu hg. und mit Einleitung, Erläuterungen und Register versehen v. M. Redeker, 2 Bde.,
Berlin 1960; F. D. E. Schleiermacher, Philosophische
Schriften, hg. u. eingel. v. J. Rachold, Texte zur Philosophie und Religionsgeschichte, Berlin 1984; Theologische Schriften, hg. u. eingel. v. K. Nowak, ebd. 1983;
Pädagogische Schriften unter Mitwirkung v. Th. Schulze hg. v. E. Weniger, 2 Bde., Berlin 1984 (= Düsseldorf/
München 1957).

(1792–1860) *Ferdinand Christian Baur,* Ausgewählte Werke in Einzelausgaben, hg. v. K. Scholder, Stuttgart-Bad Cannstatt
1963–1975 (5 Bde.); Geschichte der christlichen Kirche, 4 Bde, Tübingen 1863 = Leipzig 1969.

(1813–1855) *Sören Kierkegaard,* Gesammelte Werke, hg. v. E. Hirsch
u. H. Gerdes, aus dem Dänischen von E. Hirsch, 36 Ab-

teilungen in 31 Bden., Gütersloh, 2., unveränd. Aufl. 1979–1986.

(1822–1889) *Albrecht Ritschl,* Die christliche Lehre von der Rechtfertigung und Versöhnung dargestellt von A. R., 3 Bde., 3.Aufl. Bonn 1889/1888; Der Unterricht in der christlichen Religion, hg. v. G. Ruhbach, TKTG 3, Gütersloh 1966 (= Bonn 1875).

(1846–1922) *Wilhelm Herrmann,* Schriften zur Grundlegung der Theologie, mit Einleitung und Anmerkungen hg.v. P. Fischer-Appelt, ThB 36/1–2, München 1966; Der Verkehr des Christen mit Gott im Anschluß an Luther dargestellt, 4. Aufl., Stuttgart und Berlin 1903.

(1865–1923) *Ernst Troeltsch,* Gesammelte Schriften, 4 Bde., Aalen 1962–81 = Tübingen 1912–1925.

(1884–1976) *Rudolf Bultmann,* Glauben und Verstehen, Gesammelte Aufsätze, 4 Bde., Tübingen 4.–8. Aufl. 1980–1984; Register hg. v. M. Lattke, ebd. 1984; Neues Testament und Mythologie. Das Problem der Entmythologisierung der neutestamentlichen Verkündigung. ND der 1941 erschienenen Fassung hg. v. E. Jüngel, BEvTh 96, München 1985; Kerygma und Mythos. Ein theologisches
[KuM] Gespräch, ThFor 1, Hamburg [5]1967 (= 1948ff) 6 Bde. in 9 Teilen mit 2 Ergbd.

(1886–1968) *Karl Barth*-Gesamtausgabe, hg. v. H. Stoevesandt, Zürich 1971 ff. (Planung noch nicht abgeschlossen).

(1886–1965) *[Paul] Tillich* – Hauptwerke. Main Works, hg, v. C. H. Ratschow unter Mitwirkung v. J. Clayton, G. Hummel, Th. Mahlmann, M. Palmer, R. P. Scharlemann, G. Wenz, 6 Bde., Berlin/New York 1987–1991; Systematische Theologie, 3 Bde., Frankfurt/M., Stuttgart [6]1980. (ND der 8. Aufl. 1984/ 85 Berlin 2 Bde.).

(1906–1945) *Dietrich Bonhoeffer* Werke, hg. v. E. Bethge, E. Feil, Chr. Gremmels, W. Huber, H. Pfeifer, A. Schönherr u. H. E. Tödt, München 1987ff (geplant: 16 Bde.; erschienen: 10 Bde.).

5.5.4. Wichtige Text- und Aktenpublikationen aus Reformation
und Zeitgeschichte (vgl. auch oben 5.2.1: DRTA).

NBD   Nuntiaturberichte aus Deutschland nebst ergänzenden
               Actenstücken, 1./3. Abtlg. hg. vom Preußischen/Deut-
               schen Historischen Institut in Rom; 2. Abtlg. vom öster-
               reichischen historischen Institut in Rom: 1. Abtlg.
               1533–1559, Bd. 1–16, Gotha 1892–Tübingen 1970; 2.
               Abtlg. 1560–1572, Bd. 1–8, Wien 1897–Graz u.a. 1967;
               3. Abtlg. 1572–1585, Gotha 1892ff.

CT   Concilium Tridentinum, Diariorum, actorum, epistola-
               rum, tractatuum nova collectio, ed. Societas Goerresia-
               na, 13 Bde., Freiburg 1901–1967.

TGET 3/4   Die Vorbereitung der Religionsgespräche von Worms
               und Regensburg, hg. v. W.H. Neuser, Texte zur Ge-
               schichte der Evangelischen Theologie 4, Neukirchen-
               Vluyn 1974; Das Augsburger Interim von 1548, hg. v. J.
               Mehlhausen, TGET 3, Neukirchen-Vluyn 1970.

EKO   Die evangelischen Kirchenordnungen des XVI. Jahr-
               hunderts, begründet von E. Sehling, fortgeführt vom In-
               stitut für evangelisches Kirchenrecht der EKD, Tübin-
               gen 1902–1913 (= Aalen 1970–1979), ebd. 1955–1993
               (bisher 15 Bde.).

QFRG   Quellen und Forschungen zur Reformationsgeschichte
               (Leipzig/Gütersloh 1911ff; enthält wichtige Editionen,
               z.B. Th. Müntzer. Kritische Gesamtausgabe, hg. v. P.
               Kirn u. G. Franz, QFRG 33, Gütersloh 1969).

KJ   Kirchliches Jahrbuch (37 [1910] – 61 [1934]: für die
               evangelischen Landeskirchen Deutschlands) für die
               Evangelische Kirche in Deutschland (Gütersloh 1
               [1873] – 60/71 [1933–1945] Gütersloh ^{2}1976, 72/75
               [1945–48] 1950ff).

–   K. D. Schmidt, Die Bekenntnisse und grundsätzlichen
               Äußerungen zur Kirchenfrage, Bd. 1 Das Jahr 1933,
               Göttingen 1934; Bd. 2 Das Jahr 1934, Göttingen 1935
               sowie Bd. 3 Das Jahr 1935, Göttingen 1936.

AGK 13   K. D. Schmidt (Hg.) in Verbindung mit C.-H. Feilcke u.
               H.-J. Reese, Dokumente des Kirchenkampfes II: Die

Zeit des Reichskirchenausschusses 1935–1937, Arbeiten zur Geschichte des Kirchenkampfes, AGK 13/1+2, Göttingen 1964/65.

– Dokumente zur Kirchenpolitik des dritten Reiches, Bd. I Das Jahr 1933, Bd. II Die Jahre 1933/34, bearb. v. C. Nicolaisen, München 1971/75; Bd. III 1935–1937, bearb. v. G. Grünzinger u. C. Nicolaisen, Gütersloh 1994.

– G. Schäfer, Die evangelische Landeskirche in Württemberg und der Nationalsozialismus. Eine Dokumentation zum Kirchenkampf, 6 Bde., Stuttgart 1971–1986.

– G. van Norden, Quellen zur rheinischen Kirchengeschichte V, Düsseldorf 1990.

5.5.5. Wichtige Texte von Theologinnen
(mit eventuell vorhandenen Übersetzungen)

(um 360)   *(Faltonia)* Proba, Cento (= Flickgedicht): C. Schenkl (Ed.), CSEL 16, Wien u.a. 1888, 569–609/P. Wilson-Kastner (Ed.), A Lost Tradition. Women writers of the Early Church, 1981, 45–69.

(1098–1179)   *Hildegard von Bingen*, Scivias: A. Führkötter (Ed.), CChr.CM 43/43A, Turnhout 1978; W. Storch, Scivias – Wisse die Wege, Freiburg 1992.

(1194–1253)   *Klara Offreducci von Assisi:* I. Omaechevarria (Ed.), Escritos de Santa Clara, Madrid ²1982.

(1210?–   *Mechthild von Magdeburg:* Offenbarungen der Schwe-
1285?)   ster Mechthild von Magdeburg oder das fliessende Licht der Gottheit, hg. v. G. Morel, Regensburg 1869 = 1980.

(1250?–1310) *Margareta Porete,* Speculum simplicium animarum: P. Verdeyen, CChr.CM 69, Turnhout 1986; L. Gnädinger, Der Spiegel der einfachen Seelen, Zürich/München 1987.

(1256–   *Gertrud die Große von Helfta:* Oeuvres spirituelles,
1301/2)   Tome I. J. Hourlier/A. Schmitt, Les Exercices, SC 127, Paris 1967; Tome II/III/IV/V P. Doyère u.a., Le Héraut, SC 139/143/255, Paris 1968/1978/1986.

Legatus divinae pietatis. Gesandter der göttlichen Liebe, neu übers. v. J. Lanczkowski, Heidelberg 1989.

(1303–1373) *Birgitta:* Schriften in der Reihe »Corpus codicorum suecicorum medii aevi«; Aufzählung bei T. Nyberg, Art. Birgitta/Birgittenorden, TRE VI, 1980 = 1993, (648–652) 651.

Fragen:

1. Was sind »Mauriner«?
2. Was (nicht: wer!) verbirgt sich hinter »dem Migne«?
3. Woran wird ein »Monumentist« wohl arbeiten?
4. Welche drei Lutherausgaben enthalten philologisch zuverlässige Texte?

In den folgenden Paragraphen (§§ 6–8) wollen wir uns nun nach der *Heuristik,* d.h. der Lehre von der Auffindung der für ein Thema relevanten Quellen, in einem zweiten großen Abschnitt der *Quellenkritik* zuwenden, d.h. der kritischen Untersuchung des ermittelten Quellenmaterials. Dazu sind zunächst die Hilfswissenschaften vorzustellen, die bei solcher Analyse unentbehrliche Hilfen bieten (§ 6), dann wird die Quellenkritik (§ 7) abgehandelt, und schließlich werden die Grundprinzipien der Quelleninterpretation vorgestellt (§ 8).

Zweiter Teil: Kritik

§ 6 Hilfswissenschaften

Die kritische Analyse von historischen Quellen setzt die Anwendung von Ergebnissen anderer Wissenschaften wie der verschiedenen Philologien, der Geographie oder der Archäologie voraus, die dann im Status einer sogenannten ›historischen Hilfswissenschaft‹ verwendet werden. Natürlich kann auch die Theologie in anderen historischen Zusammenhängen ihrerseits als eine solche »Hilfswissenschaft« angewendet werden.

Wenn diejenigen Quellen ermittelt sind, die für ein Thema aus der Kirchen- oder Theologiegeschichte relevant sein könnten, beginnt die kritische Analyse der Texte – d.h. in aller Regel zunächst die Lektüre (und gegebenenfalls die Übersetzung) bzw. Betrachtung der abstrakten und Sach-Überreste. Für diese Analyse von Quellen stehen andere Wissenschaften, deren Methoden und Ergebnisse im Sinne von ›Hilfswissenschaften‹ zur Verfügung[154]. Im Folgenden sind besprochen die ›Historische Geographie, Chronologie und Genealogie‹; ›Paläographie, Urkunden- und Aktenlehre‹; ›Heraldik, Sphragistik und Numismatik‹ und schließlich die verschiedenen ›Philologien‹. In aller Regel wird man bei der Analyse eines Textes für die Übersetzung Ergebnisse der jeweiligen philologischen Wissenschaft bemühen müssen (und sei es ein Lexikon), bei der Analyse eines Sachüberrestes (wie z.B. eines Siegels) die entsprechende Disziplin. Für studentische Zwecke reicht es freilich vollkommen aus, zu wissen, wo sich die entsprechenden Hilfsmittel im Eventualfalle auffinden lassen.

> Natürlich kann auch die Kirchen- und Theologiegeschichte für andere Wissenschaften die Funktion einer ›Hilfswissenschaft‹ übernehmen, etwa dann, wenn ein klassischer Philologe einen patristischen Text ediert und zu seinem Verständnis Ergebnisse kirchenhistorischer Forschung bemüht.

Als ›Hilfswissenschaften‹ kommen für Quellenarbeit bei kirchengeschichtlichen Forschungen vor allem in Frage:

6.1. Historische Geographie, Chronologie, Genealogie

Häufig hat man es im Studium – sei es in Lehrveranstaltungen oder bei der eigenen Arbeit – mit Ortsangaben zu tun, deren Lokalisierung zunächst unvertraut ist. Häufig trägt aber ein Blick auf eine Karte dazu bei, historische Entwicklungen besser zu verstehen. Was eine gewisse Plastizität gewinnt, läßt sich auch einfacher merken. Unentbehrliches Hilfsmittel für alle solchen Fragen der Geographie – d.h. Fragen nach der Lage von Orten, den Beziehungen zwischen Klöstern oder Landschaften, der Verschiebung von Grenzen u.ä. – ist der »Atlas zur Kirchengeschichte«, der auf 257 Karten die Geschichte der Kirche vom »Palästina zur Zeit Jesu« bis zu den »Mitgliedskirchen des Ökumenischen Rates der Kirchen« illustriert (aktualisierte Neuausgabe, bearb. u. hg. v. J. Martin, Freiburg u.a. 1987). Da das voluminöse Werk leider nicht ganz billig angeboten wird, werden sich interessierte Studierende mit dem preiswerteren »Atlas zur Universalgeschichte« behelfen (hg. v. J. Herrnkind, München 1979) oder den etwas veralteten kleinen »Atlas zur Kirchengeschichte« (von K. Heussi u. H. Mulert, Tübingen [2]1937) erwerben, der in Antiquariaten u.U. recht preiswert angeboten wird.

Ihm zur Seite treten die verschiedenen Spezialatlanten, z.B. der ›Große Historische Weltatlas‹ des Bayrischen Schulbuchverlages (3 Bde., München 1979); für die Alte Kirche ist gesondert zu nennen der vergriffene »Bildatlas der frühchristlichen Welt« mit Karten- und Abbildungsmaterial (F. van der Meer/Chr. Mohrmann, deutsche Ausgabe v. H. Kraft, Gütersloh 1959) und der Karten- und Abbildungsteil der »Encyclopedia of the Early Church« (ed. A. di Berardino, Cambridge 1991). Gewöhnlich findet sich auch in den Katalogbänden der großen historischen Ausstellungen gutes Kartenmaterial, so z.B. im vierten und abschließenden Band der Stuttgarter Stauferausstellung von 1977. Die verwickelte Geschichte der Kreuzzüge dokumentiert ein neuer »Großer Bildatlas der Kreuzzüge« (hg. v. J. Riley-Smith, Freiburg 1992). Gesondert ist hinzuweisen auf das umfangreiche »Dictionnaire d'histoire et de géographie ecclésiastique« (DHGE; Paris 1912ff; allerdings hat es mit Band XXIV 1993 erst den Buchstaben »H« erreicht).

Eher erst in der pfarramtlichen Praxis, bei genealogischen Anfragen und bei der Bearbeitung von historischen Urkunden, Grabsteinen und Epitaphien, werden Kenntnisse der verschiedenen Datierungssysteme aus der Geschichte nötig. Bei allen Fragen der *Chronologie* – z.b. bei der Umrechnung römischer, mittelalterlicher oder neuzeitlicher Datumsangaben wie *VII Kalendas Iulias Maximo et Orfito Consulibus,* ›Am Freitage nach dem Fest der Kreuzerfindung 1517‹ oder ›14. Nivose des Jahres 3‹ (französischer Revolutionskalender) auf das Datum nach dem heute gültigen gregorianischen Kalender und der christlichen Ära – werden die Studierenden die Tabellen und Erläuterungen der entsprechenden zwei Standardwerke konsultieren: *Hermann Grotefend,* Taschenbuch der Zeitrechnung des deutschen Mittelalters und der Neuzeit (durchg. v. J. Asch, Hannover [12]1982) bzw. *Hans Lietzmann/Kurt Aland,* Zeitrechnung der römischen Kaiserzeit, des Mittelalters und der Neuzeit für die Jahre 1–2000 n. Chr. (SG 1085, Berlin 1956 [u.ö.]): Mit den Aufstellungen der genannten Werke sind solche Aufgaben leicht zu bewältigen – auch die gerade erwähnten Beispiele lassen sich leicht folgendermaßen auflösen: 25. Juni 172 n.Chr. bzw. 3. Mai 1517 bzw. 3. Januar 1795 (ausführlichere Erläuterungen zur Benutzung in den jeweiligen Vorworten, besonders bei Grotefend).

Von Grotefend stammt auch das große zweibändige Werk »Zeitrechnung des deutschen Mittelalters und der Neuzeit« (Hannover [2]1891–1898 = Aalen 1984), in dem z.B. die verschiedenen Diözesan- und Ordenskalender abgedruckt sind; die weiteren Systeme antiker Chronologie (Olympiaden, Ären und Indiktionen) behandelt z.B. Alan E. Samuel im »Handbuch der Altertumswissenschaft« (Greek and Roman Chronology. Calendars and Years in Classical Antiquity, HAW I/7, München 1972). Gesondert zu nennen ist noch das Standardwerk des bereits erwähnten (S. 27) Althistorikers Elias Bikerman, Chronology of the Ancient World, New York 1968.

Eine schnelle Orientierung über alle Datierungen, die mit der *römischen Kaiserzeit* zusammenhängen, ermöglicht jetzt *Dietmar Kienast,* Römische Kaisertabelle. Grundzüge einer römischen Kaiserchronologie (Darmstadt 1990); gewöhnlich wird die alte Sammlung von *Werner Liebenam,* Fasti Consulares Imperii Romani ausreichen, um für den Zeitraum der Jahre 30 v.-565 n.Chr. die Konsulnamen, nach denen in der römischen Antike gewöhnlich datiert wird, zu ermitteln (KlT 41–43, Bonn 1909)[155].

Ein Blick in diese Tabellen zeigt z.B., daß die Datierung nach den beiden Konsuln in der bereits oben (S. 39) als Beispiel genannten »Konstantinischen Schenkung« nicht aus der Spätantike stammen kann: Dort sind ›*Flavius Constantinus*‹ und ›*Galliganus*‹ (sic!) *vir clarissimus*‹ als *consules* genannt (Mirbt/Aland, QGP Nr. 504 p. 256); ein *Ouinius Gallicanus* amtierte wohl 317, aber zusammen mit *Caesonius Bassius* – der Kaiser bekleidete seine Konsulate 307, 312, 313, 315 und 319.

Häufig wird in der Kirchengeschichte über Herrscherfamilien gehandelt, so z.B. über die Familie Kaiser Konstantins († 337); über die Dynastie, der Kaiser Karl der Große († 814) entstammte (die Karolinger, politische Bedeutsamkeit von 687 bis 987); die Ottonen (oder Liudolfinger nach Liudolf von Sachsen [† 866] 919–1024); Salier (1024–1125); Welfen (1070–1918); Hohenstaufen (1079–1268); Habsburger (1273–1918) und Hohenzollern (1191–1918).

Die einfachste Information zu den damit zusammenhängenden genealogischen Fragen (z.B.: Wie sind Otto I. [† 973] und III. [† 1002] miteinander verwandt?) ermöglichen die »Stammtafeln« von *Hermann Grote* (Leipzig 1877 = ebd. 1988), in denen nicht nur die wichtigsten europäischen Herrschergeschlechter dargestellt sind, sondern auch die Vorsteher derjenigen Bistümer und Abteien, die im alten Reich bis zur Säkularisation zugleich Landesherren waren, genannt werden. Gelegentlich etwas übersichtlicher wird das Material jetzt geboten von *Brigitte Sokop*[156].

Für das Verständnis der historischen Entwicklung im Zeitalter der Reformation ist es z.B. von Nutzen, die verwandtschaftlichen Beziehungen des deutschen Kaisers Karl V. (* 1500, Kaiser 1519–1556, † 1558) zu kennen. Dann erst läßt sich verstehen, in welch enger Beziehung die Territorien Aragon (mit Sizilien und Neapel), Kastilien, Österreich und Burgund (in gewisser Weise auch Mailand) zu dem Monarchen standen und inwiefern man von einem Großreich der Habsburger auf dynastischer Grundlage sprechen kann: *Tu felix austria, nube!*

6.2. Paläographie, Urkunden- und Aktenlehre

Nur in sehr besonderen Fällen werden sich die Theologinnen und Theologen an die Untersuchung und Datierung von Handschriften (*Paläographie*) wagen; hier finden sich einführende Bemerkungen z.B. bei

Bernhard Bischoff, Paläographie des römischen Altertums und des abendländischen Mittelalters (Grundlagen der Germanistik 24, Berlin [2]1986) bzw. *Viktor Gardthausen,* Griechische Palaeographie (Bd. 1 Das Buchwesen im Altertum und byzantinischen Mittelalter, Leipzig 1911 = 1978; Bd. 2 Die Schrift, Unterschriften und Chronologie, Leipzig [2]1913 = 1978)[157].

Trotzdem kann es gelegentlich interessant sein, sich schon im Studium wenigstens einmal eine Handschrift (sei es in Abbildung oder Original) anzusehen, um sich über die Gestalt von Handschriften und Büchern in Antike und Mittelalter zu orientieren und Eindrücke über die Kultur des Schreibens und Lesens zu gewinnen, etwa in den permanenten Ausstellungen berühmter Bibliotheken: Die Stiftsbibliothek der ehemaligen Schweizer Benediktinerabtei *Sankt Gallen* am Bodensee, eine der bedeutendsten am alten Ort erhaltenen mittelalterlichen Buchsammlungen mit ständigen Ausstellungen, hat beispielsweise in einer kleinen Broschüre (P. Ochsenbein u.a., Vom Schreiben im Galluskloster. Handschriften aus dem Kloster St. Gallen, St. Gallen 1994; ähnlich einführend: V. Trost, Scriptorium. Die Buchherstellung im Mittelalter, Stuttgart [2]1991) alle die Details und Antworten auf Fragen notiert, die paläographische Laien hier gewöhnlich interessieren (Warum wurde überhaupt geschrieben? Was wurde geschrieben? Wie wurde geschrieben? Womit wurde geschrieben? Wie lange wurde geschrieben?): Das Mittelalter schätzte die klösterliche Buchproduktion als »Apostolat der Feder« außerordentlich hoch: *Foedere quam vites melius est scribere libros,/ Ille suo ventri serviet, iste animae* (»Besser als einen Weinberg zu graben ist das Schreiben von Büchern; jener dient seinem Bauch, dieser dem Geist«) formuliert der angelsächsische Gelehrte und Lehrer Karls des Großen, Alkuin[158]. Abgeschrieben wurde vor allem aufgrund der Anweisungen und Regeln des spätantiken Beamten und Theologen *Cassiodor* († um 580)[159]: »Offen gestehe ich, daß unter all euren körperlichen Arbeiten mir die Aufgabe der Abschreiber, sofern sie sauber schreiben, besonders am Herzen liegt«[160]. Neben liturgischen, theologischen und historischen Werken finden sich auch antike Texte, naturwissenschaftliche Literatur, Lexika und – besonders in Sankt Gallen – Volkssprachliches. Geschrieben wurde in der Regel auf Pergament; aus einer Haut lassen sich in der Regel vier Doppelblätter gewinnen, die gefaltet und ineinander gesteckt werden; so entsteht eine »Lage« von sechzehn Seiten. Sie wurden mit feinen Linien für das Seiten-Layout versehen und mit Rohrfedern (aus einjährigem Schilfrohr) oder Kielfedern (Handschwingen, in der Regel von

Gänsen) beschrieben. Bereits seit der Antike wurde arbeitsteilig gearbeitet: Neben Schnellschreibern gab es Kalligraphen (Schönschreiber) und besonders künstlerisch befähigte Brüder für Tituli, illuminierte Textanfänge, Illustrationen und Miniaturen. Die gebildetsten Mönche waren als Korrektoren tätig. An St.-Gallener Handschriften läßt sich zeigen, daß ein karolingischer Schreiber des 8. Jh.s für einhundert Seiten reinen Textes drei Tage benötigte, während in ottonischer Zeit (11. Jh.) sechshundert Seiten in zwei Wochen kopiert worden sind[161].

Während bereits von mittelalterlichen Autoren durchaus *Autographen* (d.h. eigenhändige Handschriften) vorliegen (und natürlich besonders von Theologen der Reformation und Neuzeit), gibt es für antike und spätantike christliche Schriftsteller leider keine solchen eigenhändig geschriebenen Schriftstücke mehr.

Trotzdem existieren jedenfalls hin und wieder immerhin zeitgenössische Handschriften, so z.B. für einige Texte des nordafrikanischen Theologen Augustinus († 430) ein Kodex, der zu seinen Lebzeiten in Nordafrika entstanden sein muß – vielleicht sogar in die unmittelbare Umgebung des Kirchenvaters gehört. Er wurde später bei den oben erwähnten (S. 58f) Maurinern von Saint-Germain-des-Prés aufbewahrt und zählt heute zu den Schätzen der öffentlichen Bibliothek von St. Petersburg[162].

In dem Sammelwerk von *Elias Avery Lowe,* Codices Latini Antiquores (11 Bde. und Suppl., Oxford 1934–1969 bzw. 1971; TRE: CLA) finden sich viele solche Handschriften von Kirchenvätertexten abgebildet; einzelne theologische Fakultäten in Deutschland (z.B. Tübingen) besitzen das Werk (unser Beispiel: Bd. 11, Oxford 1966, Nr. 1613). Einen etwas späteren Zeitraum behandelt das vielbändige »Repertorium der griechischen Kopisten 800–1600«, das die Kommission für Byzantinistik der österreichischen Akademie der Wissenschaften unter Federführung von Herbert Hunger herausgibt. Einführenden Charakter hat dagegen der Ausstellungskatalog »Griechische Handschriften (…)« (Ausstellungskataloge der Herzog August Bibliothek Nr. 24, Wolfenbüttel 1978) von *Dieter Harlfinger.*

Grundzüge der Diplomatik, d.h. der Urkundenlehre, haben wir bereits oben (S. 36–39) am Beispiel mittelalterlicher Kaiserurkunden knapp vorgestellt.

6.3. Heraldik, Sphragistik und Numismatik

Nur mit Stichworten und jeweils einem Beispiel soll auf diese Hilfswissenschaften hingewiesen werden, die jedenfalls im Studium gewöhnlich keine sehr zentrale Rolle spielen[163]:

Heraldik bedeutet Wappenkunde. Wappen existieren seit der ersten
Hälfte des 12. Jh.s; gewöhnlich besteht ein Wappen aus Schild und
Helm bzw. Rangkrone, z.T. auf einem Mantel oder Zelt, gehalten von
Schildhaltern (z.B. Tiere oder wilde Männer). Bei der Betrachtung oder

So enthält z.B. das Wappen des 1930 errichteten katholischen Bistums Berlin
in vier Feldern die Wappen der vorreformatorischen Bistümer auf seinem
Gebiet: links das Tatzenkreuz des 1550 untergegangenen Bistums Havelberg
und die Fischspeere des 1571 aufgelösten Bistums Lebus/Fürstenberg, auf
der rechten die gekreuzten Schlüssel des 1550 versunkenen Brandenburg und
das Krückenkreuz des ehemaligen Bistums Cammin (heute Kammien Po-
morski im polnischen Hinterpommern).

Abb. 10: Wappen des Berliner Bistums

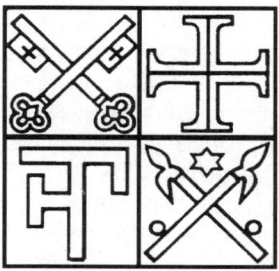

Durch dieses Wappen soll also Kontinuität zwischen der vorreformatorischen und heutigen katholischen Kirche im brandenburgischen Raum herge-
stellt bzw. demonstriert werden. Implizit wird also mit dem Zeichen die historische Kontinuität zwischen den vier Bistümern und den heutigen evangelischen Kirchen, besonders der heutigen Evangelischen Kirche in Berlin-
Brandenburg bestritten oder mindestens problematisiert. Wenn man sich
klarmacht, daß maßgebliche evangelische Kreise während der Weimarer Zeit
die Errichtung des katholischen Bistums in Berlin energisch zu verhindern
suchten, läßt sich die Wahl des Wappens auf der Gegenseite eher verstehen[164].

Abb. 11: Siegel Ottos III.

Beschreibung wird von einem imaginären Schildhalter aus gedacht,
d.h. die in der Abbildung linke Seite wird als rechte beschrieben und so
weiter. Entscheidend für die Kirchengeschichte ist die *Aussage* (oder
Ideologie), die sich aus Wappen entnehmen läßt; die Wappen werden
als Geschichtsquelle gedeutet.

Die *Sphragistik* trägt ihren Namen vom griechischen Wort für Siegel (σφραγίς) und bietet also die Lehre von den Siegeln. Eine geprägte
oder geschnittene Form (= Petschaft oder Stempel) wird in die weiche
Masse von Wachs, Metallen (= Bullen) oder Lack gedrückt; in neuerer
Zeit finden sich auch Blindprägungen in Papier oder Stempelfarbab-
drücke. Das Siegel muß, damit es seinem Zweck – der Beglaubigung –
dienen kann, eindeutig identifizierbar und kennzeichnend für den oder
die Siegelführenden sein. Auch hier interessiert wieder besonders der
Quellenwert: So zeigt sich beim sogenannten zweiten Kaisersiegel Ottos III. (April 997 n.Chr.) an der Umschrift + *OTTO D(e)I GRATIA
ROMANORUM IMP(erator) AVG(ustus)*[165] dessen bekannte neue
Orientierung an der Stadt Rom und dem antik-römischen Kaisertum an
der bis dahin ungewöhnlichen Betonung des römischen Elements in
der Kaisertitulatur (Abb. 11).

Abb. 12: Silbermedaillon Kaiser Konstantins

Welchen Wert die Münzkunde, *Numismatik,* für die Kirchengeschichte hat, kann beispielhaft gesehen werden an der Diskussion um
ein Silbermedaillon zum zehnjährigen Regierungsjubiläum des Kaisers Konstantin, den sogen. ›Decennalien‹ von 315/16 (Silbermulti-
plum aus Ticinum, heute München – Abb. 12). Auf dem Helm des Kaisers findet sich das Christogramm (kombiniertes X und P); zu seiner
Rechten ein Speer, der gelegentlich als Kreuzszepter gedeutet wurde[166]. Es versteht sich von selbst, daß dieses Stück eine herausgehobe-
ne Rolle für die Frage nach der Haltung des Kaisers zum Christentum
bzw. nach der Christianisierung der kaiserlichen Herrschaft und Ikonographie spielt.

6.4. Philologie

Die vermutlich heute wichtigsten Hilfswissenschaften der Kirchengeschichte sind die verschiedenen *Philologien,* d.h. jene Wissenschaften,
die (a) den authentischen Wortlaut von Texten ermitteln, (b) deren
Sprache und deren Gesetzmäßigkeiten zu verstehen und zu erläutern

suchen und (c) ihren Inhalt interpretieren. Da kirchenhistorisches Arbeiten – jedenfalls im deutschen akademischen Unterricht – vor allem mit Texten geschieht und diese weithin ursprünglich nicht in neuhochdeutscher Sprache abgefaßt waren (auch im hiesigen Raum bis in die Neuzeit hinein: Z.B. hielt erst der Jurist und Philosoph Christian Thomasius [1655–1728] in Halle deutsche Vorlesungen), müssen sie in aller Regel zunächst übersetzt werden. Vorliegende Übersetzungen für altkirchliche und mittelalterliche Texte stammen häufig aus dem 19. Jh. und verraten damalige Sprache und zeitgenössischen Forschungsstand, z.T. auch die jeweilige konfessionelle Orientierung. Gelegentlich folgen diese alten Übersetzungen auch einer überholten Textgrundlage.

Die überaus wichtige Schrift »Über das Priestertum« (περὶ ἱερωσύνης) des gefeierten Kanzelredners und späteren Bischofs von Konstantinopel, *Johannes Chrysostomus* († 407), bietet hierfür gute Beispiele – sie hat mit ihren z.T. sehr gemeindenahen, z.T. aber auch sehr hierarchiefreundlichen Sätzen evangelische und katholische Pastoraltheologie bis weit in die Neuzeit hinein tief beeinflußt[167]. Seit Erscheinen der kritischen Ausgabe von Anne-Marie Malingrey (SC 272, Paris 1980) ist die Übersetzung von August Naegle (BKV 27, Chrysostomus IV, 1916) in vielen Punkten definitiv überholt bzw. falsch – so übersetzt Naegle in der Schilderung der Ausgangssituation (I 3 [= 6]), es ginge um die »bischöfliche Würde« (103), obwohl die Lesart τὸ τῆς ἱερωσύνης ... ἀξίωμα (... des Priesteramtes) deutlich den Vorzug vor τὸ τῆς ἐπισκοπῆς ... ἀξίωμα verdient (72,5 mit App.). Diese Entscheidung hat aber erhebliche Bedeutung für die Interpretation der Schrift. Neben solchen Punkten stehen zeitgeprägte Fehlinterpretationen: In II 4 redet Chrysostomus von ἡ τῶν ἁμαρτανόντων προαίρεσις (114,14); gemeint ist hier sicher nicht die »Gesinnung der Sünder« (so Naegle S. 124 mit einem philosophischen Modewort seiner Zeit), sondern die ›Veranlagung‹ oder ›Disposition‹. Für eine endgültige Entscheidung empfiehlt sich der Blick auf die anderen Belege des Wortes; man findet sie heute leicht mittels der entsprechenden Konkordanz: A.-M. Malingrey, Indices Chrysostomici Vol. II, Alpha-Omega A XXXI/2, Hildesheim u.a. 1989, s.v. (= sub voce, unter dem betreffenden Stichwort: S. 241).

Um solche Übersetzungsprobleme und andere philologische Aufgaben zu lösen, stehen die Methoden, Ergebnisse und Hilfsmittel dieser Disziplinen zur Verfügung. In der evangelischen Kirchen- und Theologiegeschichte bedarf es vor allem der Hilfe von fünf philologischen Disziplinen, nämlich:

- der sogenannten ›klassischen‹ *Philologie, d.h.* der Philologie, die sich um die antiken und spätantiken griechischen und römischen Texte bemüht;
- der *Byzantinistik* für die griechischen Texte der byzantinischen Epoche bis 1453;
- der *christlichen Orientwissenschaften* für die äthiopischen, koptischen, arabischen, syrischen, armenischen und georgischen christlichen Quellen des Altertums und des Mittelalters;
- der *mittellateinischen* Philologie für die nachantiken lateinischen Texte des Mittelalters sowie
- der *Germanistik,* vor allem der alt- und mittelhochdeutschen Philologie.

Die Angebote dieser verschiedenen Philologien für die Theologie bestehen zunächst in deren elementaren Hilfsmitteln, d.h. Lexika, Grammatiken und kritischen Textausgaben, dann aber auch in der Erarbeitung von zuverlässigen neuen Übersetzungen – gegenwärtig wird z.B. kaum mehr ein Text in den *Sprachen des christlichen Orients* (d.i. Äthiopisch, Arabisch, Koptisch, Syrisch, Armenisch, Georgisch) ohne Übersetzung ediert, was Lektüre und Auswertung auch für Studierende möglich macht, die diese Sprachen nicht oder nur wenig beherrschen. Mit der *germanistischen Philologie* kann man beispielsweise in Kontakt kommen, wenn man sich für das ›Diatessáron‹ interessiert.

Diese bedeutende Evangelienharmonie des Syrers Tatian (›Diatessáron‹ von griechisch τὸ διὰ τεσσάρων [εὐαγγέλιον]: ›ein Evangelium aus vier Evangelien‹) entstand im letzten Drittel des zweiten Jahrhunderts n.Chr. und ist im griechischen (?) Original bis auf ein Fragment verloren; freilich existieren Übersetzungen in viele andere Sprachen, darunter ins Althochdeutsche[168].

In mittelhochdeutscher Sprache abgefaßt sind dagegen die volkssprachlichen Predigten des *Meister Eckhart* (um 1260–1328) aus seiner Kölner Zeit (1323ff)[169] – die Auslegungen und Traktate dieses Dominikaners sind nicht nur eine wichtige Quelle der Theologiegeschichte des hohen Mittelalters, sondern übten auch einen starken Einfluß auf das geistige Leben des ausgehenden Mittelalters aus. Der vermutlich wichtigste mittelhochdeutsche Text für die Kirchen- und Theologiegeschichte ist ein anonymer mystischer Traktat aus dem 14. Jh., die sogenannte *Theologia Deutsch*[170] (auch ›der Franckforter‹ genannt, weil ihn ein Deutschordenspriester aus der Niederlassung dieses Ordens in Frankfurt/M.-Sachsenhausen verfaßt hat). Martin Luther hat den Text erstmals vollständig 1518 ediert und zwei bedeutsame Vorreden beigefügt[171], die für die vieldiskutierte Frage nach dem Verhältnis Luthers und der deutschen Mystik einschlägig sind.

An dieser Stelle kann ein jeweils dreiteiliger bibliographischer Hinweis auf eine Einleitung sowie die wichtigsten Grammatiken und Lexika für die klassische, mittellateinische und germanistische Philologie ausreichen. Eine vorzügliche Einführung mit reichen Literaturhinweisen in das Studium der Sprachen und Literaturen des christlichen Orients hat die französische Forschung jüngst vorgelegt; hier finden Studierende alle benötigten Angaben und Hinweise: M. Albert, R. Beylot, R.-G. Coquin, B. Outtier u. Ch. Renoux, Christianismes Orientaux. Introduction à l'étude des langues et des littératures (Paris 1993).

6.4.1./2. *Klassische Philologie; Einleitung:*

G. Jäger, Einführung in die klassische Philologie, München [2]1980.

6.4.1.   *Klassische Philologie: Griechisch*
6.4.1.1. *Wörterbücher:*

G. W. H. Lampe, A Patristic Greek Lexicon, Oxford 1987 (= 1961).

H. G. Liddell/R. Scott/H. St. Jones, A Greek-English Lexicon, compiled by H.G. Liddell and R. Scott, rev. and augmented throughout by H. St. Jones (…), Oxford 1983 (= 1968).
(Eine Revision des Supplements durch P.G.W. Glare ist für Frühjahr 1995 angekündigt).

W. Pape/G. E. Benseler, Wörterbuch der griechischen Eigennamen, 2 Bde., Nachdr. der 3. Aufl., Graz 1959.

F. Preisigke, Namenbuch, enthaltend alle Griechischen, Lateinischen, Ägyptischen, Hebräischen, Arabischen und sonstigen (…) Menschennamen, (…), Amsterdam 1967 (= Heidelberg 1922); *ders.,* Wörterbuch der griechischen Papyrusurkunden mit Einschluß der griechischen Inschriften, Aufschriften, Ostraka, Mumienschilder usw. aus Ägypten von F. P., vollendet und hg. v. E. Kießling, 2 Bde, Berlin 1925–1927.

E. A. Sophocles, Greek Lexicon of the Roman and Byzantine Periods, Hildesheim u.a. [3]1992 (= Cambridge u.a. 1914).

Thesaurus Graecae Linguae ab H. Stephano constructus post ed. Anglicam novis additamentis auctum ordineque alphabetico digestum tertio ed. C.B. Hase, W. Dindorf et L. Dindorf, 9 Bde., Graz 1954 (= Paris 1865[172]).

6.4.1.2. *Grammatiken:*

R. Kühner/F. Blass bzw. *R. Kühner/B. Gerth,* Ausführliche Grammatik der Griechischen Sprache, 1. Tl. Elementar- und Formenlehre, 2. Tl. Satzlehre, 4 Bde., Hannover 1890/92 bzw. 1898/1904 (viele Nachdrucke).

E. Mayser, Grammatik der griechischen Papyri aus der Ptolemäerzeit mit Einschluß der gleichzeitigen Ostraka und der in Ägypten verfassten Inschriften, 2 Bde. in 6 Teilen, Berlin/Leipzig 1906–1934.

E. Schwyzer/A. Debrunner, Griechische Grammatik, HAW II/1,1–4, 4 Bde. (Bd. 1 Allgemeiner Teil, Lautlehre, Wortbildung, Flexion, München [5]1977 = 1934; Bd. 2 Syntax und syntaktische Stilistik, München [4]1975 = 1950; Bände 3/4 enthalten die Register).

E. Bornemann/E. Risch, Griechische Grammatik, Frankfurt/M. [2]1978.

6.4.2. *Klassische Philologie: Lateinisch*
6.4.2.1. *Wörterbücher:*

A. Blaise, Dictionnaire Latin-Français des Auteurs Chrétiens, revu spécialement pour le vocabulaire théologique par H. Chirat, Turnhout 1954 [unvollständige und fehlerhafte Belege!].

K. E. Georges, Ausführliches lateinisch-deutsches Handwörterbuch, 2 Bde., Hannover [8]1912/1918 (= Darmstadt 1988).

P. G. W. Glare, Oxford Latin Dictionary , Oxford 1982.

C. T. Lewis/Ch. Short, A Latin Dictionary, Oxford 1958 (= 1879).

Thesaurus Linguae Latinae ed. iussu et auctoritate consilii ab acedemiis societatibusque diversarum nationum electi, 9 Bde. in 17 Tl., Leipzig 1900ff.

6.4.2.2. *Grammatiken:*

R. Kühner/F. Holzweissig, Ausführliche Grammatik der lateinischen Sprache. Teil 1 Elementar-, Formen- und Wortlehre, Hannover [2]1912 (= Darmstadt 1989); Tl. 2 Satzlehre, Hannover [2]1914 (= Darmstadt 1988 mit Zusätzen der 4./5. Aufl.; Index zu Tl. 2 von G. S. Schwarz/R. L. Wertis, Darmstadt 1980).

M. Leumann/J. B. Hofmann/A. Szantyr, Lateinische Grammatik, HAW II/2,1–3, (Bd. 1 Lateinische Laut- und Formenlehre, München 1976

= ⁵1926/28; Bd. 2 Lateinische Syntax und Stilistik, München 1972 =
¹1965; Bd.3 enthält Register).

H. Rubenbauer/J. B. Hofmann/R. Heine, Lateinische Grammatik,
Bamberg, München ⁹1975.

6.4.3. *Mittellateinische Philologie; Einleitung*

K. Langosch, Lateinisches Mittelalter. Einleitung in die Sprache und
Literatur, Darmstadt ⁵1988.

D. Norberg, Manuel Pratique de Latin Médiéval, Paris 1968.

6.4.3.1. *Wörterbücher:*

J. F. Niermeyer, Mediae Latinitatis Lexicon Minus. Lexique Latin Mé-
diéval-Français/Anglais (...), Abbreviationes et Index Fontium
composuit C. van de Kieft, Leiden 1984.

Mittellateinisches Wörterbuch bis zum ausgehenden 13. Jahrhundert,
in Gemeinschaft mit anderen Akademien hg. von der Bayerischen
Akademie der Wissenschaften und der Deutschen Akademie der
Wissenschaften, München 1969ff.

E. Habel/F. Gröbel, Mittellateinisches Glossar, Paderborn ²1959 (u.ö.).

A. Sleumer, Kirchenlateinisches Wörterbuch, Hildesheim u.a. 1990 (=
Limburg ²1926).

6.4.3.2. *Grammatiken:*

A. Blaise, Manuel du Latin chrétien, Turnhout 1986.

H. P. V. Nunn, An Introduction to Ecclesiastical Latin, Oxford 1963 (=
³1951).

6.4.4. *Germanistische Philologie; Einleitung*

St. Sonderegger, Althochdeutsche Sprache und Literatur. Eine Einführung in das älteste Deutsch. Darstellung und Grammatik, Sammlung
Göschen 8005, Berlin, New York 1974.

O. Ehrismann/H. Ramge, Mittelhochdeutsch. Eine Einführung in die
deutsche Sprachgeschichte, Tübingen 1976.

F. Hartweg/K.-P. Wegera, Frühneuhochdeutsch. Eine Einführung in
die deutsche Sprache des Spätmittelalters und der frühen Neuzeit,
Tübingen 1989.

6.4.4.1. *Wörterbücher:*

E. Karg-Gasterstädt/Th. Frings/R. Grosse, Althochdeutsches Wörter-buch, Berlin 1952ff.

R. Schützeichel, Althochdeutsches Wörterbuch, Tübingen ⁴1989.

M. Lexer, Mittelhochdeutsches Taschenwörterbuch, Stuttgart ³⁸1993; Ders., Mittelhochdeutsches Handwörterbuch, Leipzig 1872–1878 (verschiedene Nachdrucke).

B. Hennig, Kleines mittelhochdeutsches Wörterbuch, Tübingen 1993. (Neubearbeitung des Wörterbuchs von Lexer, bisher nur für die Buchstaben A-G).

A. Götze, Frühneuhochdeutsches Glossar, KIT 101, Berlin ²1930.

Ph. Dietz, Wörterbuch zu Dr. Martin Luthers Deutschen Schriften, Bd. 1/2 A-Hals, Hildesheim ³1973 (= Leipzig 1870–72).

R. u. G. Bebermeyer, Wörterbuch zu Martin Luthers Deutschen Schriften (in Lieferungen; Lfg. 1 Hals-hangend), Hildesheim 1983ff.

J. u. W. Grimm, Deutsches Wörterbuch, 33 Bde., Leipzig 1854 – Stuttgart 1971 (ND als Taschenbuchausgabe München 1984).

H. Paul, Deutsches Wörterbuch, 9., vollständig neubearb. Aufl. v. H. Henne u.a., Tübingen 1992 (dient vor allem zum Verständnis der Sprache des 17./18. Jh.s, daneben der Lutherbibel und oft zur Klä-rung der Etymologie).

G. Ueding (Hg.), Historisches Wörterbuch der Rhetorik, Bd. 1 ff, Tü-bingen 1992ff.

6.4.4.2. *Grammatiken:*

W. Braune, Althochdeutsche Grammatik, bearb. v. H. Eggers, Tübin-gen ¹⁴1987.

H. Paul/S. Grosse/P. Wiehl, Mittelhochdeutsche Grammatik, Tübingen ²³1989.

Nach diesen knappen Literaturhinweisen auf die wichtigsten Hilfswis-senschaften wären nun *äußere* und *innere Quellenkritik* im eigentli-chen Sinne darzustellen. Diese Arbeitsschritte wenden aber Methoden und Ergebnisse aus den zuvor genannten Hilfswissenschaften vor al-lem mit dem Ziel an, Quellentexte besser zu verstehen und in einer Darstellung zur Geltung zu bringen – deswegen müssen zunächst noch einige abschließende Bemerkungen über die Sachquellen (Sachüberre-ste) vorausgeschickt werden.

6.5. Abschließender Hinweis zu Sachquellen

Den umfangreichen Bereich der *Sachquellen* müssen wir in diesem Arbeitsbuch weitgehend ausblenden – die Bedeutung z.B. von Bodenfunden, Ausgrabungen, volkskundlicher Forschung und Siedlungsgeographie für die Kirchengeschichte ist ohne Zweifel immens hoch, aber für das Theologiestudium bisher kaum erschlossen und innerhalb eines solchen auch kaum extensiv zu erarbeiten.

Eine gewisse Ausnahme bildet die sogenannte *»christliche Archäologie«,* d.h. die Erforschung der (weitgehend) christlich geprägten spätantik-byzantinischen Kultur mit archäologischen Mitteln einerseits und die Suche nach monumentalen Überresten des antiken und spätantiken Christentums andererseits. Dieses Fach, dessen spezifische Probleme (nämlich die Orientierung an einer bestimmten Religion der Antike) schon im Definitionsversuch des vorangegangenen Satzes angedeutet worden sind, kann zwar als Hilfswissenschaft der alten Kirchengeschichte betrieben werden (und ist historisch z.T. auch so entstanden), wird aber heute an den entsprechenden Instituten oder Einrichtungen (Bonn, Göttingen, Marburg, Heidelberg, Mainz, Erlangen, Freiburg), sei es in der theologischen, sei es in der philosophischen Fakultät, als eigenes Fach angeboten und hat sich im Sinne der ersten Hälfte der Definition (Erforschung der spätantik-byzantinischen Kultur) autonom entwickelt. Die Kirchengeschichte kann insofern von dieser Emanzipation des Faches profitieren, als sie nun vom Fach »Christliche Archäologie« nicht nur über die ersten Christusbilder, die Gestalt der ersten christlichen Kirchen und die Motivik christlicher Sarkophagplastik und Katakomben[173]-Malerei belehrt wird, sondern auch allgemeine Aufschlüsse zu den nicht speziell christlichen materialen Hinterlassenschaften der spätantiken Kultur erhält. Sie illustrieren u.U. das Alltagsleben der christlichen Gemeinden besser als eine auf Höhepunkte »christlicher Kunst« konzentrierte Wissenschaft. Eine reich illustrierte und gut lesbare Einführung in die Thematik »Frühchristliche Kunst und Kultur« hat über den Zeitraum »Von den Anfängen bis zum 7. Jahrhundert« der Leiter eines der größten und besten europäischen Museen auf diesem Gebiet geschrieben: *Arne Effenberger,* der Direktor des Berliner Museums für spätantike und byzantinische Kunst (bis 1990: Frühchristlich-byzantinische Sammlung)[174]. Trotzdem haben natürlich die klassischen Felder der »christlichen Archäologie« alten Stils, die Ikonographie der ›christlichen‹ Malerei und Plastik oder die Geschichte des christlichen Kirchenbaus ihre Bedeutung für die Kirchengeschichte nach wie vor nicht verloren, etwa als Illustration zur Ausbreitungsgeschichte des Christentums oder der Geschichte der biblischen Exegese. Beide Disziplinen, die Kirchengeschichte und die christliche Archäologie, hat besonders ins Gespräch gebracht der Göttinger Kirchenhistoriker und christliche Archäologe *Carl Andresen* (1909–1985) in seiner »Einführung in die christliche Archäologie« (KiG Bd. 1 Lfg. B/1, Göttingen 1971) und seiner Darstellung »Die Kirchen der alten Christenheit« (RM 29,1/2, Stuttgart u.a. 1971).

Ein nicht unproblematisches, aber vollständiges Lexikon steht in Gestalt des »Dictionnaire d'archéologie chrétienne et de liturgie« zur Verfügung, es wurde weitgehend von *Henri Leclerq* (1869–1945) bestritten (abgeschlossen; 15 Bde., Paris 1903–1953). An seine Stelle tritt zu weiten Teilen (jedenfalls für das erste Drittel des Alphabets) das von *Franz Joseph Dölger* (1879–1940) in Verbindung mit *Hans Lietzmann* (1875–1942)[175] begründete »Reallexikon für Antike und Christentum. Sachwörterbuch zur Auseinandersetzung des Christentums mit der antiken Welt« (RAC), dessen erste Lieferungen 1941 erschienen und das in sechzehn Bänden nunmehr den Buchstaben »I« erreicht hat (Verlagsort ist Stuttgart; Hauptherausgeber jetzt *Ernst Dassmann*). Einschlägige Artikel veröffentlichen auch das »Reallexikon der byzantinischen Kunst« (RBK, begründet von K. Wessel u. M. Restle, hg. v. M. Restle; Stuttgart 1963ff, bisher 5 Bde., bis zum Buchstaben »L«) und das »Reallexikon zur deutschen Kunstgeschichte« (RDK, hg. v. Zentralinstitut für Kunstgeschichte München; Stuttgart 1933ff; zuletzt Band VIII zum Buchstaben »F«).

Weit weniger präsent und integriert in die Kirchengeschichte sind die Ergebnisse der Mittelalter-Archäologie, der religiösen Geographie und der mittelalterlichen und neuzeitlichen Volkskunde – hier liegt in den kommenden Jahren ein großes Feld für weitere Forschungen und eine ebenso große Aufgabe für die neuen Gesamtdarstellungen. Bereits vorliegende Untersuchungen zeugen von der Bedeutsamkeit dieser Quellengruppe.

Man kann sich dies deutlich machen an dem Phänomen der **Wallfahrt:** Hier greifen allgemeine theologische Topoi wie das der Heiligenverehrung oder das vom homo viator (lat.: Wanderer, Pilger), Momente individueller Frömmigkeit bzw. individueller religiöser Mentalität (z.B. Heilig-Land-Frömmigkeit der Franziskaner), profangeschichtliche Überlegungen (z.B. zur politischen Dimension von Wallfahrten), archäologische und bauhistorische Befunde (z.B. zu Pilgerherbergen), religionsphänomenologische und psycholo-

gische Überlegungen (z.B. der ›heilige Raum‹, die ›heilige Zeit‹), volks-
kundliche Beobachtungen (z.B. zur Praxis heutiger Wallfahrten; zu einzelnen
charakteristischen Verhaltensweisen wie etwa der ›Echternacher Springpro-
zession‹[176]), medizinalhistorische Aspekte (zur therapeutischen Dimension
z.B. der Lourdes-Wallfahrten) und siedlungsgeographische Befunde (z.B.
die Folgen des Heilig-Blut-Wunders von 1383 für den brandenburgischen
Ort Wilsnack[177]) bzw. religionsgeographische Fragen ineinander.

   Literatur (in Auswahl): L. Kriss-Rettenbeck/G. Möhler (Hgg.), Wallfahrt
kennt keine Grenzen. Themen zu einer Ausstellung des Bayerischen Natio-
nalmuseums, Zürich 1984 (mit ausführlicher Bibliographie, 543–568); B.
Kötting, Peregrinatio Religiosa. Wallfahrten in der Antike und das Pilgerwe-
sen in der alten Kirche, Münster ²1980; P. Maraval, Lieux saints et pèlerina-
ges d'Orient, Paris 1985; N. Kruse/H. U. Rudolf (Hgg.), 900 Jahre Heilig-
Blut-Verehrung in Weingarten. Festschrift zum Heilig-Blut-Jubiläum, Sigmaringen 1994 (enthält u.a. Aufsätze zur Geschichte der Heilig-Blut-Vereh-
rung im Mittelalter und in der Neuzeit).

Fragen:

1. Welche Disziplinen sind als ›Hilfswissenschaften‹ für kirchengeschichtliche Arbeit wichtig?
2. »Am Tage der Auffindung der Gebeine des Erzmärtyrers Stephanus« –
   wann schrieb Martin Luther diesen Brief (Briefnummer nach WA ist
   425 aus dem Jahr 1521)?
3. In welchem Verwandtschaftsverhältnis stand Kaiser Otto III. zu Otto I.?
4. Welche wichtigen kirchengeschichtlichen Quellen sind in mittelhochdeutscher Sprache verfaßt?

---

§ 7 Äußere Quellenkritik

Die sogenannte »Quellenkritik« wird in der Regel in eine
»äußere« und eine »innere« Quellenkritik unterteilt, wobei hier
u.U. zusammengehörige oder im Einzelfall auch bei einer bestimmten Quellenbearbeitung nicht unbedingt erforderliche Arbeitsschritte aus Gründen einer methodischen Systematik aus-
einandergelegt und getrennt besprochen werden. Im Rahmen
der so verstandenen »äußeren Quellenkritik« soll eine Quelle
zunächst nach formalen Gesichtspunkten untersucht werden:

Es muß hier vorläufig geklärt werden, zu welcher Quellengruppe/-gattung sie gehört; in welchen Überlieferungszusammenhängen sie steht, wann sie entstand (mindestens terminus ad quem/ante quem), zu welchen Ergebnissen eine Echtheitsprüfung führt und zu welcher literarischen Gattung bzw. Form ein Text gehört.

Wir unterscheiden – wie auch sonst in der Geschichtswissenschaft üblich – drei methodische Schritte im analytischen Umgang mit den Quellen, die in der Praxis natürlich nicht alle in sklavischer Abfolge stets und in jedem Fall angewendet werden müssen: Die Quellenkritik zerfällt – methodisch gesehen – in (1) eine *äußere Quellenkritik*, in der die Quellen eher nach formalen Gesichtspunkten analysiert werden (Leitgesichtspunkte: Quellengruppe; handschriftliche Überlieferung; Echtheit; Gattung/Form), hier sollte außerdem die Textgeschichte geklärt bzw. rekapituliert und die Textgestalt bestimmt werden; (2) in eine *innere Quellenkritik*, in der eher nach qualitativen Gesichtspunkten analysiert wird (Leitgesichtspunkte: Stil/Rhetorik; Vokabular; Traditions- bzw. Redaktionskritik; historische Zuverlässigkeit), um Möglichkeiten und Absichten eines Autors – mithin den Wert einer Quelle als Zeugnis (vgl. das thukydideische τεκμήριον [s. o. S. 3]) – zu klären. Darauf folgt (3) die eigentliche *Interpretation*, in der eine Quelle in die allgemeinen historischen und literarischen Zusammenhänge eingeordnet werden muß. Die *Quellenkritik* will also vor allem die grundlegenden Fragen nach formalen und inhaltlichen Strukturen bzw. Prozessen, nach Entstehungszeit(en), Entstehungsort(en) und Verfasser(n) einer Quelle bzw. ihrer Tendenz klären, um so erste Aussagen über das Verhältnis einer Quelle zu ihrem Berichtsgegenstand (bzw. der berichteten Wirklichkeit) zu ermöglichen.

Eine zu strenge Unterscheidung einer ›äußeren‹ von einer ›inneren‹ Quellenkritik beim Umgang mit historischem Material wäre freilich künstlich und ist in der Praxis kaum sinnvoll möglich – sie wird hier nur aus Gründen einer geordneten Darstellung vorgenommen und um zu methodischer Strenge und Sorgfalt bei historischer Arbeit anzuleiten. Bei der Analyse von Quellen verschränken sich dagegen in der Regel formale und inhaltliche Beobachtungen.

Zur *äußeren Quellenkritik* zählt im Sinne der traditionellen Definition eine erste, vorläufige Einordnung der Quelle innerhalb der Quellengruppen/Quellensystematik bzw. eine Überprüfung von (z.B. in der Literatur) vorhandenen Einordnungen. Die Entscheidung, ob es sich

um eine Primärquelle, eine Sekundärquelle, einen Überrest oder eine
Tradition handelt (s.o. S. 20–28), kann am Anfang der quellenkritischen Arbeit natürlich nur eine vorläufige sein, die durch die Ergebnisse der Arbeit mit den Texten eventuell zu revidieren ist. Danach muß
man sich mit dem Prozeß der *Überlieferung der Quelle* vertraut machen (Abschnitt 7.1.), in der Regel also mit dem Weg, der von einer
Handschrift zu jener Textausgabe führt, mit der die Studierenden im
Rahmen ihres Studiums arbeiten. Abgesehen davon, daß eine Kenntnis
dieser Zusammenhänge für jedes Verständnis (bzw. schon für die Übersetzung) eines Textes unabdingbar ist, lassen sich bereits hier wichtige
Informationen für die Frage nach Entstehungszeit(en), Entstehungs-
ort(en), Autor(en) und Tendenz(en) der Quelle gewinnen. Weiter werden zur äußeren *Quellenkritik* gerechnet Untersuchungen zur Echtheit
der Quelle und Überlegungen zur Abhängigkeit ihrer Überlieferungs-
teile (7.2.); schließlich die Analyse ihrer Gattungen und Formen (7.3.).

7.1. Textkritik/Überlieferungskritik

In den allermeisten Fällen wird man bei kirchenhistorischen Arbeiten
mit solchen schriftlichen Quellen zu tun haben, die bereits in mehr oder
weniger befriedigenden Editionen vorliegen. Erst nach dem Studium,
sei es im Pfarramt oder bei wissenschaftlichen Recherchen in Bibliotheken, Archiven und Nachlässen, werden eventuell ungedruckte Quellen in den Blick kommen oder eigene Schritte zu kritischen (Neu-)Edi-
tionen oder mindestens vorläufigen Mitteilungen von Texten unternommen werden.

Für solche Editionen liegen allgemein verbreitete und insofern verbindliche
Richtlinien vor:
(a) Für *griechische und lateinische Philologie* sind das O. Stählin, Editionstechnik. Ratschläge für die Anlage textkritischer Ausgaben, Leipzig u.a. [2]1914
(allgemein); D. Harlfinger/D. Reinsch, Die Aristolecia des Parisinus Gr. 1741,
Phil. 114/115, 1970/71, 28–50 (System der Handschriftenbeschreibung); Association Guillaume Budé (Hg.), Règles et Recommandations pour les éditions
critiques, CUFr, Paris 1972 (Aufbau einer kritischen Edition); Directives pour
la préparation des manuscrits (de ›Sources Chrétiennes‹), Lyon [2]1977 (dgl.).
(b) Für *Texte des Mittelalters und der Neuzeit* handelt es sich um H. Quirin,
Einführung in das Studium der mittelalterlichen Geschichte, [5]1991, 284–291;
W. Woesler, Vorschläge für eine Normierung von Briefeditionen, Editio. Inter-
nationales Jahrbuch für Editionswissenschaft 2, 1988, 8–18 sowie J. Schultze,
Richtlinien für die äußere Textgestaltung bei Herausgabe von Quellen zur

neueren deutschen Geschichte, Blätter für deutsche Landesgeschichte 98, 1962, 1–11.

Wenn nun eine brauchbare Edition vorliegt oder (wie oben beschrieben) ermittelt ist, sollten zunächst die Informationen, die solche Editionen über den reinen Textbestand hinaus geben, wahrgenommen und genutzt werden. Jene zusätzlichen Informationen finden sich im Apparat bzw. den Apparaten einer textkritischen Ausgabe, mit dessen Anlage und den verwendeten Zeichen man sich stets vor der Lektüre einer Textausgabe vertraut machen sollte:

Es hat sich in der modernen Editionstechnik bewährt, einen durch Querstriche dreigeteilten Apparat beizugeben und aus Gründen der Allgemeinverständlichkeit und Tradition lateinische Termini in Abkürzungen zu verwenden, wie folgendes völlig zufällige und erheblich gekürzte Beispiel aus der kritischen Edition des Corpus Dionysiacum (S. 61: A.M. Ritter, PTS 36, S. 163) illustrieren kann:

Dreigeteilter Apparat

---

2 Vide Rm 11,33 2sq Cf II Cor 9,15; Phil 4,7 4 sq Cf Procl inst 7–13 ...

AaAcAeAhAlAqEcFa ...

---

1 ὄντα om Pp   καὶ γνῶσιν om PaPo ...

Der *erste Apparat* notiert zunächst *Quellen* für bestimmte Sätze oder Topoi eines Textes (Quellenapparat: zuerst sind als *vide*-Verweise [›siehe‹] wörtliche Zitate angegeben; darauf folgen als *confer*-Verweise [›cf‹: ›vergleiche‹] Anspielungen und sonstige Vergleichstexte – im Beispiel: zu Zeile 2 Römer 11,33 usw.; zu 4 folgender [= 4f, von lateinisch *seq[uens]*] Procl[us], Inst[itutio] theologica). Alle solchen Abkürzungen werden im Vorwort aufgelöst und erklärt, das bei älteren Ausgaben immer, heute immer seltener in lateinischer Sprache abgefaßt ist. Mit diesen Informationen kann oft recht schnell die Traditionsgeschichte einer bestimmten Passage aufgehellt werden.

Als *zweiter Apparat* folgt die sogen. *Bezeugungsleiste*. Sie weist nach, in welchen Handschriften(-Gruppen) der vorliegende Text überhaupt nachgewiesen ist (im Beispiel: »Aa«, »Ac« und »Ae« bezeichnen Handschriften aus dem Athos-Kloster Vatopediou, nämlich die Codd. 157, 159 und 161; »Ec« eine Escorial-Handschrift und »Fa« eine

Florentiner Handschrift). – Unter Umständen wird man hier also auf theologisch oder kirchenpolitisch bedingte Auslassungen oder Einfügungen bestimmter Textpassagen aufmerksam gemacht.

So existieren zwei Pariser Handschriften der *Divinae Institutiones* des L. Caecilius Firmianus Lactantius (Abfassung ca. 304/313 n.Chr.), einer Apologie des Christentums und seiner Hauptlehren, die gegenüber den anderen Handschriften eine theologische Besonderheit aufweisen: Nur in diesen beiden Codices findet man zwei Passagen des Inhalts, daß das Böse von Gott nicht nur zugelassen, sondern geschaffen sei[178]. Man spricht hier von »dualistischen Zusätzen« und hat diskutiert, ob ein späterer Autor diese Erweiterungen einfügte oder sie auf Lactanz selbst zurückgehen. In diesem Falle wäre noch zu klären, ob der ursprüngliche Autor sie selbst wegkürzte oder ein späterer Bearbeiter sie theologisch anstößig fand. Gegenwärtig tendiert die Forschung dazu, daß Lactantz selbst eine erste Kurzfassung mit den Zusätzen erweiterte und diese Erweiterungen Spuren einer ›zweiten Auflage‹ des Autors darstellen[179].

Das Problem der »zweiten Auflage« (vgl. H. Emonds, Zweite Auflage im Altertum. Kulturgeschichtliche Studien zur Überlieferung der antiken Literatur, KPS 14, Leipzig 1941) stellt überhaupt ein spannendes Problem in der Kirchengeschichte dar, dessen Dimensionen hier natürlich nur angedeutet werden können, zumal sie auch einen weiteren Überlegungsgang der Quellenkritik (nämlich die *Echtheitskritik*) betreffen, s.u. S. 111–114: Ich nenne nur stellvertretend für die Alte Kirche die verschiedenen, recht unterschiedlichen Auflagen der ersten großen Kirchengeschichtsdarstellung des späteren palästinischen Bischofs Eusebius ([1]ca. 295 n.Chr./[2] ca. 313/14 n.Chr./[3] ca. 315 n.Chr./[4] 325 n.Chr)[180], für das Mittelalter die beiden stark voneinander abweichenden Regeln des Franziskanerordens (*Regula non bullata* [1210/1222], d.h. vom Papst nicht durch eine ›Bulle‹[181] approbierte Regel, und *Regula bullata* [1223], approbierte Regel – der Anteil des Ordensgründers am Text ist umstritten) sowie für die Reformationszeit die offizielle Neuausgabe des Augsburgischen Bekenntnisses, mit dem die Mehrheit der evangelischen Stände auf dem Reichstag 1530 ihren Glauben erläutert hatte, in Gestalt der stark von Philipp Melanchthon (1497–1560) beeinflußten *Confessio Augustana variata* (1540; deutliche Änderungen z.B. im Abendmahlsartikel[182]).

Auf diese beiden folgt schließlich als dritter der *textkritische Apparat*, der alle Varianten mit Ausnahme orthographischer Quisquilien (und meist: ohne wertlose Varianten und Sonderfehler einzelner Handschriften) unter Angabe von Handschriftensiglen aufführt. (Im obigen Beispiel: in der Formulierung ὑπὲρ πᾶσαν ὄντα νόησιν »über jeden existierenden Denkakt« hat eine Pariser Handschrift das ὄντα ausgelassen [lateinisch: *om[isit]*] usw.). Auch hier muß man sich, um die Buchstabenkürzel aufzulösen und so den Apparat sinnvoll nutzen zu können, mit der Vorrede (lateinisch: *praefatio*) vertraut machen. Sie ist dem Text der Ausgabe vorangestellt, stellt zumindest die verwendeten Handschriften vor und untersucht ihre Abhängigkeiten. Ein solches Vorwort gibt also Rechenschaft darüber, wie aus den verschiedenen Handschriften im Prozeß der Editionsarbeit ein Text erstellt wurde, der dem (in aller Regel verlorenen) Autograph (Original) möglichst nahe kommt – diesen Prozeß bezeichnet man als *constitutio textus*.

Zunächst wird dafür die handschriftliche Überlieferung zusammengestellt (*recensio*) und auf die Nähe zum postulierten Original überprüft (*examinatio*). Falls mehr als eine einzige Handschrift vorliegt (*codex unicus*), müssen die Abhängigkeitsverhältnisse der Handschriften in der Einleitung dargestellt sein. Am besten geschieht dies durch Beigabe eines graphischen Stammbaumschemas, des sogenannten *stemma codicum*. Man sucht, um dies zu erstellen, nach verschiedenen Handschriften gemeinsamen Fehlern, die die Zeugen untereinander zu Gruppen verbinden und sie als abhängig voneinander erweisen (*Bindefehler*). Ein und derselbe Textfehler wird aber nicht nur in einer Gruppe auftreten, sondern in der Regel auch in einer anderen Gruppe oder einzelnen Handschrift fehlen. Man spricht dann von einem *Trennfehler,* der eine Gruppe von einer anderen unterscheidet; im graphischen Schema bildet sich dieses Verhältnis durch zwei verschiedene Äste ab.

> Auf ganz ähnliche Stammbäume kommt man, wenn man die Beziehung verschiedener Quellen auf ein und dasselbe historische Ereignis darstellen will, dazu unten, S. 130.

Die Handschriften eines Astes können als *Gruppe* zusammengefaßt und mit großen griechischen Buchstaben oder Zahlen abgekürzt werden – gelegentlich finden sich nur solche Gruppensigla in der Bezeugungsleiste und im textkritischen Apparat und müssen bei Bedarf mit Hilfe der *praefatio* aufgeschlüsselt werden. Die Vorlage, die vor der Spaltung in die Äste liegt, bezeichnet man als *Archetypus;* falls mehrere solche Verzweigungen vorliegen, heißt nur der dem Original nächste gemeinsame Vorfahr aller erhaltenen Handschriften *Archetypus,* die gemeinsamen Vorlagen der übrigen Äste werden *Hyparchetypen* genannt. Der für solche Gruppierungen entscheidende Binde- resp. Trennfehler heißt dann auch *Leitfehler.* Archetyp und Hyparchetyp werden, unabhängig davon, ob sie handschriftlich vorliegen oder ob sie verloren sind und lediglich im Rahmen des Stemmas postuliert bzw. rekonstruiert werden können, mit kleinen griechischen Buchstaben abgekürzt (α, β, γ etc.). Das Original erscheint im Stemma als Ω oder ω.

Reine Abschriften, die lediglich von einer erhaltenen Vorlage in einer Gruppe abhängen, sind in der Regel für die Textkritik wertlos und können außer Betracht bleiben (*codex descriptus;* Ziel ist die *eliminatio codicum descriptorum*). Ein besonderes Problem für die Herstellung eines Handschriftenstammbaums bilden sogen. *kontaminierte* Handschriften: Bei vielgelesenen Texten wurden Abschriften einer Gruppe u.U. nach Texten aus anderen Gruppen korrigiert, so daß die charakteristischen Trenn- und Bindefehler nicht mehr auftreten. Der Platz des jeweiligen Kodex im Stammbaum ist dann kaum mehr angebbar, weil gegen »die Kontamination (...) noch kein Kraut gewachsen« ist (Paul Maas)[183].

> Diese Problematik zeigt sich z.B. bei der Stemmatisierung der reichen Überlieferung der Werke des bereits mehrfach genannten alexandrinischen Bischofs Athanasius (295–373 n.Chr.); hier hat Hans-Georg Opitz die Abhängigkeitsverhältnisse grundlegend dargestellt (Untersuchungen zur Überlieferung der Schriften des Athanasius, AKG 23, Berlin u.a. 1935), das in Rede stehende Phänomen bespricht Karin Metzler (Kontamination in der Athanasiusüberlieferung, REByz 48, 1990, 213–232).

Der Haupttext einer Ausgabe wird nun unter Beachtung solcher Abhängigkeitsverhältnisse seiner Zeugen so erstellt, daß offensichtliche Fehler wie die Leit-, Trenn- und Bindefehler nur im Apparat notiert werden.

> Dabei unterscheidet man zwischen einem ›positiven‹ Apparat, der stets *alle* Zeugen sowohl der Lesart des Haupttextes wie der Apparatlesarten aufführt, und einem ›negativen‹ Apparat, der nur die Zeugen der vom Haupttext abweichenden Lesarten nennt – man muß sich also in diesem Fall die Zeugen des Haupttextes (z.B. aus der Bezeugungsleiste oder aus dem Vorwort) eigens zusammensuchen. Bei einer großen Menge an Handschriften bleibt freilich schon aus Platzgründen nur ein negativer oder ein ›schwach positiver‹ Apparat, der nur die wichtigsten Zeugen aufführt[184].

Falls textliche Verderbnisse (*corruptela*) nicht durch Rückgang auf Lesarten anderer Handschriften zu heilen sind, bleibt nur eine Vermutung über das Original (*divinatio*) – es ist umstritten, wie weit solche Vermutungen als Konjekturen in den Haupttext oder den Apparat gehören[185]. Als mustergültige neuere kritische Editionen im Sinne der hier genannten Methoden und Prinzipien können z.B. die Ausgabe der Werke des kappadozischen Theologen Gregor von Nyssa († 394 n.Chr.) gelten (Gregor v. N., Contra Eunomium, ed. W. Jaeger, GNO I/II, Leiden ^{2}1960 – mit einem methodischen Vorwort p. LXVI-LXX) oder das monumentale *Corpus Dionysiacum* (s.o. S. 61 mit Anm. 129).

Als Beispiel für die Herstellung einer kritischen Ausgabe dienen kann das *Apologeticum,* die Verteidigung (des Christentums), von

---

Das Apologeticum des Tertullian

Eine zentrale Rolle für die Rekonstruktion dieser Entstehungsgeschichte spielte eine (heute verlorene) Handschrift des Fuldaer Benediktinerklosters (Sigel nach Becker bzw. Dekkers: Φ oder F). Jene verglich der flandrische Gelehrte Franciscus Modius 1584 mit einer kurz zuvor erschienenen Textausgabe des Apologeticums (sogen. ›kollationieren‹). Allerdings verwendete er mit der Edition von René Laurent de la Barre (Barraeus; Paris 1580) eine Ausgabe, in der – wie wir heute wissen – zwei Fassungen des Apologeticums ›kontaminiert‹ sind. Erhalten sind die ›Kollationen‹ von Modius im Anhang einer Tertullian-Ausgabe des reformierten Theologen Franziskus Junius (du Jon) von 1597 und in einer zeitgenössischen Abschrift des 16. Jh.s in der Bremer Stadtbibliothek (Signatur: C 48). Gewöhnlich wurden diese Abweichungen freilich kaum beachtet und in den Apparat der Ausgaben verbannt. Das änderte sich, als Adolf von Harnack darauf aufmerksam wurde, daß andere antike Autoren Tertullian nach der Tradition des verlorenen Fuldensis (Φ) zitierten (Harnack, Die griechische Übersetzung des Apologeticums Tertullians, TU 8/4, 1892, 1–36). Anfang dieses Jahrhunderts wurde im Kloster Rheinau bei Schaffhausen ein Exzerpt der Kapitel 38–40 gefunden, das mit den Angaben des Franciscus Modius übereinstimmt (Σ oder R). Auf der Basis dieser Beobachtungen wies Gösta Thörnell 1926 (De Tertulliani Apologetico bis edito, Uppsala) nach, daß die Fuldaer Handschrift eine erste Fassung Tertullians darstellt, die der Autor später stilistisch und redaktionell nochmals bearbeitet hat. Zeugen dieser zweiten und endgültigen Fassung sind ein Codex aus Saint-Germain-des-Prés (heute in St. Petersburg: S) und einer Pariser Handschrift (Π oder P). Die übrigen Handschriften sind in einem unterschiedlichen Maß kontaminiert. Damit ergibt sich (unter Auslassung der kontaminierten Handschriften) folgendes Stemma:

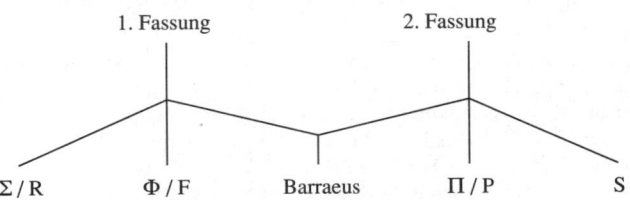

Man zitiert das ›Apologeticum‹ nach der kritischen Ausgabe von *Eligius Dekkers* im ›Corpus Christianorum‹ (Vol. 1, 1954, 77–171).

Quintus Septimius Florens Tertullianus – gewöhnlich: Tertullian, der erste christliche Schriftsteller lateinischer Sprache. Die Schrift entstand wohl Ende 197 n.Chr. in Karthago und widerlegt in Form einer Rede an den römischen Statthalter u.a. Verdächtigungen, die gegen das Christentum in Umlauf waren; seine Entstehungsgeschichte ist dank der neuzeitlichen Arbeit an den Handschriften nahezu vollständig aufgehellt worden.

Abschließend zwei Hinweise zu *Foliierung/Paginierung* und *Format:* Pergamenthandschriften bestehen in der Regel aus zu Doppelblättern gefalteten großen Stücken dieses Materials; je nachdem, ob zwei, drei oder vier solcher Doppelblätter ineinander gelegt worden sind, spricht man von einer *Binio, Ternio* oder *Quaternio.* Diese sogen. ›Lagen‹ wurden auf dem jeweils letzten Blatt mit Zahlen oder Buchstaben bezeichnet, damit beim Binden das Werk nicht durcheinandergeraten konnte – jene Hilfszählungen werden ›Kustoden‹ genannt und erlauben die schnelle Feststellung von Textverlusten. Mit der Faltung hängt in der Regel auch das Format zusammen: Neuzeitliche Bücher bestehen in der Regel aus gefalteten Druckbogen – einmalige Faltung führt zu Folioformat (2°); doppeltes auf Quart-(4°), dreifaches auf Oktavformat (8°) mit vier, acht bzw. sechzehn Seiten. Alte Bibliotheken sortierten ihre Bestände gern nach solchen Formaten und geben sie daher in der Signatur an: Cd 7495.8°.

Für die kirchenhistorische Arbeit lassen sich aus solcher Kenntnis der handschriftlichen Basis von Editionen oft wichtige Informationen gewinnen z.B. über die Verbreitung von Texten, über ihre Akzeptanz bzw. Ablehnung und eventuell theologisch motivierte Veränderung zu bestimmten Zeiten.

So wird z.B. in den griechischen Handschriften des *374* n.Chr. abgeschlossenen Ἀγκυρωτός (= ›der Festgeankerte‹: ein antihäretisches Kompendium der Glaubenslehre) des späteren zypriotischen Bischofs Epiphanius von Salamis das Symbol der Synode von Konstantinopel *381* n.Chr. (Denzinger-Hünermann, Enchiridion symbolorum ..., Nr. 150 auf S. 83–85) geboten. Das liegt nun freilich nicht daran, daß es zypriotische oder andere dem Konzilstext überaus ähnliche Vorformen gab, wie ältere Forscher (z.B. Harnack) annahmen. B.M. Weischer hat vielmehr an einer äthiopischen Übersetzung ursprünglich griechischer Handschriften des 6./7. Jh.s gezeigt, daß im authentischen Text des Epiphanius das Nizänum von 325 n.Chr. (DH Nr. 125/126) stand und in der uns vorliegenden griechischen Überlieferung vom Nizäno-Konstantinopolitanum verdrängt wurde[186].

Am Ende einer einer solchen überlieferungsgeschichtlichen Untersuchung des handschriftlichen Befundes stehen erste Beobachtungen zu *Entstehungszeit(en)*, *Entstehungsort(en)*, *Tendenz(en)* und *Verfasser(n)*: Aus den Handschriften lassen sich vorläufige Ansetzungen für den *terminus ad quem* oder *ante quem* gewinnen: Die älteste Handschrift gibt einen relativ sicheren Termin, *vor* dem die Quelle entstanden sein muß – gelegentlich kann diese Ansetzung präzisiert werden, wenn eine andere Quelle den zu datierenden Text erwähnt. Tendenzen lassen sich u.U. schon im handschriftlichen Befund abheben, wenn sie nur in einem Teil dieser Überlieferung bezeugt sind. Gelegentlich verraten sich auch falsche oder unklare Verfasserangaben schon durch Rückgriff auf die handschriftliche Überlieferung:

So existiert in der patristischen Literatur ein Brief mit dem *Incipit* (d.h. den ersten Textworten) πολλάκις ἐθαύμασα (= CPG II, 2439): Er wird sowohl übertitelt Τοῖς Καισαρεῦσιν ἀπολογία περὶ τῆς ἀποχωρήσεως (›καὶ περὶ πιστέως τοῦ ἁγίου Βασιλείου‹) und also dem kappadozischen Metropoliten Basilius von Cäsarea († 379) zugeschrieben, wie er auch im Kontext von Briefen des Gregor von Nyssa († 394) und Nilus von Ankyra († 430) mit der Überschrift τοῦ αὐτοῦ (»... desselben [Brief] ...«) auftritt[187]. Eine ganze Reihe von syrischen Handschriften einer Briefsammlung des Mönchsvaters Euagrius Pontikus (346–399) bietet den Brief ebenfalls, z.T. unter der Überschrift ›Euagrius über den Glauben‹ – und diese letzte Angabe ist durch die Forschung als zutreffend erwiesen worden[188]: Der Brief stammt von Euagrius, einem sehr engagierten Parteigänger des Origenes.

7.2. Echtheitskritik

Die äußere Quellenkritik fragt, nachdem die Geschichte des Textes zwischen Abfassung und aktueller Edition erhellt ist, danach, ob die Quelle wirklich dasjenige ist, wofür sie auf Grund von Form und Inhalt gehalten werden will, oder ob dabei eine bewußte oder unbewußte Fiktion vorliegt. Als Beispiel möglicher Untersuchungen der Echtheit können zwei bekannte Beispiele aus der alten und neuesten Geschichte dienen, die Briefe des Bischofs *Ignatius* vom Anfang des zweiten Jahrhunderts und die Aufzeichnungen des ehemaligen Danziger Senatspräsidenten *Hermann Rauschning* über den Reichstagsbrand des Jahres 1933 aus den vierziger Jahren dieses Jahrhunderts. (Diese Exempel sind hier einmal wesentlich ausführlicher vorgestellt als sonst in diesem Arbeitsbuch und dokumentieren also beispielhaft einen quellenkritischen Argumentationsgang):

(a) *Ignatianen:* Ignatius, Bischof von Antiochien, († um 110) gehört zu den wenigen Theologen an der Wende ins zweite Jahrhundert, von denen Schriften überliefert sind (man bezeichnet sie als »apostolische Väter«). Seine Theologie trägt charakteristische und offenbar sehr individuelle Züge in ihren Ansichten über Sakramente, Kirche und Amt; die schriftliche Hinterlassenschaft besteht aus Briefen an kleinasiatische Gemeinden und einen Bischofskollegen, die er als Gefangener auf dem Weg nach Rom schrieb.

Vor dem Ende des 17. Jh.s hielt man die Fassung der Briefe, die die allermeisten griechischen Handschriften und eine lateinische Übersetzung überliefern[189], für die originale Form. 1644 entdeckte der Primas von Irland, Jakob Ussher, freilich eine kürzere lateinische Fassung, deren griechisches Original 1646 Isaac Voss aus einer Mailänder Handschrift (*Mediceo-Laurentius* 57.7, fol. 242ʳ-252ᵛ) publizierte – die entsprechende Form des ignatianischen Römerbriefs aus dem *Parisinus Colbertinus* 1451, 111ʳ sqq. edierte Th. Ruinart 1689. Die seitherige Forschung brachte nicht nur allerlei Übersetzungen dieser Rezension, sondern schließlich noch eine weiter gekürzte Fassung ans Licht, die allerdings nur syrisch erhalten blieb[190]. Auch wenn bis heute immer wieder abweichende Meinungen vertreten werden, hat sich die von Th. v. Zahn und J.B. Lightfoot breitest belegte Ansicht durchgesetzt, daß die von Ussher und Voss wiederentdeckte sogen. ›mittlere Rezension‹ das Original wiedergibt, während die ›längere Rezension‹ um 380 n.Chr. entstand und die ältere Fassung aus dem Bewußtsein der Kirchen verdrängte. Auch die ›kürzeste Rezension‹ erweist sich als ein späterer Auszug aus den originalen Briefen, der für Mönche von Mönchen angefertigt wurde (Fairy von Lilienfeld). Außerdem enthält besonders die lange Rezension einige zusätzliche Briefe neben den authentischen Ignatianen der mittleren Fassung. Diese Briefe entstanden zusammen mit den Erweiterungen im vierten Jahrhundert.

Zum Beweis kann – wie Zahn und Lightfoot zeigten – neben sorgfältigen sprachlichen Beobachtungen die *Theologie* dieser Pseudepigraphen dienen: So wird im pseudignatianischen Philipperbrief der Langrezension darauf hingewiesen, daß man nicht auf einen mit drei Namen oder auf drei Inkarnierte, sondern auf drei hinsichtlich der Ehre, die ihnen gebühre, Gleiche getauft sei: οὔτε εἰς ἕνα τριώνυμον οὔτε τρεῖς ἐνανθρωπήσαντας, ἀλλ' εἰς τρεῖς ὁμοτίμους[191]. Damit setzt sich der Autor sowohl von der Vorstellung, es gäbe einen Gott mit drei Namen (Karikatur des sogenannten sabellianischen Modalismus, einem ca. 215 in Rom lehrenden Sabellius zugeschrieben) wie von der, die drei Personen seien einer Substanz (ὁμοούσιος: Bekenntnis der Synoden von Nizäa [325] und Konstantinopel [381]), ab. Diese Problemlage der Aussagen weist deutlich in das vierte Jahrhundert, wie man bereits mit Hilfe der Lexika ermitteln kann, wenn man die Belege der zitierten Wendungen überprüft.

Daraus ergibt sich, daß der angebliche Philipperbrief des Ignatius nicht als Quelle für die Kirchen- und Theologiegeschichte des zweiten, wohl aber für die des vierten Jahrhunderts herangezogen werden darf – leider unterbleibt nach dem negativen Urteil meist eine solche positive Anwendung.

(b) *Rauschning-Papiere:* In Untersuchungen über den Brand des Berliner Reichstages am 27. 2. 1933[192] spielt z.T. eine erhebliche Rolle, daß der damalige Präsident des Hauses, Hermann Göring, zu seinem Parteigänger, dem Danziger Senatspräsidenten Hermann Rauschning (1887–1982) gesagt haben soll, daß »seine Jungens« das Gebäude angesteckt hätten und es schade sei, »daß nicht die ganze Bude« niedergebrannt sei; in der Eile habe man keine »ganze Arbeit« leisten können[193]. Nun hat freilich vor allem der 1984 verstorbene Historiker Theodor Schieder gezeigt, daß man die Aufzeichnungen, die Rauschning nach seiner Abkehr vom Nationalsozialismus in der Emigration niederschrieb, kaum kritiklos als Primärquelle für Hitlers und Görings Ansichten in den Jahren 1932–1934 verwenden darf[194]. Im Unterschied zu den in offiziellem Auftrag entstandenen Stenogrammen direkter Hitlerrede von einem Ministerialbeamten im Führerhauptquartier Wolfsschanze bei Rastenburg/Ostpreußen Winter 1941/1942[195] haben jene Aufzeichnungen Rauschnings bestenfalls zweitrangigen Wert, sind in weiten Passagen vermutlich sogar frei erfunden. Bei einem so umstrittenen Komplex wie der Urheberschaft des Reichstagsbrandes geht der argumentative Wert gar gen Null.

Man unterscheidet im Rahmen der äußeren Quellenkritik zwischen (a) *Fälschungen* und (b) *Verunechtungen/Revisionen* von Texten; beides kann zeitgenössisch oder nachträglich vorgenommen werden:

Ein Text gilt als *verunechtet,* wenn einzelne Teile vom Autor oder anderen Personen verändert wurden, ohne daß die Absicht einer Fälschung vorlag, z.B. durch die zweite Auflage einer Schrift – so hat, wie wir oben bereits sahen (S. 106), Eusebius von Cäsarea († 339) seine Kirchengeschichte in drei Neuauflagen veröffentlicht und auch andere seiner Werke z.T. erheblich korrigiert und bearbeitet: Er paßte z.B. seine Bewertung und Titulierung von Politikern deren Schicksal an[196]; der römische Caesar Maximinus Daia wird nach seiner Niederlage und dem Tod im Sommer 313 n.Chr. in einer zweiten Auflage zusätzlich als »fürchterliche Schlange und grausamer Tyrann« bezeichnet.

Eingeschobene Passagen werden, falls sie den Text verfälschen, als *Interpolationen* bezeichnet. Andernfalls spricht man einfach von *Zusätzen* oder bei Einfügung eines geschlossenen andersartigen Textes, z.B. eines Briefes oder einer Urkunde, die als Beleg oder Erläuterung dient, von einem *Insert.*

Während alle diese Beobachtungen eher auf eine kleinteilige und am Detail orientierte Betrachtung des Textes zielen, nimmt der folgende Arbeitsschritt wieder mehr die Quelle als ganze in den Blick.

7.3. Gattungskritik/Formkritik

Erst wenn die (literarische) *Gattung und die Formen* einer Quelle präzise wahrgenommen werden, kann ihr *historischer Wert* zuverlässig beurteilt werden – für alle Fragen der Definitionen, Methodik und Literatur solcher formgeschichtlicher Arbeit darf hier zunächst auf die verschiedenen exegetischen Methodenlehren verwiesen werden und nochmals auf die dort gegebene Unterscheidung von »Gattung« (übergreifende Form), »Form« (eine kleinere, schriftlich oder mündlich fixierte Einheit) und »Formel« (kurze, geprägte Wendung) aufmerksam gemacht werden.

> Eine Vielzahl von antiken Texten, deren formale Struktur auch für die altkirchliche Literatur von Interesse ist, bespricht *Klaus Berger* in: Hellenistische Gattungen im Neuen Testament, Aufstieg und Niedergang der römischen Welt (= ANRW) II 25/2, Berlin/New York 1984, 1031–1432 bzw. 1831–1885 (Register).

Ohne die exakte Bestimmung von Gattung und Formen kann weder der Quellenwert eines Textes noch seine Aussage und deren Verhältnis zur historischen Wirklichkeit (bzw. mehreren Wirklichkeiten) eingeschätzt werden. Häufig führt daher eine schlechte formale Analyse historischer Texte zu einer völligen Verkennung ihrer Bedeutung und somit interpretatorisch in die Irre.

> So wird man z.B. *die sieben panegyrischen Predigten* des oben schon erwähnten (S. 94) antiochenischen Priesters *Johannes Chrysostomus* († 407) auf den Apostel Paulus kaum als Quelle für die Rekonstruktion der Biographie des historischen Paulus von Tarsus verwenden wollen – vor allem dann nicht, wenn man sich die Implikationen der Gattung klarmacht. Deren Identifikation ist einfach; das Werk ist bereits im Titel als ἐγκώμιον (in der christlichen Literatur identisch mit dem πανηγυρικός) gekennzeichnet[197]. Die Gattung dient dem Nachweis, daß der Gepriesene ein hervorragender Zeitgenosse war, und ist stets mit einer Idealisierung seiner Biographie und einer »Steigerung« (αὔξησις) seiner Taten verbunden (Isocrates, V 142). Bereits die erste chrysostomische Predigt dient so dem Nachweis, daß Paulus hervorragender als alle Heiligen des Alten Bundes war: μετὰ τοσαύτης ὑπερ-

βολῆς (Laud. Paul. I 2 p. 114,6). Natürlich werden unbekümmert Informationen der authentischen und pseudepigraphen Paulusbriefe mit denen der Apostelgeschichte gemischt – allerdings fehlt jeder Hinweis auf die apokryphe Paulusliteratur.

Bei der Interpretation der von Eberhard Bethge erstmals 1951 veröffentlichten *Briefe und Aufzeichnungen Dietrich Bonhoeffers* (1906–1945)[198] und ihrer bekannten theologischen Formeln wie der von der »nicht-religiösen Interpretation biblischer Begriffe« muß man sich zunächst klarmachen, daß Bethges populäre Ausgabe nur Fragmente dieser Texte, häufig sogar ohne Angabe des Empfängers, bietet – zum Zeitpunkt der Veröffentlichung, nur knapp sechs Jahre nach dem Tod des Autors, ein verständlicher Versuch, Diskretion zu wahren. Außerdem muß man bedenken, daß der Briefschreiber seine überaus vorläufigen Gedanken – wie er selbst schreibt[199] – kaum zur Veröffentlichung bestimmt hat oder gar ihre theologische Kanonisierung beabsichtigte. Umsichtige Interpretation der historischen Umstände und theologischen Implikationen ist also angesagt[200]!

Leider existieren für die historische bzw. kirchenhistorische Arbeit nicht so ausführliche Arbeitsbücher zur Gattungs- bzw. Formgeschichte wie in den exegetischen Disziplinen; angesichts der Bedeutung dieses Schrittes der historischen Arbeit verwundert es, daß den verschiedenen alt- und neutestamentlichen »Formgeschichten« (von Bultmann bis Berger) noch keine zusammenfassenden Parallelwerke für die verschiedenen Epochen der Kirchengeschichte zur Seite getreten sind.

Im Rahmen dieses Arbeitsbuches kann über die wichtigsten *Gattungen* kirchengeschichtlicher Quellen nur in einem Überblick mit knappen Literaturangaben bzw. charakteristischen Beispielen informiert werden, die vielleicht die Sensibilität und Aufmerksamkeit schärfen und im Eventualfalle zu weiterer Arbeit anregen. Ausführlichere Hinweise finden sich in den jeweiligen Artikeln des »Reallexikons der deutschen Literaturgeschichte« [RDL; hg. P. Merker u. W. Stammler, 5 Bde., Berlin/New York 1955–1988] bzw. im schon genannten »Lexikon des Mittelalters« [Zürich/München 1980ff; bisher 6 Bde.]. Besonders hingewiesen sei hier aber zu mittelalterlicher Literatur auf die ausführliche Einleitung und Dokumentation der Gattungsgeschichte der westlichen lateinischen Literatur der Jahre 500–1500 in der Reihe »Typologie des sources du moyen âge occidental« des »Institut d'Études Médiévales« der Katholischen Universität Louvain/Löwen in Belgien [bisher 60 Bde., Turnhout 1972 ff; Updates 1982/85ff]. Dagegen blieb das Projekt einer »Geschichte der deutschen Literatur nach Gattungen«

unter der Herausgeberschaft von K. Viëtor unvollendet (Bd. 1: K.
Viëtor, Geschichte der deutschen Ode, Darmstadt [2]1961 [= München
1923]; Bd. 3: G. Müller, Geschichte des deutschen Liedes, Darmstadt
1959 [= München 1925]; [Bd. 4]: F. Beissner, Geschichte der deutschen Elegie, GGP 14, Berlin [2]1961; [Bd. 5]: W. Kayser, Geschichte
der deutschen Ballade, Berlin 1936). An seine Seite treten jetzt: P.
Böckmann, Formgeschichte der deutschen Dichtung (2 Bde., Hamburg
[3]1967); M. Fubini, Entstehung und Geschichte der literarischen Gattung (Tübingen 1971); H. Prang, Formgeschichte der Dichtkunst
(Stuttgart 1968) und natürlich A. Jolles Standardwerk »Einfache Formen«[201].

Im Folgenden sind katalogartig zu einzelnen, besonders wichtigen
Gattungen kirchengeschichtlicher Quellen einerseits besonders charakteristische oder bedeutsame Beispiele in lesefreundlichen Ausgaben und andererseits die allerwichtigsten vertiefenden Literaturtitel
genannt, die sich bei einer formkritischen Analyse mit Gewinn benutzen lassen:

(A) *Biographien/Viten/Autobiographien:* Augustinus, Confessiones. Bekenntnisse, eingel., übers. u. erl. v. J. Bernhart, München 1955; Abaelard, Die Leidens-
geschichte und der Briefwechsel mit Heloisa, übertr. u. hg. v. E. Brost, Heidelberg
[4]1979.

G.A. Benrath, Art. Autobiographie, christliche, TRE IV, 1979 = 1993, 772–
789; W. Berschin, Biographie und Epochenstil im lateinischen Mittelalter, 3 Bde.,
Quellen und Untersuchungen zur lateinischen Philologie des MA, Stuttgart 1986–
1991; H. Gerstinger, Art. Biographie, RAC II, Stuttgart 1954, 386–391; H. Grundmann, Geschichtsschreibung im Mittelalter. Gattungen, Epochen, Eigenart, KVR
209/ 210, Göttingen 1965, 29–34; G. Misch, Geschichte der Autobiographie 4
Bde. (in 8), Frankfurt 1949–1969 – s. auch (E) *Legenden/Exempel/Anekdoten.*

(B) *Briefe:* Paulusbriefe; Ignatianen (S. 112f); Des heiligen Kirchenvaters Eusebius Hieronymus ausgewählte Briefe, aus dem Lateinischen übers. v. L. Schade, 2
Bde., München 1936/37; B. Zanzerl/J. Schwarzbauer/M. S. Giacomelli, Bernhard
von Clairvaux, Briefe, Sämtliche Werke II, Innsbruck 1992, 242–1045 bzw. III,
Innsbruck 1992, 42–1055; Martin Luther, Briefe an Freunde und an die Familie,
hg. v. A. Beutel, München 1987; Martin Luther, Briefe von der Wartburg 1521/
1522, aus dem Lateinischen übers. u. eingel. v. H. von Hintzenstern, Eisenach
[2]1991; Bis nächstes Jahr auf Rügen. Briefe v. F. D. E. Schleiermacher u. H. Herz an
E. v. Willich, hg. v. R. Schmitz, Berlin 1984; Friedrich Schleiermachers Briefwechsel mit seiner Braut, hg. v. H. Meisner, Gotha 1920; Karl Barth-Rudolf Bultmann, Briefwechsel 1922–1966, Karl-Barth-Gesamtausgabe V Briefe 1922–
1966, hg. v. B. Jaspert, Zürich [2]1994; Glanz und Niedergang der deutschen Universität. 50 Jahre deutscher Wissenschaftsgeschichte in Briefen an und von Hans

Lietzmann (1892–1942), hg. v. K. Aland, Berlin/New York 1979; Brautbriefe Zelle 92 Dietrich Bonhoeffer-Maria von Wedemeyer 1943–1945, hg. v. R.-A. v. Bismarck u. U. Kabitz, München 1992.

G. Constable, Letters and Letter-Collections, Typologie des sources ... 17, Turnhout 1976; C. Erdmann, Studien zur Briefliteratur Deutschlands im elften Jahrhundert, SRÄDG = SMGH 1, Stuttgart 1962 (= 1938), 1–15; A.v. Harnack, Die Briefsammlung des Apostels Paulus und die anderen vorkonstantinischen christlichen Briefsammlungen, Leipzig 1926; J. Schneider, Art. Brief, RAC II, Stuttgart 1954, 564–585; K. Thraede, Grundzüge griechisch-römischer Brieftopik, Zetemata 48, München 1970; D. Trobisch, Die Entstehung der Paulusbriefsammlung, NTOA 10, Freiburg/CH, Göttingen 1989.

(C) *Predigten:* G. Leonhardi (Hg.), Die Predigt der Kirche, 35 Bde., Leipzig 1888–1905 [Beispiele mit Einleitungen].

H. M. Müller, Art. Homiletik, TRE XV, 1986 = 1993, 526–565; A. Niebergall, Die Geschichte der christlichen Predigt, Leiturgia II, Kassel 1955, 181–353; J.B. Schneyder, Geschichte der katholischen Predigt, Freiburg 1969; Ders., Repertorium der lateinischen Sermones des Mittelalters für die Zeit von 1150–1350, BGPhMA 43, 11 Bde., Münster 1969–1990; J. Machielsen, Clavis Patristica Pseudepigraphorum Medii Aevi (CChr.CPPM), 1A/B: Opera Homiletica, 2 Bde., Turnhout 1990; H. J. Sieben, Kirchenväterhomilien zum Neuen Testament. Ein Repertorium der Textausgaben und Übersetzungen. Mit einem Anhang der Kirchenväterkommentare, IP 22, Steenbrugge/Den Haag 1991.

(D) *Annalen/Chroniken:* wichtige Texte s.o. S. 25f.
M. McCormick, Les Annales du haut moyen âge, Typologie des sources ... 14, Turnhout 1975; K. H. Krüger, Die Universalchroniken, Typologie des sources ... 16, Turnhout ²1985; M. Sot, Gesta episcoporum. Gesta abbatum, Typologie des sources ... 37, Turnhout 1981.

(E) *Legenden/Exempel/Anekdoten:* Jacobi a Voragine, Legenda aurea, vulgo Historia Lombardica dicta (...), ed. Th.Graesse, Osnabrück 1969 [= 1846]/Die Legenda aurea des Jacobus de Voragine, aus dem Lateinischen übersetzt von R. Benz, Köln, Olten 1969.
C. Bremond/J. Le Goff/J.-C. Schmitt, D'»exemplum«, Typologie des sources ... 40, Turnhout 1982; H. Delehaye, Les légendes hagiographiques, 4ᵉ éd. augmentée (...), SHG 18, Brüssel 1973 (= 1955); Ders., The Legends of the Saints, transl. by D. Attwater, New York 1962; G. Philippart, Les légendiers et autres manuscripts hagiographiques, Typologie des sources ... 24/25, Turnhout 1977.

(F) *Urkunden/Akten:* s.o., S. 36–44.

(G) *Disputationen/Dialoge/Gespräche:* G. Ebeling, [Martin Luther,] Disputatio de homine, Teil 1: Text und Traditionshintergrund, Lutherstudien 2/1, Tübingen 1977; Teil 2, Die philosophische Definition vom Menschen, Lutherstudien 2/2, 1982; Teil 3, Die theologische Definition vom Menschen, Lutherstudien 2/3, 1989.

B.C. Bazàn u.a., Les questions disputées et les questions quodlibétiques dans les facultés de Théologie, de Droit et de Médicine, Typologie des sources ... 44/45, Turnhout 1985; U. Gerber, Disputatio als Sprache des Glaubens, Zürich 1970; H. Hermelink, WA 39/II, Weimar 1932 = 1964, IX-XVIII; R. Hirzel, Der Dialog. Ein literarhistorischer Versuch, 2 Bde., Leipzig 1895; W.H. Neuser (Hg.), Die Vorbereitung der Religionsgespräche von Worms und Regensburg 1540/41, TGET 4, Neukirchen-Vluyn 1974; E. Wolf, Zur wissenschaftsgeschichtlichen Bedeutung der Disputationen an der Wittenberger Universität im 16. Jh., in: Ders., Peregrinatio II, München 1965, 38–51.

(H) *Flugschriften:* A. Laube u.a. (Hgg.), Flugschriften der frühen Reformationsbewegung (1518–1524), 2 Bde., Berlin 1983; Dies. (Hgg.), Flugschriften der Bauernkriegszeit, 2 Bde., Berlin ²1978.

H.-J. Köhler, Bibliographie der Flugschriften des 16. Jh.s, Tl. 1, Bd. 1, Tübingen 1991 (ff); Ders. (Hg.), Flugschriften als Massenmedium der Reformationszeit. Beiträge zum Tübinger Symposion 1980, Spätmittelalter und frühe Neuzeit 13, Stuttgart 1981; H. Scheible, Reform, Reformation, Revolution. Grundsätze zur Beurteilung der Flugschriften, ARG 65, 1974, 108–133.

(I) *Tagebücher:* J. Klepper, Unter dem Schatten deiner Flügel. Aus den Tagebüchern der Jahre 1932–1942, Stuttgart 1976 (= 1956).

H. Kurzrock, Das Tagebuch als literarische Form, Diss. Phil. (masch.), Berlin 1955; R. Görner, Das Tagebuch. Eine Einführung, Artemis-Einführungen 26, München 1986; E. Henning, Analekten zur Geschichte der Diaristik, AKuG 56, 1974, 74–90; H. Rüdiger, Versuch über das Tagebuch als literarische Form, Deutsche Akademie für Sprache und Dichtung. Jahrbuch 1975, Heidelberg 1976, 24–35.

(J) *Religiöse Dichtungen/(Kirchen-)Lieder:* Lateinische Lyrik des Mittelalters, Lateinisch/ Deutsch, ausgewählt, übers. u. kommentiert v. P. Klopsch, Reclams Universal-Bibliothek 8808, Stuttgart 1985; F. Kemp, Deutsche geistliche Dichtung aus tausend Jahren, München 1958 (u.ö.). – Analecta Hymnica Medii Aevi (= AHMA), hg. v. G. Dreves und C. Blume, Leipzig 1886–1955 (= London/New York 1961); M. Jenny (Bearb.), Luthers geistliche Lieder und Kirchengesänge, vollständige Neuedition in Ergänzung zu Bd. 35 der WA, AWA 4, Köln, Wien 1985; A. Fischer/W. Tümpel, Das deutsche evangelische Kirchenlied des 17. Jh.s, Gütersloh 1904–1916; Ph. Wackernagel, Das deutsche Kirchenlied, 5 Bde., Leipzig 1864–1877.

M. Lattke, Hymnus. Materialien zur Geschichte der antiken Hymnologie, NTOA 19, Freiburg/Schweiz und Göttingen 1991; J. Szövérffy, A Guide to Byzantine Hymnography. A Classified Biography of Texts and Studies, 2 Bde., Turnhout 1978/79; Ders., Latin Hymns, Typologie des sources ... 55, Turnhout 1989; Handbuch zum evangelischen Kirchengesangbuch, Liederkunde, Band III, 2 Tl.e, Göttingen 1969/1990; Das protestantische Kirchenlied im 16. und 17. Jahrhundert, text-, musik- und theologiegeschichtliche Probleme, hg. v. A. Dürr u. W. Killy, Wolfenbütteler Forschungen 31, Wiesbaden 1986.

(K) *Prophetien/Weissagungen/Visionen:* P. Dinzelbacher, Mittelalterliche Visionsliteratur. Eine Anthologie, Darmstadt 1989.
P. Dinzelbacher, »Revelations«, Typologie des sources ... 57, Turnhout 1991;
A. Hilgenfeld, Die lehninische Weissagung über die Mark Brandenburg nebst der Weissagung von Benedictbeuren über Baiern, untersucht, hg. und erklärt von A. Hilgenfeld, Leipzig 1875.

(L) *(Geistliches) Spiel:* Das Drama des Mittelalters, hg. v. K. Froning, 3 Tle., Deutsche Nationalliteratur XIV, Berlin/Stuttgart 1891; K. Langosch, Geistliche Spiele. Lateinische Dramen des Mittelalters mit deutschen Versen, 1957; Lateinische Osterfeiern und Osterspiele, hg. v. W. Lipphardt u. H.-G. Roloff, Berlin/New York 1977–1990 (9 Bde.); W. Flemming, Das Ordensdrama, Deutsche Literatur in Entwicklungsreihen, Reihe Barock – Barockdrama II, Leipzig 1930.
J. Müller, Das Jesuitendrama in den Ländern deutscher Zunge vom Anfang (1555) bis zum Hochbarock (1665), SDL 7, 2 Bde. (in 1), Augsburg 1930.

(M) *›Wissenschaftliche‹ (bzw. Wissenschaftlichkeit beanspruchende) theologische Abhandlungen:*
(a) *Bibelexegese:* W. Werbeck hat zu allen Artikeln über biblische Bücher in der dritten Auflage der Enzyklopädie »Die Religion in Geschichte und Gegenwart« (Tübingen 1957–1965) Abschnitte zur Auslegungsgeschichte (z.B. Johannesevangelium: Bd. III, 1959, 850f) angefügt, die in ihrem Quellenabschnitt Kommentare und andere auslegende Literatur aus dem 2.–18. Jh. vollständig erfassen.
Centre d'analyse et documentation Patristiques, Biblia Patristica. Index des citations et allusions Bibliques dans la littérature patristique, Vol. I Des Origines à Clément d'Alexandrie et Tertullien, Paris 1975; Vol. II Le troisième siècle (Origène excepté), Paris 1986; Vol. III Origène, Paris 1980; Vol. IV Eusèbe de Césarée, Cyrille de Jérusalem, Épiphane de Salamine, Paris 1987; Vol. V Basile de Césarée, Grégoire de Nazianze, Grégoire de Nysse, Amphiloque d'Iconium, Paris 1991; G. Rinaldi, Biblia Gentium. A First Contribution towards an index of Biblical Quotations, References and Allusions made by Greek and Latin Heathen Writers of the Roman Imperial Times, Rom 1989 [*Originaltexte mit englischer Übersetzung*]; G. Bardy, Commentaires patristiques de la Bible, DBS 2, 73–103; E. v. Dobschütz, Vom vierfachen Schriftsinn. Die Geschichte einer Theorie, in: Harnack-Ehrung, Leipzig 1921, 1–13; H. Dörrie, Zur Methodik antiker Exegese, ZNW 65, 1974, 121–138; G. Ebeling, Evangelische Evangelienauslegung, Tübingen ³1991; W.-D. Hauschild, Der Ertrag der neueren auslegungsgeschichtlichen Forschung für die Patristik, VuF 16, 1971, 2–25 (Lit.); H. Karpp, Art. Bibel IV. Die Funktion der Bibel in der Kirche, TRE VI, 1980 = 1993, 48–93; H. de Lubac, Exégèse médiévale, Les quatre sens de d'écriture, 2 Bde. (in 4), Paris 1959–1964; B. de Margerie, Introduction à l'histoire de l'exégèse I: Les pères grecs et orienteaux, Paris 1980; H.J. Sieben, Exegesis Patrum. Saggio bibliografico sull' esegesi dei Padri della Chiesa, Sussidi Patristici 2, Roma 1983; B. Smalley, The Study of the Bible in the Middle Ages, Oxford ²1952.

(b) *Florilegien* sowie (c) *Traktate;* (d) *Sentenzen* (z.B. Petrus Lombardus, s.o. S. 76) bzw. *Sentenzenkommentare:* F. Stegmüller, Repertorium Commentariorum in Sententias Petri Lombardi, 2 Bde., München 1947 sowie (e) *Streitschriften.*

N.B.: Viele Texte sind freilich nicht »eindimensional« angelegt und lassen sich verschiedenen Gattungen zuordnen.

Noch weniger als für die Gattungen können zu den literarischen *Formen* kirchengeschichtlicher Quellen übersichtliche Handbücher genannt werden – freilich blieb über weite Perioden bis in die Neuzeit hinein die antike Rhetorik Stoff von Schulen und Universitäten und prägte also das formale Repertoire der literarischen und nichtliterarischen Texte. Am leichtesten zugänglich sind in guten zweisprachigen Ausgaben Ciceros rhetorische Schriften und die *»Institutio Oratoria«* von Quintilian, einem Autor des 1. Jh.s n.Chr[202]; gute Einführungen liegen vor[203]. Unentbehrlich sind bei der Analyse zwei Standardwerke von *Heinrich Lausberg:* Handbuch der literarischen Rhetorik (2 Bde., Stuttgart [3]1990) bzw. Elemente der literarischen Rhetorik (ebd. [3]1967). Ein großes »Historisches Wörterbuch der Rhetorik« gibt mit Kollegen *Gerd Ueding* heraus (geplant sind 8 Bde., Tübingen 1992ff).

Fragen:

1. Welche verschiedenen Aufgaben haben in einer modernen textkritischen Edition die drei verschiedenen Apparate?
2. Was ist ein Trenn-, was ein Bindefehler?
3. Handelt es sich bei der langen Rezension der Ignatianen um Fälschungen oder Verunechtungen?
4. Welche beiden Autoren waren mit ihren rhetorischen Handbüchern bis in die Neuzeit das Vorbild auch der christlichen Theologie?

---

§ 8 Innere Quellenkritik

Die Aufgabe der inneren Quellenkritik besteht darin, nach der formalen Betrachtung der Quelle ihre inhaltliche Feinanalyse hinsichtlich der Spezifika des individuellen Stils und der Traditionen ihrer Topoi vorzunehmen. Das dient dem Ziel, die Tendenz der Quelle zu beschreiben. Zum Abschluß beider Teile der

Quellenkritik soll ein Urteil über die historische Zuverlässigkeit des untersuchten Materials gefällt werden und die erste vorläufige Einordnung des Textes in Quellengattungen überprüft und präzisiert werden.

Durch die folgenden Arbeitsschritte soll das Urteil über den Wert einer Quelle als Zeugnis (so der thukydidäische Begriff, s.o. S. 3) bzw. über die historische Zuverlässigkeit vorbereitet werden – es geht dabei um eine eher nach qualitativen Gesichtspunkten vorgenommene Analyse des individuellen Stils (Rhetorik/Topik) bzw. Vokabulars und der inhaltlichen Vorstellungen und um eine Aufhellung der Traditions- bzw. Redaktionsgeschichte des Textes. Diese Arbeitsschritte kann man als *Tendenzkritik* zusammenfassen, weil die Tendenz einer Quelle herauspräpariert werden soll. Am Ende der äußeren und inneren Quellenkritik sollte auch die abschließende Einordnung in eine Quellengattung und eine zumindest vorläufige Datierung (bzw. die Angabe eines zeitlichen Rahmens dafür) stehen. Den Abschnitt schließen einige Regeln für den Quellenvergleich, die helfen sollen, mehrere Quellen miteinander in Beziehung zu setzen.

8.1. Tendenzkritik

Um die Tendenz, also die spezifische Sicht einer Quelle auf Ereignisse und Sachverhalte, deutlicher erkennen zu können, empfiehlt sich eine sorgfältige Beobachtung des Materials vor allem unter drei Hinsichten. Diese ›Hinsichten‹ greifen Ergebnisse gegenwärtiger *Texttheorie* in für unseren Zweck erheblich modifizierter Form auf[204]; sie lassen sich natürlich auf »Sachüberreste« (S. 22f) u.ä. nicht oder höchstens stark abgewandelt anwenden. Um diese methodischen Ratschläge konkret bei der Arbeit umsetzen zu können, wurden ›Leitfragen‹ formuliert, anhand derer die Quellen durchgegangen werden können.

(1) *Syntaktik* (Art und Weise der Verbindung der einzelnen Elemente und die dafür gewählten Mittel); Leitfragen: Welche verbreiteteren, welche besonderen Merkmale kennzeichnen den Stil der Quelle? Welche verbreiteteren, welche besonderen Vokabeln finden sich? Welches sind die dominierenden Wortarten und grammatischen Formen? Welches die dominierenden Modi (Aktiv/Passiv)? Wo-

durch sind einzelne Elemente der Quelle verbunden (Konjunktio-
nen, Reihung etc.)?

(2) **Semantik** (Sinnlinien, propositionaler Gehalt, einheitsstiftendes
Moment einer Quelle/Thema); Leitfragen: Gibt es durchgehende
Sinnlinien? Was ist Thema/Gegenstand? Welche Begriffe sind dem
wie zuzuordnen, was bedeuten sie und woher kommen sie? Welche
verbreiteteren, welche besonderen theologischen, philosophischen, politischen, sozialen, wirtschaftlichen, kulturellen usw. Vorstellungen prägen das Material?

(3) **Pragmatik** (Entstehungsbedingungen; beabsichtigte/tatsächliche
Funktion eines Textes für seine Rezipienten); Leitfragen: Können
durch traditions- bzw. redaktionsgeschichtliche Arbeit (oder gar
durch Literarkritik) besondere Schichten, Autoren, Tendenzen innerhalb der Quelle abgehoben werden? Welche Argumentations-
struktur liegt der Quelle zugrunde? Welche Akzente setzt sie? Worauf legt sie Gewicht? Was handelt sie kurz ab, was verschweigt sie?
Auf welche Personen, Instanzen, Texte beruft sie sich warum? Wie
sind diese Berufungen zu beurteilen (formallogisch [gültiger
Schluß[205]?] bzw. historisch [glaubwürdige Personen, Instanzen,
Texte?])?

Natürlich lassen sich solche Fragenkataloge nicht mit Gewinn auf jede
Quelle vollständig anwenden, sondern dienen eher zur Selbstkontrolle,
ob auch nichts vergessen wurde.

Analysiert man das **»Gelöbnis des Reichsbischofs«** Ludwig Müller, das dieser im Rahmen seiner feierlichen Einführung im Berliner Dom am 23. 9.
1934 sprach[206], vor dem Hintergrund dieser Fragehinsichten, ergibt sich: Zur
Topik eines solchen Ordinations-/Einführungsgelübdes gehören die Formu-
lierungen »Ich gelobe in Gegenwart des allmächtigen Gottes (...) im Ange-
sicht dieser Gemeinde« sowie »Ich bin willens, das Amt (...) dem heiligen
Evangelium gemäß zu führen«. Besonderes Vokabular findet sich im Ausdruck »des lutherischen Reichsbischofs der Deutschen Evangelischen Kirche« und vor allem in der Aussage, der Eingeführte wolle sein Amt führen
»zum Wohl unseres Volkes« – diese Formulierung tritt z.B. im Amtseid von
Ministern, aber nicht in kirchlichem Zusammenhang auf. Sie entstammt einer bestimmten zeitgenössischen Form (pseudo-)lutherischer Theologie, für
die »Volk«, »Rasse« u.ä. theologische Kategorien abgaben. Im Vergleich zu
anderen Formeln fällt zudem die unverbindliche Bekenntnisverpflichtung
auf, die den nationalsozialistischen Reichsbischof an das Evangelium bindet,
»wie Dr. Martin Luther es uns gedeutet hat und wie es uns die Bekenntnisschriften unserer Kirche vor Augen halten«; vgl. z.B. den entsprechenden

Passus in der Agende der sächsischen lutherischen Kirche von 1906: »das Evangelium von Christo, wie dasselbe in der heiligen Schrift enthalten und in der ersten ungeänderten Augsburgischen Konfession und sodann in den übrigen Bekenntnisschriften der evangelisch-lutherischen Kirche bezeugt ist« (S. 240). – Zugleich sieht man an diesem Text natürlich auch die Grenzen solchen Zugriffs auf die Quellen: Wieviel verstand der Eingeführte vom »heiligen Evangelium (...), wie Dr. Martin Luther es uns gedeutet hat«? Jene Frage kann man aus seinem Gelöbnistext allein nicht beantworten.

Für die Ermittlung von *stilistischen Konventionen* und »Gemeinplätzen« (Topoi) werden die oben bereits genannten Literaturhinweise zu den Gattungen bzw. Formen wichtige Hinweise geben; für das Eruieren des Wortgebrauchs die Belege der Wörterbücher (Hapax legomena [griechisch: nur einmal vorkommender Ausdruck]!)[207] bzw. vergleichende Lektüre zeitgenössischer oder hinsichtlich der literarischen Gattung verwandter Quellen.

Die Verbreitung oder Herkunft von bestimmten *theologischen Vorstellungen* (= Theologumena) kann man am bequemsten mit Hilfe der großen Lexika (RE, TRE etc.) oder mit einer der üblichen Dogmen- und Theologiegeschichten feststellen: Zunächst mit dem klassischen Standardwerk von F. Loofs (Leitfaden zum Studium der Dogmengeschichte, Halle 1906), weil ihm ein vorzügliches und sehr ausführliches Register beigegeben ist (S. 950–1002), das leider in den späteren Auflagen fehlt – zuletzt erschien das Buch 1967[208]. Auf neuerem Stand befindet sich natürlich das Handbuch der Dogmen- und Theologiegeschichte, (...) hg. v. C. Andresen (HDThG: 3 Bde., Göttingen 1988 [ungekürzte Studienausgabe]), hier bietet der abschließende dritte Band ein wesentlich knapperes Begriffsregister (613–652).

Gesondert ist hier die im akademischen Betrieb leider oft vernachlässigte Frömmigkeitsgeschichte zu nennen; es empfiehlt sich, bei der Analyse von kirchengeschichtlichen Quellen nicht nur auf theologische Topoi, sondern auch auf ihren Erfahrungs- und Frömmigkeitshintergrund zu achten (oder eben: den fehlenden Hintergrund wahrzunehmen!). Die »Theologische Realenzyklopädie« bietet mehrere vorzügliche und ausführliche einführende Artikel zu diesem Problem, deren Lektüre die Sensibilität bei der historischen Arbeit u.U. steigern kann: Theologiegeschichtlich behandeln Ulrich Köpf (Mittelalter und Reformation: Bd. X, 1982 = 1993, 109–116) und Joachim Track (Neuzeit: 116–128) das Thema, die philosophische und systematisch-theologische Bearbeitung stammt von Eilert Herms (89–109 bzw. 128–136).

Dagegen fehlt in diesem Lexikon (wie z.b. auch in der RGG[3]) eine kirchenhistorische Behandlung des Themas ›Frömmigkeit‹[209]; Berndt Hamm hat in einer Antrittsvorlesung auf dieses Defizit aufmerksam gemacht: Frömmigkeit als Gegenstand theologiegeschichtlicher Forschung (ZThK 74, 1977, 464–497 mit weiteren Literaturhinweisen), und seither hat auch eine stark frömmigkeitsgeschichtlich geprägte Gesamtdarstellung der Kirchengeschichte in unserem Sprachraum zu erscheinen begonnen: Es ist die neue »Geschichte des Christentums. Religion. Politik. Kultur«, die im französischen Original von Jean-Marie Mayeur in Verbindung mit anderen französischen Kolleginnen und Kollegen herausgegeben wird[210]. Sie bemüht sich, im Sinne einer ›histoire totale‹ das gesamte Leben der Christenheit zu erfassen, (bisher) gelegentlich um den Preis einer gewissen Vernachlässigung der Theologiegeschichte.

In seltsamer Außenseiterstellung hatte in diesem Jahrhundert schon lange vor entsprechenden Moden der Rostocker Kirchenhistoriker Johannes von Walter (1876–1940) die Bedeutung der Frömmigkeitsgeschichte berücksichtigt; leider sind seine heute veralteten und zu stark konfessionell geprägte »Geschichte des Christentums« (in 4 Bd.en Gütersloh [3]1947–1950) und die gesammelten Aufsätze »Christentum und Frömmigkeit« (Gütersloh 1940) nur noch von sehr beschränktem Wert; wichtig bleibt die Energie, mit der bereits Walter die Frömmigkeitsgeschichte als ›wichtigsten Faktor der Kirchengeschichte‹ herausstellte[211]. Weniger veraltet und als ›Klassiker‹ der Frömmigkeitsgeschichte anzusprechen ist: Johan Huizinga, Herbst des Mittelalters. Studien über Lebens- und Geistesformen des 14. u. 15. Jh.s in Frankreich und in den Niederlanden, Stuttgart [11]1975.

Auch für die Analyse von Topoi der Philosophiegeschichte, Politik, Sozial- und Wirtschaftsgeschichte sowie der Kulturgeschichte steht einschlägige Handbuchliteratur zur Verfügung, die hier freilich nur bibliographiert werden kann:

(A) *Philosophie:* Chr. Stead, Philosophie und Theologie I. Die Zeit der Alten Kirche, ThW 14/4, Stuttgart u.a. 1990; F. Ricken, Philosophie der Antike, UB 350, Stuttgart u.a. [2]1993; G. Keil, Philosophiegeschichte, 2 Bde., ThW 14/1–2, Stuttgart 1985/87; J. Track, Philosophie im 20. Jahrhundert, ThW 14/3, Stuttgart 1994; W. Windelband (hg. v. H. Heimsoeth), Lehrbuch der Geschichte der Philosophie, Tübingen [15]1957 (Neubearbeitung im Erscheinen); W. Härle, Systematische Philosophie. Eine Einführung für Theologiestudenten, München/Mainz 1982; J. Ritter†/K. Gründer, Historisches Wörterbuch der Philosophie (TRE: HWP), bisher 8 Bde., Basel/Darmstadt 1971ff.

(B) *Politik:* O. Brunner/W. Conze/R. Koselleck, Geschichtliche Grundbegriffe. Historisches Lexikon zur politisch-sozialen Sprache in Deutschland

(TRE: GGB), 7 Bde., Stuttgart 1979–1992; Pipers Handbuch der politischen Ideen, hg. v. I. Fetscher u. H. Münkler, bisher 3 Bde., München/Zürich 1985ff – bedeutsame, aber umstrittene Monographien zu wichtigen Themata in diesem Zusammenhang sind: E. Kantorowicz, Die zwei Körper des Königs. Eine Studie zur politischen Theologie des Mittelalters, München 1990 (zuerst engl. 1957); E. Peterson, Der Monotheismus als politisches Problem, in: Ders., Theologische Traktate, München 1951 (dazu: A. Schindler [Hg.], Monotheismus als politisches Problem, SEE 14, Gütersloh 1978).

(C) *Sozial- und Wirtschaftsgeschichte:* W.A. Boelcke, Wirtschafts- und Sozialgeschichte. Einführung, Bibliographie, Methoden, Problemfelder, Darmstadt 1987; W. Fischer (Hg.), Handbuch der europäischen Wirtschafts- und Sozialgeschichte, bisher 6 Bde., Stuttgart 1980ff; Th. Pekáry, Die Wirtschaft der griechisch-römischen Antike, Wiesbaden 1976.

(D) *Kulturgeschichte:* Ph. Ariès/G. Duby (Hgg.), Geschichte des privaten Lebens (5 Bde.), Frankfurt [3]1989–1993; K. Lamprecht, Ausgewählte Schriften zur Wirtschafts- und Kulturgeschichte und zur Theorie der Geschichtswissenschaft, Aalen 1974; Handbuch für Kulturgeschichte (begr. v. H. Kindermann, neu hg. v. E. Thurnher, bisher 10 Bde., Wiesbaden 1960ff).

Um eine selbstverständliche Integration jener letzten genannten Felder in die ›normale‹, eher auf Ereignisse und geistesgeschichtliche Zusammenhänge fixierte historische Arbeit bemüht sich eine (nun auch in der deutschen historischen Wissenschaft in Mode gekommene) Schule französischer Historiographie, auf die an dieser Stelle noch gesondert hinzuweisen ist. Dieses Programm wurde u.a. durch Lucien Febvre (1878–1956) und Marc Bloch (1886–1944) in der Zeitschrift »Annales d'histoire économique et sociale« (1929ff; später unter dem Titel »Annales, Économies, Sociétés, Civilisations«) umgesetzt – daher nennt man diese Gruppe auch: »Annales-Schule«. Sie vertritt u.a. die Annahme, daß für den Verlauf der Geschichte vor allem bestimmte anthropologische und gesellschaftliche Strukturen samt den Mentalitäten, aber weniger die Ideen und Handlungen einzelner Menschen bestimmend seien. Es wird versucht, die gemeinsame »outillage mental« (geistige Ausrichtung) verschiedener Menschen in einer Gesellschaft als einen entscheidenden Faktor historischer Entwicklungen nachzuweisen[212]. Dabei wendet man sich gegen ›Quellenpositivismus‹ und den sonst häufig üblichen Vorrang der ›Ereignisgeschichte‹ (also der politischen Geschichte) und votiert für eine starke Gewichtung der Wirtschafts- und Sozialgeschichte[213]. – Die Anregungen dieser Schule können kirchenhistorische Arbeit solange erheblich befruchten, wie sie nicht zu einer ungeschichtlichen Marginalisierung der politischen Faktoren und theologischen Ideen führen, die letztlich auch die Brauchbarkeit von

Ergebnissen des Faches sowohl im Rahmen der allgemeinen Geschichte wie der Theologie gefährden würde.

Literarkritische, traditions- bzw. redaktionsgeschichtliche Arbeit geschieht im Rahmen kirchengeschichtlicher Forschung nach genau denselben Methoden und Kriterien wie in den exegetischen Diziplinen und ist daher hier nicht eigens abzuhandeln; als Beispiel war oben schon die Diskussion um die verschiedenen Fassungen der Ignatianen genannt worden (S. 112).

Tendenzkritische Untersuchungen sollten in ein zusammenfassendes Urteil über Standpunkt und Horizont (= die Tendenz) einer Quelle münden, d.h. die sorgfältigen Beobachtungen zur Akzentsetzung (z.B.: Betonen/Verschweigen), Verzerrung, Verfälschung, Idealisierung/Diffamierung des Materials sollten systematisiert werden. Abschließende Aussagen über die Tendenz einer Quelle ergeben sich freilich erst aus dem Vergleich mehrerer Quellen (8.3.).

8.2. Datierung/Datierungsrahmen

Am Ende der inneren Quellenkritik sollte nicht nur ein abschließendes Votum über die Quellengattung und die Tendenz eines Stückes, sondern auch ein vorläufiges Urteil über die Datierung bzw. den Rahmen einer Datierung stehen. Dieser Rahmen wird gebildet durch den Zeitpunkt, *vor* dem die Quelle entstanden sein muß (*terminus ad quem oder ante quem* – dieses Datum gibt die älteste Handschrift oder die Erwähnung/ Zitation in einer anderen Quelle) und durch den Zeitpunkt, *nach* dem die Quelle entstanden sein muß (*terminus a quo/post quem* – dieses Datum ergibt sich meist aus dem letzten berichteten Ereignis oder allgemeinen Hinweisen auf solche Ereignisse/Zeitabschnitte). Das Gesagte verdeutlicht am besten ein etwas ausführlicher gehaltenes Beispiel:

Für eine der wichtigsten theologischen Entwürfe und antignostischen Kompendien des 2. Jh.s, die im Arbeitsbuch schon mehrfach genannte Schrift Ἔλεγχος καὶ ἀνατροφὴ τῆς ψευδονύμου γνώσεως (lateinisch *Adversus haereses;* »Überführung und Widerlegung der ›fälschlich so genannten Gnosis‹ [1.Tim 6,20]«) des Bischofs Irenäus von Lyon, ergibt sich, wenn man diese *termini* ermittelt, folgender Rahmen, der durch die jeweils frühesten Bezeugungen gebildet wird: Älteste griechische Handschrift ist der ebenfalls bereits erwähnte Papyrus Oxyrhynchus 405 (= Iren., Haer. III 9,2), datiert auf die Wende 2./3. Jh.[214]; erste ausführliche Zitate finden sich in der Schrift Κατὰ πασῶν αἱρέσεων ἔλεγχος des römischen Presbyters Hippolyt – wir datieren diese in mehrfacher Hinsicht umstrittene Schrift auf 223–230 n.Chr. Wieweit der Nordafrikaner Tertullian in seiner Schrift »Gegen die Valentinianer«, die zwischen 207 und 211 entstanden sein wird[215], Irenäus voraussetzt, wäre eigens zu diskutieren: Er spricht 5,1 (p. 88,9f) von ihrem Autor *Irenaeus, omnium doctrinarum curiosissimus explorator,* und spielt auf ihren Titel an. An die Stelle eines »letzten berichteten Ereignisses« treten hier Kennzeichen der Epoche aus dem vierten Buch, z.B. IV 30,1: »Und die Glaubenden, die sich am Kaiserhof befinden (*in regali aula sunt*), erhalten sie nicht aus der kaiserlichen Kasse ihren Unterhalt und gibt nicht jeder von ihnen denen, die nichts haben, soviel er kann?«. Diese Beschreibung wird sich auf den Hof des römischen Kaisers Commodus (180–192 n. Chr.) beziehen, der unter seinen (zahlreichen) Konkubinen (als bevorzugte) eine Christin namens Marcia hielt[216]. Einen ungefähren Rahmen gibt Irenäus selbst an: »Jetzt (d.h. während ich dieses Buch schreibe) hat die ἐπισκοπή (der römischen Kirche) ... Eleutherius inne« (III 3,3 – dessen Episkopat wird auf ca. 174–189 datiert) – freilich ist nicht klar, ob sich diese Angabe nur auf ein Buch des fünfbändigen Werkes oder das gesamte Opus bezieht. Als zeitlicher Rahmen ergibt sich also: Der Bischof hat seine Bücher zwischen 180 und 189 n.Chr. geschrieben.

Bei neuzeitlichen oder zeitgeschichtlichen Quellen werden Datierungen bzw. Angaben des Datierungsrahmens analog durchgeführt – freilich ergeben sich hier oft präzisere Hinweise durch Datumsangaben in den Handschriften, auf den Briefbögen oder im Falle der Wiederverwendung von Papier (wie z.B. bei Rudolf Bultmann, was Barth ironisierte: »Ihnen einen *einseitig* beschriebenen Brief zu schicken, werde ich mich bei der Verwendung, die Sie von solchen Scriptis machen, für alle Zeiten *schwer* hüten« [Brief vom 26.10.1925; Werke V, 58]) auf der entsprechenden Rückseite – wodurch für diese Epochen häufig genauere Kenntnis der historischen Zusammenhänge möglich wird.

8.3. Vier Regeln zum Quellenvergleich

In der Regel müssen, damit sich einigermaßen zuverlässige Ergebnisse einstellen, mehrere Quellen miteinander verglichen bzw. anderweitig ins Gespräch gebracht werden. Sie ergänzen sich dann teilweise, erklären sich vielleicht auch gegenseitig, widersprechen sich allerdings meist auch teilweise. In den allermeisten Fällen können solche Widersprüche bereits im Rahmen der Quellenkritik (wenigstens ansatzweise) geklärt werden, indem die (unterschiedliche) Quellengattung, Überlieferungsgeschichte, Echtheit, literarische Gattung/Form und Tendenz des Materials problematisiert werden. Ein vielverhandeltes Beispiel illustriert die Zusammenhänge:

Über die Ereignisse vor der **Schlacht an der Milvischen Brücke** vor Rom (heute innerhalb Roms gelegen: Ponte Molle/Milvio) am 28.10.312, wo Konstantin durch seinen Sieg über Maxentius einen entscheidenden Schritt auf dem Weg zur Alleinherrschaft vorankam, existieren drei Berichte von zwei christlichen Autoren, die sich in entscheidenden Punkten widersprechen. (1) Laktanz, der vermutlich erst nach der Abfassung Prinzenerzieher am Hofe Konstantins in Trier wurde[217], beschreibt in seinem Werk »Über die Todesarten der Verfolger« einen nächtlichen Traum Konstantins, der ihn ermahnt habe, »das himmlische Zeichen Gottes (caeleste signum dei) auf den Schilden« anzubringen (44,5), worauf der Kaiser ein quer gestelltes X (also †), dessen Spitze umgebogen wurde ( ), montieren ließ[218]. (2) Wahrscheinlich im selben Jahr 313 verfaßte Eusebius, der vermutlich kurz danach Bischof des palästinischen Cäsarea wurde, in seiner ›Kirchengeschichte‹ ebenfalls eine Darstellung des Ereignisses. Freilich erwähnt er weder eine Vision noch irgendein göttliches Versprechen, sondern schildert nur den Ablauf der Schlacht und ein Gebet des Kaisers zuvor[219]. (3) Nach dem Tod des Kaisers (22.5.337) entstand schließlich ein dritter Bericht über das Ereignis durch Euseb in seiner Vita Konstantins, für die hierzu Informationen aus Unterhaltungen mit dem Kaiser selbst verwenden konnte. Hiernach erschien dem betenden Kaiser am späten Mittag »oben am Himmel über der Sonne das Siegeszeichen des Kreuzes (σταυροῦ τρόπαιον)«, verbunden mit einer Schrift τούτῳ νίκα (Darin siege![220]). Nachdem der Kaiser über den Sinn dieser Vision unschlüssig gegrübelt habe, sei ihm Christus im nächtlichen Traume erschienen und habe befohlen, das am Himmel sichtbare Zeichen nachzubilden und es als Schutzzeichen (ἀλέξημα) zu gebrauchen[221]. Während sich der Bericht in Eusebs Kirchengeschichte leicht mit dem schlechten Informationsstand eines Christen im von Rom weit entfernten Palästina erklären läßt, bleiben erhebliche Unterschiede und Widersprüche zwischen den Schilderungen bei Laktanz und in Eusebs Konstantinsvita zu interpretieren. Man kann nun die Glaubwürdigkeit beider Berichte bestreiten und für eine späte christliche Umarbeitung einer Helios-Sol-Vision ausgeben (so H. Grégoire, 1931), einer Version allein den Vorzug geben oder die Unterschiede ausgleichen. Für jede dieser Varianten – die hier natürlich nicht weiter ausgebreitet oder gar diskutiert werden können[222] – sind Überlegungen zur Person des Autors, zur jeweiligen Schrift mit ihren Überlieferungsgeschichten, Abzweckungen, Quellen etc. – also quellen- und tendenzkritische Untersuchungen nötig.

Erst nach einer quellenkritischen Untersuchung des Materials lassen sich mehrere Quellen in ein Verhältnis zueinander bringen; dazu wollen folgende vier Regeln helfen:

(1) Es muß beim Quellenvergleich sorgfältig auf die Gleichartigkeit bzw. Unterschiedlichkeit der Quellen nach Zeit, Gattung und Tendenz geachtet werden.

(2) Die Quelle mit der geringsten tendenziösen Sicht auf den Gegenstand hat den Vorrang.

(3) Die ältere Quelle hat, falls sie nicht übertrieben tendenziös berichtet, den Vorrang.

(4) Ein Ereignis ist umso wahrscheinlicher, je mehr unabhängige Quellen von ihm berichten.

Ein Quellenvergleich führt im Idealfall auf die Erhellung der Abhängigkeitsverhältnisse von Quellen, die sich dann der Übersicht halber auch graphisch darstellen lassen. Er bereitet das *historische* Urteil über den *Wert* einer Quelle vor. Freilich stellt sich hier bereits ein methodisches Problem, das weiter unten besprochen werden wird (S. 134f): Es ist in der Geschichtswissenschaft nicht wirklich geklärt, ob bei der Analyse von Quellen alles das für zutreffend zu halten ist, was nicht als ›unstimmig‹ erweisbar ist (›historischer Positivismus‹), oder nur das, dessen Stimmigkeit eigens bewiesen werden kann (›historische Skepsis‹).

Der Begriff ›stimmig‹ wird hier in dem präzisen Sinne verwendet, daß ein Ereignis/eine Erscheinung in gewisser Analogie zu anderen Ereignissen/ Erscheinungen stehen und sich in einer jedenfalls potentiell rekonstruierbaren Wechselwirkung zu anderen Ereignissen/Erscheinungen befinden muß. – Mit diesen Stichworten sind zwei wesentliche Kennzeichen historischer Methode nach den Kriterien des Theologen und Religionsphilosophen Ernst Troeltsch[223] aufgegriffen. Die hier aber gegenüber Troeltsch vorgenommenen Modifikationen »›in gewisser‹ Analogie« bzw. »›jedenfalls potentiell rekonstruierbare‹ Wechselwirkung« versuchen, ein positivistisches Mißverständnis der Ausdrücke und eine Beschränkung auf den jeweiligen philosophischen, naturwissenschaftlichen und theologischen Horizont des Interpreten auszuschließen.

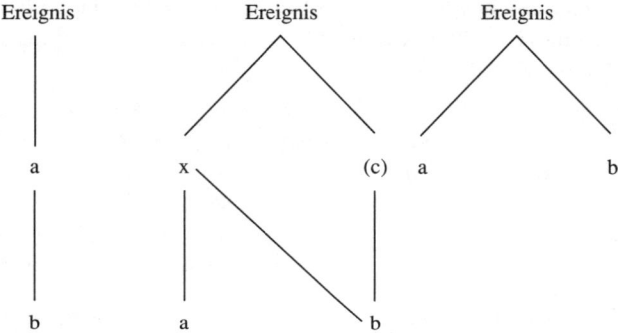

Die drei Graphiken sind leicht zu interpretieren: Die erste stellt ein Ereignis dar, was in der Primärquelle a und der von ihr abhängigen Sekundärquelle b berichtet wird; in der zweiten gehen die Quellen a und b auf eine (u.U. verlorene) ältere gemeinsame Quelle x zurück, wobei b noch zusätzliche Informationen aus c gewonnen hat. Im dritten Schema sind a und b voneinander unabhängige, aber zur selben Zeit entstandene Berichte.

Fragen:

1. Was bedeuten im Rahmen einer Tendenzkritik Syntaktik, Semantik und Pragmatik?
2. Hat die historische Methodik der französischen »Annales-Schule« eine Bedeutung für die kirchengeschichtliche Arbeit?
3. Was versteht man unter *terminus ad quem/ante quem?* Was unter *terminus a quo/post quem?*
4. Welche vier Regeln gelten für den Quellenvergleich?

Anhang: Ein Frageraster zur Quellenkritik

Das folgende Schema versucht, die Darstellung der Quellenkritik oben katalogartig zusammenzufassen und kann – entsprechend vorsichtig und schöpferisch angewendet – bei der Bearbeitung von kirchengeschichtlichen Quellen als Hilfe dienen:

(I) Äußere Quellenkritik

(a) *Identifikation der Quellengruppe:* Handelt es sich um eine Primärquelle, eine Sekundärquelle, einen Überrest oder eine Tradition?

(b) *Fragen zur Überlieferungsgeschichte* (*äußere* Merkmale): Was sagen die Handschriften? Kann mit ihrer Hilfe ein *terminus ante/post quem* der Quelle ermittelt werden? Wann datieren die Hss. (Papyrus/Codex)? Ist der Fundort gleich dem Entstehungsort? Wie verhalten sich die Hss. zur Urschrift (Stemma)? Was läßt die Stellung/Reihenfolge in den Hss. erkennen?

(c) *Fragen zu Entstehungszeit, Ort und Verfasser* (*innere* Merkmale): Wann, wo, wie und von wem wurde die Quelle verfaßt? Gibt es in ihr eigene Angaben des Verf. dazu? Hat die Quelle andere Hinweise, die eine Datierung, Lokalisierung und Zuschreibung an einen Autor ermöglichen? Gibt es einen *terminus ad quem/ ante quem,* einen Termin, *vor* dem die Quelle entstanden sein muß, oder einen *terminus a quo/post quem,* einen Termin, *nach* dem die Quelle entstanden sein muß? Kann man Stil, Vokabular (»Lieblingswörter«), typische Gedanken, Thesen und Argumentationsformen, theologische Ansichten, Wertungen (welchem Land/ Staat/Partei/Gruppe steht Verf. nahe) mit anderen Schriften des Verf. vergleichen? Wird die Quelle in anderen Schriften erwähnt?

(d) *Echtheitskritik:* Ist der genannte Autor wirklich der Verfasser? Ist der Text das, wofür er sich ausgibt? Ist die Quelle so erhalten, wie sie ursprünglich geplant/ verfaßt wurde?

(e) *Form- und Gattungskritik:* Diese Untersuchung leitet auf den Unterschied von Quellen*zweck* und Quellen*nutzung;* entspricht die Gattung, die der Quelle gegeben wurde, der historischen Situation (fingierte Briefe)? Welche Hinweise auf den Umgang mit historischer Situation gibt die Gattung für sich (z.B.: Panegyrik = Prunk- oder Festrede)? Welche Bedeutung hat die Gattung, haben einzelne Formen für die Darstellung?

(II) Innere Quellenkritik

(a) *Tendenzkritik:* Syntaktik – Welche verbreiteteren, welche besonderen Merkmale kennzeichnen den Stil bzw. das Vokabular der Quelle? Hat die Quelle ein spezifisches Vokabular und einen besonderen Stil, der zeitlich, geographisch oder personell bestimmt werden kann? Semantik – Welche theologischen, philosophischen, politischen, sozialen, wirtschaftlichen, kulturellen usw. Vorstellungen prägen das Material? Pragmatik – Welche Akzente setzt die Quelle: Worauf legt sie Gewicht? Was handelt sie kurz ab?

(b) *Traditionskritik:* In welchen Denkwelten ist der Verf. beheimatet, in welchen sozialen, kulturellen und politischen Verhältnissen und Denkschemata?

(c) *Redaktionskritik:* Können aus der Geschichte der Redaktion(en) des Textes, aus den Fälschungen, Verunechtungen und Interpolationen Rückschlüsse auf die Entstehungsgeschichte und das historische Umfeld gezogen werden? Können durch traditions- bzw. redaktionsgeschichtliche Arbeit (oder gar durch Literarkritik) besondere Schichten, Autoren, Tendenzen innerhalb der Quelle abgehoben werden?

(d) *Das Verhältnis des Autors zur Wirklichkeit* bzw. *des Verfassers zum Gegenstand:* Ist der Verfasser der Quelle Zeitgenosse? Oder gehören die Gegenstände für ihn der Vergangenheit an?

(d1) *Verfasser der Quelle ist Zeitgenosse:* Woher stammt die Kenntnis des Verfassers – ist er mithandelnde Person (sein Interesse?)/Augenzeuge ohne Beteiligung? Stützt er sich auf einen mündlichen Bericht (Überlieferungsgrund?)/eine schriftliche Quelle (Tendenz?)? Handelt es sich um ein abgeschlossenes Geschehen? Liegt ein späterer Rückblick vor oder verrät der Text augenblickliche Betroffenheit? Will der Verfasser mit der Quelle etwas in der gegenwärtigen Situation erreichen? Kann er die Hintergründe der Ereignisse kennen? Gab es Zensureinflüsse oder sonstige Rücksichten des Verfassers?

(d2) *Die Gegenstände gehören für den Verfasser der Quelle der Vergangenheit an:* Welche Quellen standen zur Verfügung? Welche Tendenz hatten die? Wie geht der Autor damit um: Auslassung, Zufügung, Veränderungen? Können diese Texte identifiziert oder rekonstruiert werden? Warum beschäftigt sich der Verfasser überhaupt mit dem Gegenstand? Verfolgt er eine Tendenz in der Gegenwart? Welches ›Vorverständnis‹[224] hatte der Autor von Epoche und Gegenstand?

(III) Historisches Urteil

Im Ergebnis soll eine Arbeit aus all diesen Schritten zu einem *Urteil* über den historischen Sachverhalt kommen: Ist das Bild des Verf. von historischen Abläufen zutreffend, wahrscheinlich oder unwahrscheinlich? Wo liegt die *particula veri* seiner Sicht?

Als dritter Schritt nach Heuristik (§§ 3–5) und (Quellen)-Kritik (§§ 7/8) folgt nun (wie auch sonst in der historischen Methodik seit Johann Gustav Droysens Historik von 1857) die Interpretation (§ 9).

Dritter Teil: Interpretation

§ 9 Interpretation

Durch Interpretation wird ein historischer Sachverhalt ermittelt, der nicht identisch ist mit der reinen Zusammenstellung bzw. Zusammenordnung des Quellenmaterials. In diesem letzten Schritt der historischen Arbeit werden historische Materialien nämlich so ausgelegt, daß ihre Sichtweisen auf historische Ereignisse und Zusammenhänge zunächst wohl in ihrem alten Kontext analysiert, schließlich aber in ein neues Bild integriert werden.

Für Begriff und Technik der Interpretation in der historischen Wissenschaft, wie sie heute angenommen werden, hat wieder *Johann Gustav Droysen* die Grundlagen gelegt. Er meinte:

> »Wenn man alle erdenklichen Memoires, Verhandlungen und Korrespondenzen der Napoleonischen Zeit zusammenstellte, so würde man noch nicht einmal ein photographisch richtiges Bild der Zeit haben, in den Archiven liegt nicht etwa die Geschichte, sondern es liegen da die laufenden Staats- und Verwaltungsgeschäfte in ihrer ganzen unerquicklichen Breite, die sowenig Geschichte sind, wie die vielen Farbkleckse auf einer Palette ein Gemälde«[225].

Wenn im Sinne von Droysens Bild die Ergebnisse der voraufgehenden Arbeitsschritte als »Farbkleckse« aufgefaßt werden, könnte man sagen, daß durch die Interpretation aus ihnen das Bild vom historischen Sachverhalt zusammengesetzt wird. Droysen beschreibt es selbst als ein »Deuten aus dem Besonderen, ein Zurückschließen auf das im Besonderen ausgedrückte Allgemeine« (57). Die Interpretation rekonstruiert so z.B. den allgemeinen historischen Sachverhalt »arianischer Streit« aus dem Besonderen seiner tendenziösen Chronisten und Protagonisten, zeichnet aus den Farbtupfern der Erinnerungen, Akten und Schriften ein Gemälde des »Kirchenkampfes« – wobei in beiden Fällen bereits die Titel auf die Problematik impliziter Wertungen des Historikers aufmerksam machen, die bei diesem Transformationsprozeß aus dem Besonderen ins Allgemeine eine erhebliche Rolle spielen.

>**Arianischer Streit«:** Diese Bezeichnung für die Auseinandersetzungen um eine subordinatianische (d.h. den Sohn dem Vater hinsichtlich der Gottheit unterordnende) Trinitätstheologie in den Jahren 325–381 suggeriert, jene Theologen, die das Konzil von Nicäa (325) und seine Verwerfung des Subordinatianismus im ὁμοούσιος ablehnten, seien alle miteinander Schüler oder jedenfalls Gefolgsleute des alexandrinischen Presbyters Arius († 336) gewesen. Diese Sichtweise entspricht bis in Einzelheiten dem Bild, das der alexandrinische Bischof Athanasius († 373) vom Konflikt gezeichnet hat. Wir wissen freilich aus den Schrift(fragment)en seiner Gegner, daß diese sich in den allermeisten Fällen keineswegs für Schüler des Arius hielten, sondern eher in der theologischen Tradition des Origenes († 253/254) und seines Enkelschülers Eusebius von Cäsarea standen; ob sie Arius nicht trotzdem theologisch nahestanden, wäre eigens und davon getrennt noch einmal zu untersuchen[226]. Zudem sehen wir heute deutlicher, daß eine subordinatianische Theologie vor 325 zur Normaltheologie der Mehrheitskirche gehörte – und das gilt ganz unabhängig davon, wie man diesen Befund systematisch-theologisch zu werten hat.

>**Kirchenkampf«:** Dieser Begriff wurde und wird mit ganz unterschiedlichen Nuancen verwendet; teilweise bezeichnet er die gesamte weltanschaulich-politische Auseinandersetzung von Teilen der Kirche mit dem Nationalsozialismus und suggeriert also mindestens implizit, es habe einen durchgängigen Kampf der Kirche im sogn. ›Dritten Reich‹ gegen dasselbe gegeben. Von seiner Entstehung her meint der Begriff aber zunächst nur den Kampf der sich formierenden bekennenden Kirche in der Kirche gegen das Kirchenregiment der »Deutschen Christen« und ihres Reichsbischofs Müller. Mit dem Zusammenbruch dieses Regiments und der Entmachtung des Reichsbischofs im Jahr 1934 war jedoch für eine größere Gruppe der »Kirchenkampf« beendet, was sich spätestens an der Spaltung der Bekennenden Kirche 1936 zeigte. Zudem hat die neuere Forschung nachgewiesen, wie stark das Bild vom »Kirchenkampf« aus der unmittelbaren Nachkriegszeit auch von der Theologie Karl Barths (1886–1968) her bestimmt war und die verschiedenen Auseinandersetzungen auch als Kampf einer Offenbarungstheologie gegen eine ›liberale‹ bzw. ›natürliche‹ Theologie gedeutet wurden[227].

Für die interpretierende Rekonstruktion historischer Sachverhalte aus den kritisch analysierten Quellen gelten einige Charakteristika, die beispielhaft klar der Theologe und Philosoph *Ernst Troeltsch* (1865–1923) in seinem berühmten Aufsatz »Über historische und dogmatische Methode«[228] bereits 1898 herausgestellt hat. Er zeigt erstens, »daß es auf historischem Gebiet nur Wahrscheinlichkeitsurteile gibt« (731). Jede Rekonstruktion allgemeiner historischer Sachverhalte aus besonderen Quellen arbeitet aber nicht nur mit *Wahrscheinlichkeitsur-*

teilen, sondern auch mit *Hypothesen,* die wiederum von ganz allgemeinen Grundannahmen und bestimmten Denkstrukturen geprägt sind. *Friedrich Schlegel* (1772–1829), Schleiermachers Freund und zeitweiliger Wohngenosse, hat zu diesem Thema bemerkt:

>»Da man immer so gegen die Hypothesen redet, so sollte man doch einmal versuchen, die Geschichte ohne Hypothese anzufangen. Man kann nicht sagen, daß etwas ist, ohne zu sagen, was es ist. Indem man sie denkt, bezieht man Fakta schon auf Begriffe, und es ist doch wohl nicht einerlei, auf welche«.[229]

Auf derselben Linie liegen Äußerungen Goethes:

>»Hypothesen sind Gerüste, die man vor dem Gebäude aufführt, und die man abträgt, wenn das Gebäude fertig ist; sie sind dem Arbeiter unentbehrlich; nur muß er das Gerüste nicht für das Gebäude ansehen.
>
>----------
>
>Wenn man den menschlichen Geist von einer Hypothese befreit, die ihn unnötig einschränkte, die ihn nötigte, falsch zu sehen, falsch zu kombinieren, anstatt zu schauen zu grübeln, anstatt zu urteilen zu sophistieren, so hat man ihm schon einen großen Dienst erzeigt. Er sieht die Phänomene freier, in anderen Verhältnissen und Verbindungen an, er ordnet sie nach seiner Weise, und er erhält wieder Gelegenheit, selbst und auf seine Weise zu irren; eine Gelegenheit, die unschätzbar ist, wenn er in der Folge bald dazu gelangt, seinen Irrtum selbst wieder einzusehen«[230].

Es empfiehlt sich daher bei aller historischen Arbeit, sich solche allgemeinen und persönlichen Voraussetzungen und Wertungen bewußt zu machen – z.B. also bei Untersuchungen über den ›Arianischen Streit‹ das eigene theologische Urteil über den Subordinatianismus, bei Forschungen zum ›Kirchenkampf‹ das eigene theologische Urteil zur Theologie Karl Barths zunächst zurückzuhalten.

Die Arbeit historischer Interpretation bestimmen nach *Troeltsch* weiterhin »die Anwendung der Analogie« (732) und die »Wechselwirkung aller Erscheinungen des geistig-geschichtlichen Lebens, wo keine Veränderung an einem Punkte eintreten kann ohne vorausgegangene und folgende Änderung an einem anderen« (733). *Analogie* und *Korrelation* sind die Techniken (oder Gesetze), nach der – in Droysens Metaphorik – die »Farbkleckse« zu einem »Gemälde« verbunden werden. Rekonstruktionen von historischen Sachverhalten bzw. Situationen müssen sich im Vergleich mit analogen Sachverhalten/Situationen bewähren, müssen Voraussetzungen, Folgen und Abläufe sichtbar machen.

So muß z.b. eine Darstellung der schweren Auseinandersetzungen um die *Berufung Adolf* (von) *Harnacks* auf den kirchengeschichtlichen Lehrstuhl nach Berlin (1887/1888[231]) die Analogie zu anderen Berufungen berücksichtigen – sie liegt z.B. im Verfahren selbst, das für theologische Professuren durch eine preußische Kabinettsordre von 1855 geregelt war und (wie heute in Deutschland meist auch) die Regelanfrage des berufenden Kultusministeriums beim Ev. Oberkirchenrat vorsah, ob »gegen Lehre und Bekenntnis des Professors D. Harnack Bedenken bestehen?« Außerdem muß die Wechselwirkung zwischen den beteiligten Parteien und Einzelpersonen (Fakultät; Oberkirchenrat; Oberhofprediger; Kultusministerium; Kaiser), müssen ihre jeweiligen offenen und vorgeschobenen Motive und Maßnahmen rekonstruiert werden.

Es ist nicht besonders sinnvoll, diesen interpretatorischen Prozeß selbst nun noch in eigene Abschnitte zu untergliedern – Droysen unterschied freilich eigens vier Schritte des historischen Verständnisses, (1) eine »pragmatische Interpretation«, die den sachlichen Verlauf rekonstruiert, (2) eine »Interpretation der Bedingungen«, die hemmende und fördernde Einwirkungen auf einen Sachverhalt benennt, (3) die »psychologische Interpretation« der »beteiligten Individuen« hinsichtlich deren »Meinung, Anschauung, Tendenz, deren Zwecke« und schließlich (4) eine »Interpretation der Ideen«, worunter er »allgemeine Interessen, bestimmte Gedanken« verstand, »die, in der Empfindung und dem Gewissen jedes Menschen lebendig, ihn über sich selbst und sein kleines Ich erheben«[232]. Vermutlich läßt sich aber kaum ein ›sachlicher Verlauf‹ ohne seine Bedingungen rekonstruieren. Ebenso problematisch bleibt der Einzelschritt einer psychologischen Interpretation; besonders wenn sie vor dem Hintergrund der heute ausdifferenzierten psychologischen Methoden geschieht und aus dem Prozeß der historischen Interpretation herausgenommen wird. Hier werden dann gelegentlich die Grenzen der Aussagefähigkeit des Materials und die historische Situation ignoriert: »Nicht jeder Tatbestand wird uns Anlaß zur psychologischen Interpretation geben« (Droysen, 196).

Das zeigt sich beispielhaft an dem Buch »Young Man Luther. A Study in Psychoanalysis and History« von *Erik H. Erikson* (New York 1958)[233], der die theologische Entwicklung Luthers psychoanalytisch aus einem Vaterkonflikt ableiten möchte. Freilich baut Erikson, wie der Reformationshistoriker *Heinrich Bornkamm* gezeigt hat[234], nicht nur z.T. auf legendarischem

> Material auf und ignoriert freundliche Äußerungen Luthers über seinen Vater, sondern berücksichtigt viel zu wenig, was in jener Zeit allgemeine Formen religiöser und sonstiger Erziehung waren. Vor diesem Hintergrund muß man nämlich sagen, daß Luther eine überaus ›normale‹ Erziehung genoß und darauf auch überaus durchschnittlich reagierte.

Trotzdem muß natürlich die Feststellung des reinen Ereignisverlaufs ergänzt werden durch eine der Quellenlage angemessene und u.U. entsprechend vorsichtige Nachzeichnung der individuellen Verhaltensweisen und Einstellungen beteiligter Personen mitsamt deren psychischen Bedingtheiten, soweit sie noch erkennbar sind.

> Eine entsprechend sensible Darstellung zum unerschöpflichen Thema »Augustin und die Sexualität« mit feinen Beobachtungen zur Psyche des nordafrikanischen Kirchenvaters liegt vor bei *Peter Brown,* Die Keuschheit der Engel[235]. Gerade Browns Vergleich mit zwei anderen lateinischen Theologen (Ambrosius und Hieronymus) führt zu einer differenzierten Wertung der Phänomene bei Augustin.

Auch Droysens Hinweis auf die »Interpretationen der Ideen« kann helfen, in der Vielfalt der Einzeltatsachen auf die großen (und kleineren) gestaltenden Vorstellungen bzw. Ideologien und Ideologeme in der Geschichte zu achten – z.B. eben das Christentum und seine Vorstellung vom Staat; die Idee des absoluten Monarchen; die Idee der Menschenrechte u.ä. mehr.

Den Schluß bildet noch einmal ein Zitat von Droysen, in dem der unleugbare subjektive Anteil des Interpreten resp. der Interpretin am Prozeß historischer Rekonstruktion nicht als Gefahr, sondern als Chance beschrieben wird. Er ermöglicht, daß Geschichtsschreibung nicht nur im Wiederholen stets derselben ›Fakten‹ oder ›Wahrheiten‹ besteht:

> »Das Ergebnis also ist nicht bloß die gemachte Kritik und Interpretation dieses historischen Materials, sondern ein davon verschiedenes Neues, eben das durch Kritik und Interpretation gewonnene Verständnis, unser Verständnis nicht bloß *von* jenem Material, sondern *aus* jenem Material, Verständnis von dem, was sich darin ausgeprägt hat. (...) Das ist die ἱστορίης ἀπόδειξις, wie Herodot sein Werk gleich in der ersten Zeile bezeichnet (...)«[236].

Den Abschluß der historischen Arbeit bildet die Neuerzählung der gewonnenen Interpretation (oder: Rekonstruktion) in einer Darstellung.

Fragen:

1. Worin unterscheidet sich Interpretation von reiner Nacherzählung eines Textes?
2. Welche drei Kriterien zeichnen nach Ernst Troeltsch die historische Methode aus?
3. Ist Troeltsch darin zuzustimmen? Oder sind Modifikationen seiner Kriterien notwendig?
4. Wo liegen Probleme, wo Chancen einer psychologischen Interpretation historischer Personen?

Vierter Teil: Darstellung

§ 10 Darstellung

Bevor – zum guten Schluß der historischen Arbeit – mit der Abfassung einer Darstellung begonnen wird, sollte man zunächst (wenn es gestellt wurde) das Thema analysieren bzw. (wenn sie selbst gewählt wurde) sich die Implikationen der Aufgabe klarmachen. In der Regel ergibt sich dann, daß in schöpferisch-freier Anwendung der zur Verfügung stehenden historischen Methoden das gewonnene Gesamtbild niedergelegt wird entweder als Erzählung von Vorgängen oder als Situationsbeschreibung oder aber als theoretische Analyse.

Ehe mit einer Darstellung begonnen wird, empfiehlt sich – falls es sich um eine Arbeit handelt, deren Thema vorgegeben ist (z.B. Proseminar- oder Examensarbeit) – (a) die genaue *Eingrenzung* des Themas und (b) eine *Reflexion* über das Thema: (a) Ein (zu) weites Thema kann, damit man nicht im Stoff versinkt oder der Abschluß der Arbeit gefährdet wird, eingegrenzt werden in zeitlicher, stofflicher/quellenbezogener oder sachlicher Hinsicht. Unter Umständen legt sich hier bereits ein beratendes Gespräch mit der Dozentin oder dem Dozenten nahe. (b) Das Thema ist sodann zu reflektieren, um seine Implikationen zu erfassen und die Verfehlung des Themas zu vermeiden: Das Thema ist in seine Bestandteile bzw. Implikate zu zerlegen; dazu sind Informationen zu sammeln, um daraufhin die einzelnen Elemente zu gewichten und die Ausarbeitung zu planen und zu gliedern. Besonders wichtig ist, daß alle historische Arbeit von Primärtexten ausgeht und erst in einem zweiten und deutlich abgetrennten Schritt Forschungsliteratur herangezogen werden darf; sonst besteht die Gefahr, daß die Sekundärliteratur den Blick auf die Primärtexte verstellt oder zumindest einengt.

Als Beispiel mag ein Hauptseminararbeitsthema dienen:

Das Thema *»Das Verhältnis Christi zum Vater bei Origenes«* kann (a) eingegrenzt werden auf die *Zeit,* in der Origenes noch in Alexandria weilte (d.h.
vor 230/31) dem *Stoff* nach auf eine bestimmte *Quelle,* z.B. seinen Kommentar zum Hohenlied (CPG I, 1433), oder es kann der *Sache* nach beschränkt
werden, z.B. auf die philosophischen Voraussetzungen des Verhältnisses
Christi zum Vater bei Origenes. – Solche die Arbeit stark prägenden Eingren-
zungen sollten freilich mit denen, die die Arbeit betreuen resp. korrigieren,
abgesprochen werden.

(b) Das genannte Beispielthema sollte reflektiert werden, indem es zunächst zerlegt wird in seine *Elemente:* Verhältnis – Christus – Vater – Origenes. Dann lassen sich *Informationen* dazu sammeln: Wer war Origenes? Welche Schriften schrieb er? Wo kommen in seinen Schriften Passagen über Gott
den Vater und über Christus vor (ausführliche Register in den Ausgaben der
›Griechischen christlichen Schriftsteller‹, z.T. auch bei den ›Sources Chrétiennes‹)? An welchen dieser Stellen werden beide ins Verhältnis gesetzt?
Daraus ergibt sich eine *Ordnung* und *Gewichtung* der Elemente des Themas:
Im Mittelpunkt sollte das stehen, was Origenes zum Verhältnis beider sagt.
Nebenaspekte sind also das Leben und die Schriften des Origenes, aber auch
die Gotteslehre des Autors und seine Christologie an sich. Nach dieser Reflexion legen sich in den meisten Fällen die kommenden *Arbeitsschritte* oder
sogar schon eine *Gliederung* nahe: Wie verhalten sich die verschiedenen
Stellen zueinander (zeitliche Entwicklung)? Mit wem setzt sich Origenes
auseinander? Wen rezipiert er? (für weitere Arbeitsschritte und Fragehinsichten vgl. unser »Frageraster zur Quellenkritik«, oben S. 130–132).

Die *Darstellung* selbst sollte die kritische Verarbeitung der Inter-
pretation(en) des historischen Materials einem interessierten Publikum
auf möglichst spannende Weise vermitteln. Sie kann das durch

(a) *Erzählung von Vorgängen* (ereignisgeschichtlich: Der histori-
sche Verlauf der Ereignisse wird in deren exakter Abfolge und unter
Berücksichtigung der auslösenden, hemmenden bzw. begleitenden
Faktoren samt dem inneren Zusammenhang rekonstruiert),

(b) *Situationsbeschreibungen* (strukturgeschichtlich: Es werden historische, kultur- und sozialgeschichtliche sowie mentale Charakteristika eines bestimmten Phänomens, einer Situation vermittelt) oder

(c) durch *theoretische Analyse* (theologie-/ideengeschichtlich: Die
wirksamen/unwirksamen bzw. impliziten Theologumena und geistig-
kulturellen Vorstellungen/Ideologien werden vorgestellt und ihre Wirkung auf Personen und Situationen wird aus den Quellen erhoben).

In der Regel werden Themata und Fragestellungen historischer Arbeit eine Kombination dieser drei Darstellungsweisen verlangen oder auf entsprechend modifizierte Verfahren führen – diese Methode ergibt sich in den allermeisten Fällen von selbst, wenn die Themen gründlich analysiert und ihre Implikationen sorgfältig reflektiert wurden. Auch die in diesem Arbeitsbuch erklärten Arbeitsschritte sollten – wie nicht oft genug betont werden kann – heiter und schöpferisch angewendet werden, keinesfalls als Parcours, durch den Studierende sich mißmutig und mühsam Hürde für Hürde durchquälen müssen.

Erst in einem relativ späten Stadium der Arbeit sollte auf *Sekundärliteratur* zurückgegriffen werden – es besteht ohnehin ja schon ein Wechselverhältnis bzw. ein enger Zusammenhang zwischen der vorgegebenen Fragestellung, dem individuellen Horizont, der Geistes-, Frömmigkeits- und Lebenswelt der Fragenden einerseits und der Interpretation andererseits (sogenannter »Hermeneutischer Zirkel«[237]). Wenn sich zwischen die Individualität der Forschenden und das Material ihrer Forschung bereits früh weitere Individualitäten (sc. der Sekundärliteratur) und deren zeit- und personenbedingte Sichtweisen drängen, verschiebt sich der Schwerpunkt der Arbeit u.U. noch weiter von den Quellen weg. Das sollte vermieden werden; gerade angesichts der immer weiter anwachsenden Sekundärliteraturmengen gilt der alte Ruf *ad fontes!* Es kann keinesfalls die Aufgabe von Pro- und Hauptseminararbeiten sein, *alle* relevante Literatur zu verarbeiten. Die kirchengeschichtliche Proseminararbeit soll Gelegenheit geben, an einem begrenzten Feld die in der Lehrveranstaltung kennengelernten historischen Methoden anzuwenden; bei einer Hauptseminararbeit sollte die Problemlösung im Vordergrund stehen, nicht schikanöse Vollständigkeitsphantasien.

Die Einordnung von Sekundärliteratur und die Unterscheidung von wesentlichen bzw. unwesentlichen Titeln wird erleichtert, wenn man sich den theologischen, politischen und sozio-kulturellen Standort eines Autors resp. einer Autorin bei der Lektüre klarmacht oder wenigstens klarzumachen versucht: Dabei helfen die zur Anschaffung geeigneten Lexika von *W. Härle/H. Wagner* (Hgg.), Theologenlexikon von den Kirchenvätern bis zur Gegenwart (München 1987) bzw. *R. v. Bruch/R.A. Müller,* Historikerlexikon von der Antike bis zum 20. Jhd. (München 1991) bzw. die einschlägigen Artikel der großen und kleinen Lexika. Ausführlichere Informationen in den Theologiegeschichten – z.B. bei E. Hirsch, Geschichte der neuern evangelischen Theologie im Zusammenhang mit den allgemeinen Bewegungen des europäischen Denkens, 5 Bde., Münster 1984 (= Gütersloh ³1964); F. Mildenberger, Geschichte der deutschen evangelischen Theologie im 19. u. 20. Jh., ThW 10, Stuttgart u.a. 1981 oder H. Stephan/M. Schmidt, Geschichte der evangelischen Theologie seit dem deutschen Idealismus, STö 9, Berlin ³1976.

Gelegentlich läßt sich bereits aus dem speziellen Ort der Veröffentlichung (d.i. Verlag, Zeitschrift, Herausgeberschaften eines Sammelbandes) vieles entnehmen; die theologische Position von Zeitschriften seit dem 19. Jahrhundert stellt übersichtlich eine Karte bei *F. Mildenberger* (Geschichte der deutschen evangelischen Theologie, nach p. 287) dar.

Unter Umständen ist es ratsam, in einer Rezensionszeitschrift (wie etwa der »Theologischen Literaturzeitung« [TRE: ThLZ]) nach Besprechungen eines Titels zu suchen; man erfährt so bei gut gemachten Rezensionen sowohl schnell etwas vom Inhalt des Buches als auch einen Vorschlag zur Beurteilung.

Wie soll eine historische Darstellung nun aber geschrieben oder vorgetragen werden? In gewissem Unterschied zu *Johann Gustav Droysen* (1857) meinen wir, daß es äußerst wünschenswert wäre, wenn hier soweit als möglich »künstlerische, ästhetische Formen« angewendet werden und der »Bereich der schönen Literatur« und die dadurch geprägten Standards von gutem Stil, abwechslungsreicher Wortwahl etc. pp. nicht vollkommen aus dem Auge geraten[238]. Vor allem angelsächsische und französische Arbeiten zeigen gegenwärtig, daß Anleihen aus dem Bereich sogenannter »schöner Literatur« auch der wissenschaftlichen historischen Forschung zugute kommen können – vgl. etwa oben S. 137 den Hinweis auf Arbeiten von *Peter Brown* (* 1935).

In der Regel entwickelt sich eine Darstellung im Gespräch mit anderen Forschungspositionen – sei es, daß zu Beginn ein Forschungsüberblick gegeben wird oder in Anmerkungen bzw. Exkursen die Auseinandersetzung mit der Sekundärliteratur geführt wird. Der *Forschungsbericht* kann entweder nach thematischen Aspekten gegliedert werden (z.B. Origenes: Literatur zu a) Leben, b) Werke und c) Theologie) oder nach der Forschungsdiskussion (also historisch: Wer diskutiert mit wem? Wer antwortet wem? Wer kritisiert wen?). Folgende Fragen sollte ein solcher Bericht beantworten:

– Um welches Problem geht es dem Verfasser/der Verfasserin?
– Welche Ausgangsfragen stellt er/sie?
– Zu welchen Ergebnissen kommt er/sie?
– Welche Arbeitsmethode bzw. Arbeitsschritte werden angewendet?
– Mit wem/wer wird die Diskussion in Anknüpfung und Ablehnung geführt?
– Was ist von den Ergebnissen heute zu halten?

Freilich muß auch nicht jeder Darstellung ein Forschungsbericht beigegeben werden – gelegentlich werden so neue Ansätze verfolgt, daß eine Nachzeichnung der Forschungsgeschichte der vernichtenden Kritik dieser gleichkäme (und das sollte besser vermieden werden); gelegentlich ist kaum etwas Neues herausgekommen bzw. konnte kaum etwas Neues herauskommen (dann genügt äußerste Kürze).

Um das Gespräch mit anderen Forschungspositionen aufzunehmen, wird man sich in der Regel bestimmter *bibliographischer Hilfsmittel* bedienen, die im Folgenden vorgestellt und besprochen sind.

10.1. Bibliographische Hilfsmittel

Erste bibliographische Hinweise geben Dozentinnen und Dozenten, Seminarbibliotheken mit ihren systematischen Aufstellungen sowie die Schlagwortkataloge der Bibliotheken. In der Regel wird dann die Suche anhand von Lexikonartikeln fortgesetzt werden; die bibliographischen Angaben der Monographien sind auszuwerten. Schließlich sollten *Zeitschriften bibliographischer Natur bzw. Zeitschriften mit ausführlichen Rezensionen* konsultiert werden (für Pro- und Hauptseminararbeiten bzw. Examensarbeiten reicht das in den allermeisten Fällen auch vollkommen aus)[239]:

L'Année Philologique. Bibliographie critique et analytique de l'antiquité gréco-latine (1 [1924/28], Paris; *TRE*: AnPh).

Archiv für Reformationsgeschichte (1 [1903/04], Gütersloh; *TRE*: ARG).

Byzantinische Zeitschrift (1 [1892], Leipzig/Stuttgart; *TRE*: ByZ).

Gnomon. Kritische Zeitschrift für die gesamte Altertumswissenschaft (1 [1925], München; *TRE*: Gn.).

Göttingische Gelehrte Anzeigen (1 [1802], Göttingen; *TRE*: GGA).

Historische Zeitschrift (1 [1859], München; *TRE*: HZ; Aufsatzschau seit 1969).

Historische Bibliographie, hg. v. d. Arbeitsgemeinschaft außeruniversitärer historischer Forschungseinrichtungen in der Bundesrepublik Deutschland (= AHF) (1 [1986], München; *TRE*: –).

International Bibliography of Historical Sciences (1 [1926], Paris; *TRE*: IBHS).

International Bibliography of the History of Religions (1 [1952], Leiden; *TRE*: IBHR).

International Medieval Bibliography (1 [1967]; *TRE*: IMB).

Jahrbuch der historischen Forschung in der Bundesrepublik Deutschland, hg. v. der AHF (1 [1974], Stuttgart; *TRE*: JHF).

Revue d'histoire ecclésiastique (1 [1900], Louvain; *TRE*: RHE).

Theologische Literaturzeitung (1 [1876], Leipzig; *TRE*: ThLZ).

Theologische Revue (1 [1902], Münster; *TRE*: ThRv).

Theologische Rundschau (1 [1897], Tübingen; *TRE*: ThR).

Eine Übersicht über Spezialbibliographien zu einzelnen Autoren[240] bieten *W. Totok/R. Weitzel,* Handbuch der bibliographischen Nachschlagewerke, Frankfurt/M. [6]1984.

Die *Tübinger Universitätsbibliothek,* die im Auftrag und mit Unterstützung der ›Deutschen Forschungsgemeinschaft‹ zentral für die Bundesrepublik theologische und religionswissenschaftliche Literatur sammelt, bietet zwei bibliographische Nachschlagewerke an: (1) den »Zeitschrifteninhaltsdienst Theologie« (Tübingen 1 [1975]) – er druckt die Inhaltsverzeichnisse von über 400 Zeitschriften und Festschriften jeweils mit Bibelstellen-, Personen- und Autorenregister. Jährlich erscheint ein »Register der ausgewerteten Zeitschriften«, in entsprechenden Abständen auch ein »Fünf-Jahres-Register« (zuletzt: 11 [1985] – 15 [1989]). Daneben erscheint (2) die Liste »Neuerwerbungen Theologie und allgemeine Religionswissenschaft« für Monographien (mit Jahresregistern der Verfasser bzw. Herausgeber; seit 1973). Für die patristische Literatur existiert seit 1956 die *Bibliographia Patristica* als »Internationale patristische Bibliographie«. Sie gliedert sich in einzelne Abschnitte zu bestimmten Themen; ein umfangreicher Mittelteil ist nach antiken bzw. spätantiken Kirchenschriftstellern alphabetisch geordnet[241]. Die übrigen Bibliographien sind bereits im Abschnitt über »Quellenfindung« oben besprochen; besonders ist noch hinzuweisen auf *R. Dopheide,* Wie finde ich Literatur zur Geschichtswissenschaft? (Berlin 1980).

Nicht an allen Orten werden die neuen Computerindices historischer, philologischer und religiöser Literatur greifbar sein, die jetzt das Bibliographieren einfacher (z.T. aber durch die ungeheure Menge auch schwieriger und unübersichtlicher) machen; in der Regel empfiehlt sich deren Benutzung erst bei Magisterarbeiten, Dissertationen und Habilitationen. Hier sind zum Beispiel zu nennen: Ἡρακλῆς – Banca dati bibliografici del Mondo Antico[242] für die klassische und späte Antike (Geschichte, Philologie, Religion, Archäologie) ab 1992; Religion Index[243] bzw. Françis[244] für Zeitschriftenaufsätze, Sammelwerke, Monographien, Dissertationen und Rezensionen aus Theologie und Religionswissenschaft mit angrenzenden Gebieten ab ca. 1975 (diese beiden Datenbanken erfassen allerdings nur etwa die Hälfte der Aufsatzliteratur!). Auskünfte über diese und andere neue Datenbanken erteilen in der Regel die Universitätsbibliotheken bzw. deren Abteilungen.

Folgende weitere Zeitschriften sind für die Kirchengeschichte von besonderer Bedeutung (ohne regionalkirchengeschichtliche Zeitschriften):

(a) *Kirchenhistorische Zeitschriften*

Analecta Bollandiana (1 [1882], Brüssel; *TRE*: AnBoll).

Annuarium Historiae Conciliorum (1 [1969], Paderborn; *TRE*: AHC).

Augustinianum. Periodicum quadrimes tre collegii internationale Augustiniani (1 [1961], Rom; *TRE*: Aug.).

Bulletin de Littérature Ecclésiastique (NS 10 [1899], Toulouse; *TRE*: BLE).

Jahrbuch für Antike und Christentum (1 [1958], Münster; *TRE*: JAC/JbAC).

Journal of Ecclesiastical History (1 [1950], London; *TRE*: JEH).

Kirchliche Zeitgeschichte. Internationale Halbjahresschrift für Theologie und Geschichtswissenschaft (1 [1988], Göttingen; *TRE*: KZG).

Luther-Jahrbuch (1 [1919], Leipzig u.a.; *TRE*: LuJ).

Pietismus und Neuzeit. Ein Jahrbuch zur Geschichte des neueren Protestantismus (4 [1977/78], Göttingen; *TRE*: PuN).

Revue Bénédictine de critique, d'histoire et de littérature religieuses (7 [1890], Abbaye de Maredsous; *TRE*: RBen).

Revue des Études Augustiniennes (1 [1955]; Paris; *TRE*: REAug).

Römische Quartalschrift für christliche Altertumskunde und für Kirchengeschichte (1 [1887], Freiburg/B.; *TRE*: RQ).

The Second Century. A Journal of Early Christian Studies (1 [1981], Abilene; *TRE*: -) – seit 1993: Journal of Early Christian Studies (1 [1993], Baltimore).

Vigiliae Christianae. Review of Early Christian Life and Language (1 [1947], Amsterdam; *TRE*: VigChr).

Zeitschrift für die neutestamentliche Wissenschaft und die Kunde der älteren Kirche (1 [1900], Berlin; *TRE*: ZNW).

Zeitschrift für historische Theologie (1 [1832] – 45 [1875], Leipzig; *TRE*: ZHTh).

Zeitschrift für Kirchengeschichte (1 [1877], Stuttgart; *TRE*: ZKG).

(b) *Profanhistorische und philologische Zeitschriften (in knapper Auswahl; vgl. auch o. S. 143)*

Annales. Économies, sociétés, civilisations (1 [1946], Paris; *TRE*: Annales).

Frühmittelalterliche Studien (1 [1967], Berlin; *TRE*: FMSt).

Hermes. Zeitschrift für klassische Philologie (1 [1866], Wiesbaden; *TRE*: Herm.).

Historia. Zeitschrift für alte Geschichte (1 [1950], Wiesbaden; *TRE*: Hist).

Historisches Jahrbuch der Görres-Gesellschaft (1 [1880], München; *TRE*: HJ).

Journal of Medieval and Renaissance Studies (1 [1971], Durham; *TRE*: JMRS).

Klio. Beiträge zur alten Geschichte (1 [1900], Leipzig/Berlin; *TRE*: Klio).

Mediävistik. Internationale Zeitschrift für interdisziplinäre Mittelalterforschung (1 [1988], Stuttgart; *TRE*: -).

Philologus. Zeitschrift für das klassische Altertum (1 [1846], Wiesbaden/Berlin; *TRE*: Ph.).

Revue des Études Byzantines (4 [1946], Paris; *TRE*: REByz).

Revue des Études Grecques (1 [1888], Paris; *TRE*: REG).

Vierteljahreshefte für Zeitgeschichte (1 [1953], Stuttgart; *TRE*: VZG).
Zeitschrift für historische Forschung (1 [1974], München; *TRE*: ZHF).
Geschichte und Gesellschaft. Zeitschrift für historische Sozialforschung (1 [1975], Göttingen; *TRE*: GuG).

Freilich sollte – gerade in Zeiten, in denen immer mehr Sekundärliteratur erscheint und diese auch bibliographisch bequem erfaßt werden kann – der alte Grundsatz *non multa, sed multum* (»nicht Zahlreiches, sondern Bedeutendes«) wieder zu Ehren gebracht werden: lieber eine Auswahl repräsentativer Literatur als der ungeordnete Haufen einer »vollständigen Bibliographie«.

10.2. Disposition; Textgestaltung

Eine Darstellung faßt die verschiedenen Schritte der Quellenarbeit in den oben (S. 4) beschriebenen Arten zusammen; sie entwickelt aus den Quellen und auf sie gestützt eine konsistente Argumentation, benennt Ergebnisse und verschweigt bleibende Unsicherheiten nicht. In der Regel ergibt sich aus dem Thema und der Arbeit an den Quellen bereits zwanglos eine *Disposition* bzw. eine *Gliederung*. Sie sollte vor der Verfertigung der Darstellung vorliegen und bereits die Ergebnisse der vorangehenden Analysen widerspiegeln; methodische Zwischenrufe im Übermaß (»Wir gehen nun dazu über, daß ...«) verraten dagegen in der Regel, daß die Disposition zu künstlich an das Material herangetragen wurde bzw. die Gliederung nicht konsequent durchgeführt wurde. Eine Musterreihenfolge von Arbeitsschritten – wie in den exegetischen Fächern – kennt die Kirchengeschichte nicht. Es sollte aber darauf geachtet werden, daß die differenzierten Ergebnisse eines Quellenbefundes in der Darstellung nicht in eine lineare Abfolge von Ereignissen ›eingeebnet‹ werden. Das Interesse an einer angenehmen *Erzählung* wird sich so verbinden mit dem Interesse an einer überzeugenden *Erklärung*.

Bei der *Textgestaltung* ist vor allem zu beachten, daß Haupttext und Anmerkungen in einem sinnvollen Verhältnis stehen sollten – einerseits muß jede Aussage aus Quellen belegt sein und der Leserin resp. dem Leser zeitraubendes Nachschlagen abgenommen werden; andererseits stören überlange Anmerkungen den Gedankengang[245]. Man sollte bei der Lektüre historischer Darstellungen (also auch bei [Pro-]Seminararbeiten!) davon ausgehen können, daß Zitate wörtlich genau und mit exakten Referenzen gegeben werden. Bei griechischen und lateinischen Texten darf die Groß- bzw. Kleinschreibung vereinheitlicht werden (es bieten sich für Großschreibung die *nomina sacra* und Eigennamen an); bei lateinischen Texten sollte die Wiedergabe von *»u/v«* einheitlich gehandhabt werden. Eine heikle Frage ist die, ob frühneuhochdeutsche Zitate (z.B. Luthers) behutsam modernisiert werden dürfen – in der Regel wird dieses Verfahren nur der wählen, der mit der Sprache und Theologie der zitierten Autoren bestens vertraut ist, um hier Fehler auszuscheiden – vgl. auch die Bemerkungen oben § 4.4. Zur Zitation von Quellen (S. 53–57).

Fragen:

1. Welche Aufschlüsse bietet die Analyse eines Arbeitsthemas?
2. In welchen Arten kann eine Darstellung erfolgen?
3. Wo befinden sich in der Bibliothek des Studienortes ThLZ und ThR, KZG und ZKG?

Anhang: Ein Frageraster zur Darstellung

Das folgende Schema, das für kirchengeschichtliche Proseminare entwickelt wurde, bietet sich u.U. bei einer letzten Kontrolle der Rohfassung einer historischen Arbeit an:

(a) *Zur Methodik wissenschaftlichen Arbeitens*

Haben Sie alles *belegt*, was Sie von anderen gelernt haben?

Stimmen Ihre Zitate (auf wörtliche Genauigkeit achten!) und Nachweise? Sind die Zitationsvorschriften befolgt (innere/äußere Zitation)?

Entsprechen die griechischen Akzente der Vorlage? (Falls in der Vorlage die Akzente fehlen – so z.B. in Apparaten oder bei Namen in der LXX –, müssen Sie sich halt die Mühe machen ...). Bei lateinischen Texten darf die Wiedergabe von *»u/v«* und die Groß- bzw. Kleinschreibung vereinheitlicht werden. ›Vereinheitlicht‹ heißt: einheitlich!

Stehen Darstellung, Anmerkungen und Zitate in einem sinnvollen Verhältnis? Sind Sie mit Anmerkungen sinnvoll umgegangen?

Ist die jeweilige *kritische* Ausgabe verwendet (*Vorsicht bei Zitaten aus PG/PL!*)? Wurden die Editionen nach den *Claves* bzw. H.J. Frede, VL 1/1 benutzt? Haben Sie die Ratschläge und Empfehlungen dieses Arbeitsbuches bei Zitaten (z.B. *Cicero*) und im Literaturverzeichnis beherzigt? Stimmen die Abkürzungen und sind sie einheitlich angewandt (Bibelstellen z.B. nach den Loccumer Richtlinien; Zeitschriften und Reihen nach TRE/IATG[2] [S. Schwertner]; Abkürzungen von klassischer und altkirchlicher Literatur nach Liddell-Scott-Jones, Lampe, PGL; bzw. Lewis/Short, Glare oder A. Blaise-H. Chirat, Dictionnaire Latin-Français des auteurs chrétiens)?

(b) *Zu Techniken wissenschaftlichen Schreibens*

Bitte verzichten Sie auf »S. 22ff« (könnte ja ›22–70‹ oder ›22–25‹ bedeuten) und »a.a.O./ aaO.« – den angegebenen Ort hat der Leser resp. die Leserin in der Regel längst vergessen! Arbeiten Sie lieber mit Kurztiteln, die im Literaturverzeichnis erläutert sind: z.B. »M.-B. von Stritzky, Studien zur Überlieferung« = Studien zur Überlieferung und Interpretation des Vaterunsers in der frühchristlichen Literatur, MBTh 57, Münster 1989. Die platzsparendere amerikanische Zitationsart lediglich nach Verfasser(in) und Erscheinungsjahr [Bsp.: »Stritzky 1989, 22«] setzt sich immer weiter durch.

Im Literaturverzeichnis *muß* alle verwendete Literatur mit *vollständigem Titel* (also *nicht:* »Nestle-Aland, Novum Testamentum Graece«, *sondern* »Novum Testamentum Graece post E. Nestle et Er. Nestle editione vicesima septima revisa communiter ed. B. et K. Aland, J. Karavidopoulos, C.M. Martini, B.M. Metzger. Apparatum criticum novis curis elaboraverunt B. et K. Aland una cum Instituto Studiorum Textus Novi Testamenti Monasterii Westphaliae, Stuttgart, [27]1993«). *Nicht* mit bibliographiert werden sollten Titel des Autors bzw. Herausgebers, wie z.B.: G.W.H. Lampe, *Ely Professor of Divinity in the University of Cambridge*.

Bei alldem geht es nicht um schikanöse Penibilität; ein so bibliographierter Titel enthält für den, der ihn zu lesen versteht, interessante Informationen, die man dem Lesepublikum nicht vorenthalten sollte. Vergessen Sie Reihentitel nicht: AKZ, BHTh, PTS, TU etc.! Lexikonartikel zitiert man nach ihrem *Autor,* die pauschale Angabe des Werkes, in dem sie veröffentlicht sind, reicht nicht und entwertet die entsagungsvolle Arbeit der Autoren resp. Autorinnen.

(c) *Zur historischen Topik*

Entwickeln Sie einen logischen Gedankengang? Steht alles da, was die Argumentation trägt? Sind *überflüssige Literaturexzerpte* hinausgeworfen?

Können Sie mit Ihrem Stil zufrieden sein? (Ich erlaube mir, auf L. Reiners, Stilfibel, München [22]1987 hinzuweisen: Vermeiden Sie Partizipialsätze, verwenden Sie Vollverben und schreiben Sie abwechslungsreich: Das Lesen soll ja schließlich Spaß machen!)

Der Aufbau Ihrer Arbeit soll den von Thema (oder Text) über die Zwischenergebnisse zum Endergebnis führenden Argumentationsgang einem wohlwollenden Leser *einsichtig* machen; er versteht nur, was da steht, nicht, was Sie möglicherweise gedacht haben. Vermeiden Sie Gedankensprünge und »methodologische Zwischenrufe« im Übermaß (»Wir gehen jetzt dazu über, ...«). Stellen Sie sich ruhig eine konkrete Person als Leser/Leserin vor.

Die alte Deutschlehrerregel gilt auch hier: Vor allem die *Gliederung* sollte mit aller Sorgfalt durchgeführt werden – da fallen die noch bestehenden Argumentationslücken am leichtesten auf!

Achten Sie, wenn Sie einen Computer benutzen, besonders auf Stil und Gedankengang, lesen Sie einen Ausdruck einmal ganz gründlich durch – sind z.B. einzelne Sätze in der Maschine geblieben? Stimmt der Umbruch von Text und Anmerkungen? Ist der Druck korrekt?

Schluß

§ 11 Das Ziel kirchengeschichtlicher Arbeit (im Rahmen der evangelischen Theologie)

Kirchengeschichtliche Arbeit ist, wie bereits gesagt, zunächst ein Teil der allgemeinen historischen Arbeit und wird so z.T. auch in sogenannten »profan«-historischen Zusammenhängen und Einrichtungen betrieben. Allerdings kann diese Tätigkeit auch im Rahmen der evangelischen Theologie ausgeübt werden. Dann verändert sich nicht die allgemeine historische Methode, sondern erweitert (oder präzisiert) sich die Fragerichtung der Forschung und der Gesprächszusammenhang der Disziplin. In diesem speziellen Umfeld fragt die Kirchengeschichte zunächst (im Sinne einer Leitfrage), wieweit historische Vollzüge, Entwicklungen und Ansichten gelungene oder mißlungene Bezugnahmen, Umsetzungen oder Revisionen biblischer Theologumena, biblischer Lebensordnungen und Frömmigkeitsgestalten sind. Sie trägt damit auf ihre Weise wie die ganze Theologie zur Entwicklung von Beurteilungskriterien für rechte Lehre und ihr angemessene Sozialgestalt innerhalb (und in bestimmten Grenzen auch außerhalb) der Kirche bei.

Der folgende Abschnitt will nur in sehr allgemeinen Zügen die Aufgabe der Kirchengeschichte im Rahmen der Theologie bestimmen; es kann schließlich nicht die Aufgabe eines Arbeitsbuches sein, hier *in extenso* die spezifische Sicht seines Verfassers (gar noch in Auseinandersetzung mit der reichen Literatur zu diesem Thema) zu bieten. Peter Meinhold hat die »Geschichte der kirchlichen Historiographie« mit vielen Quellentexten dokumentiert, die er in zwei Bänden abdruckt, einleitet und kommentiert (Orbis Academicus, Freiburg, München 1967); zuletzt zeichnete Eckehart Stöve die »Kirchengeschichtsschreibung« von den Anfängen bis zur Gegenwart nach und schließt mit einem »Versuch einer Neubestimmung« von »Kirchengeschichte« (TRE XVIII, 1989, 535–560).

Im Gegensatz zu den exegetischen Disziplinen ist die Stellung des Faches »Kirchengeschichte« innerhalb der Theologie nicht von vornherein eindeutig oder selbstverständlich. Kirchengeschichte entstand außerdem im Kanon theologischer Fächer als das jüngste, stellt einen »Einbruch (...) des modernen Denkens in die Festung des orthodoxen Systems« der Barocktheologie dar – so wurde z.B. in Tübingen erst 1720 eine selbständige Professur dafür eingerichtet[246]. Seither wurde das Ziel kirchengeschichtlicher Arbeit im Rahmen evangelischer Theologie recht verschieden bestimmt und ist auch stets in direkter Abhängigkeit von einem Gesamtbild dieses Faches formuliert worden. Selbst scheinbar rein »positivistische« Beschreibungen wie etwa die Examensanforderungen der preußischen Landeskirche für das erste theologische Examen von 1883 dokumentieren diese Abhängigkeit. Damals sollte durch kirchengeschichtliche Forschung und Lehre an den Universitäten sichergestellt werden, daß der Student

> »die Geschichte der christlichen Kirche und Dogmen kenne, die merkwürdigsten Epochen angeben und von den Hauptbegebenheiten die Ursachen und Folgen entwickeln könne, sonderlich die Entstehung, die Ausbildung und die Hauptschicksale des protestantischen Lehrbegriffs und die Geschichte der vornehmsten Religionsparteien und Sekten inne habe« sowie »sich mit der theologischen Literatur, auch mit der neueren und neuesten, bekannt gemacht habe, und überhaupt die Hülfsmittel kenne, durch deren Gebrauch er seine Kenntniß ferner erweitern kann«[247].

Diese traditionelle Beschreibung des Faches von 1883 verweist die Kirchengeschichte auf die systematische Theologie: Während letztere den protestantischen Lehrbegriff traktiert und expliziert, liefert die Kirchengeschichte vor allem Voraussetzungen, Entstehungsbedingungen und historische Entwicklungen dieses ›Lehrbegriffs‹. Eine extreme Variante dieser Zuordnung stellt die 1932 geäußerte Ansicht von *Karl Barth* dar:

> »Die sogenannte Kirchengeschichte antwortet auf keine selbständig zu stellende Frage hinsichtlich der christlichen Rede von Gott und ist darum nicht als selbständige theologische Disziplin aufzufassen. Sie ist die unentbehrliche Hilfswissenschaft der exegetischen, der dogmatischen und der praktischen Theologie«[248].

Einmal ganz abgesehen von der Frage, ob die (polemisch als »sogenannte« abgewertete[249]) Kirchengeschichte nicht doch zentrale »Frage(n) hinsichtlich der christlichen Rede von Gott« thematisiert[250], und abgesehen davon, daß dieser Satz Barths eine geradezu traumati-

sche Wirkung in der Nachkriegsgeschichte der evangelischen Kirchenhistoriker zeitigte – er ruft alle kirchengeschichtliche Arbeit dazu auf,
sich ihrer Bedeutung für die gesamte Theologie bewußt zu werden und
diese den anderen Disziplinen zu explizieren. Insofern könnte Barths
Polemik doch einen wichtigen Impuls für die Theoriebildung evangelischer Kirchengeschichtsschreibung geben bzw. gegeben haben.

Konstruktiver wirkt dagegen der Vorschlag von *Gerhard Ebeling,*
»Kirchengeschichte als Geschichte der Auslegung der Heiligen
Schrift« zu betreiben[251]. Dieses Programm präzisiert gewöhnliche protestantische Definitionen, wobei sich weitere und engere Gegenstands-
beschreibungen unterscheiden lassen: Zwei Beispiele für weitere sind
(a) Johann Lorenz Mosheim, der als Begründer der modernen Kirchen-
geschichtsforschung gilt (1764): »Die Kirchengeschichte des Neuen
Bundes ist das durchsichtige und wahrheitsgetreue Erzählen derjenigen Ereignisse, die jener Menschengemeinschaft, die nach Christus ihren Namen hat, teils von außen her widerfahren ist, teils innerhalb ihrer
eigenen Lebensbereiche sich begeben haben« und (b) Friedrich D. E.
Schleiermacher (1830): »Die Kirchengeschichte im weiteren Sinne
(...) ist das Wissen um die gesamte Entwicklung des Christentums, seit-
dem es sich als geschichtliche Erscheinung festgestellt hat (...)«. Zwei
Beispiele für ein engeres Verständnis bieten (a) Heinrich Bornkamm
(1947): »Kirchengeschichte ist die Geschichte des Evangeliums und
seiner Wirkungen in der Welt« und (b) Martin Schmidt (1959): »Kirchengeschichte (ist) als Geschichte der Verkündigung und der Gestalt-
werdung der Verkündigung zu begreifen«. Daneben stehen Präzisie-
rungen vor dem Hintergrund anderer konfessioneller Theologien: Der
katholische Reformationshistoriker Hubert Jedin formulierte 1962:
»Der *Gegenstand* der Kirchengeschichte ist das Wachstum der von
Christus gestifteten Kirche in Zeit und Raum (...). Ihr theologischer
Ausgangspunkt, der Begriff der Kirche, (...) beinhaltet (...) ihren göttlichen Ursprung durch Jesus Christus, die von ihm grundgelegte (hierar-
chische und sakramentale) Ordnung und den ihr verheißenen Beistand
des heiligen Geistes sowie ihre Hinordnung auf die eschatologische
Vollendung, also die Elemente, auf denen ihre wesentliche Identität in
den wechselnden Erscheinungsformen (...) beruht«[252].

Ebelings Programm ist vor dem Verdacht geschützt, Kirchengeschichte als eine besondere heilige Geschichte von einer sogenannten
»Profangeschichte« abgrenzen zu wollen (16). Wenn man seinen Entwurf einer »Geschichte des Zeugnisses von Jesus Christus in der Geschichte« weit versteht und »Schriftauslegung« nicht nur auf Bibelexe-

gese und Predigt beschränkt, weist diese Aufgabenstellung der Kirchengeschichte einen genuinen Ort in der evangelischen Theologie zu und ein Programm. Mit dessen Hilfe lassen sich nämlich auch, wie Ebeling selbst gezeigt hat, Ereignisse (wie etwa die Kreuzzüge), Denk- und Frömmigkeitsformen, Sozialgestalten etc. als gelungene oder eben mißlungene Formen der »Bibelauslegung« verstehen – als ›Individual- und Sozialgestalten‹ von christlichem Glauben, der sich auf ›Heilige Schrift‹ bezieht und von daher schließlich auch (in aller Vorsicht) theologisch gewertet werden darf. Ein solcher biblischer Rückbezug in Ebelings Sinne muß den neuesten Versuch von 1988 ergänzen, eine Aufgabenstellung der Kirchen- und Theologiegeschichte innerhalb der evangelischen Theologie zu formulieren. Danach ist es Ziel des Faches,

> »Kenntnis des Lebens der Kirche in seiner geschichtlichen Bewegung« und Einsicht darin zu vermitteln, »daß die Organisation der Kirche und die Institutionen ihres Lehrens und Handelns die konkrete Ausdrucksgestalt der (...) sozial verfaßten Existenz des Glaubens in der geschichtlichen Welt sind. Sie müssen verständlich werden können als das konkrete Resultat der Praxis des Glaubens unter den geschichtlichen Bedingungen seines gesellschaftlichen Umfeldes«[253].

Eine Meditation dieser Zusammenhänge im Studium verhindert, daß Kirchengeschichte als Auswendiglernen einer größeren Menge von Daten oder als Repetition unzusammenhängender Fakten betrieben wird.

Fragen:

1. Inwiefern ist die Kirchengeschichte ein Teil der Theologie?
2. Welche Folgen hat das für ihre Gestalt? Für ihre Methode?
3. Ist die Kirchengeschichte eine Hilfswissenschaft?
4. »Kirchengeschichte als Geschichte der Auslegung der Heiligen Schrift« – diskutieren Sie Vor- und Nachteile des Konzeptes!

Anhang:
Anregungen für eine Proseminararbeit am Beispiel

Im folgenden Abschnitt sollen an einem konkreten Beispiel nochmals abschließende Anregungen gegeben werden. Als Thema ist bewußt ein etwas abseitiges gewählt, um nicht wichtigere Themen durch eine solche Musterbearbeitung dem akademischen Betrieb zu entziehen: »Die staatlichen Maßnahmen gegen den Montanismus im vierten und fünften Jahrhundert«. (Unter Montanismus versteht man eine zunächst kleinasiatische Bewegung des 2. Jh.s, die die drängende Naherwartung der Urkirche und weitere archaische Züge repristinierte und von den Kirchenvätern nach einem ihrer Propheten genannt wurde).

(1) Hier sollte die Arbeit mit einer Themareflexion beginnen, die die Elemente des Themas (›Montanismus‹; ›staatliche Maßnahmen‹; ›viertes/fünftes Jh.‹) herauspräpariert. Intendiert ist also offenbar ein knapper Abschnitt über den Montanismus zu jener Zeit und eine ausführliche Darstellung der staatlichen Maßnahmen.

(2) Es hätte dann eine Klärung der Quellengrundlage zu erfolgen – am besten, indem vorhandene Lexikonartikel (z.B.: B. Aland, Art. Montano-Montanismo, in: Dizionario Patristico e di Antichità Cristiane, Vol. II, Casale Monferrato 1983, 2299–2301 bzw. in: Encyclopedia of the Early Church, Vol. II, Cambridge 1992, 570f) und Gesamtdarstellungen (K. Aland, Bemerkungen zum Montanismus und zur frühchristlichen Eschatologie, in: ders., Kirchengeschichtliche Entwürfe, Gütersloh 1960, 105–148/G.N. Bonwetsch, Die Geschichte des Montanismus, Erlangen 1881, 16–55) auf das Thema durchsucht werden (für Pro- und Hauptseminararbeiten; bei Magister- und Doktorarbeiten hätte man großflächig weitere Quellen der Zeit [Historiker, Rechtscorpora] nach Belegen abzusuchen bzw. die Computer- und Textindices durchzugehen).

(3) Der so ermittelte vorläufige Quellenbestand (jetzt bequem bei R.E. Heine, The Montanist Oracles and Testimonia, Patristic Monograph Series 14, 1989, 108–179) wäre dann mit Hilfe der Claves auf die neuesten Ausgaben umzustellen, zu übersetzen (die vorhandenen Übersetzungen, z.B. Heine, sind kritisch zu benutzen, z.B.: ἐγὼ κύριος ὁ θεὸς ὁ παντοκράτωρ καταγινόμενος ἐν ἀνθρώπῳ sollte tunlichst nicht übersetzt werden: ›I am the Lord ...‹ [2 Heine], um den Unterschied zu ἐγώ εἰμι ὁ πατήρ ›I am the Father‹ [6] nicht zu verwischen!) und sachlich zu kommentieren (Lexika, Grammatiken, Kirchengeschichten etc.).

(4) Es wären dann die Arbeitsschritte der äußeren und inneren Quellenkritik anzuwenden und vor allem die Tendenz zu klären: Was erfahren wir wirklich vom Montanismus? Wie glaubhaft sind die Berichte? (etc. pp.) – So berichtet Hieronymus in seinem Brief an Marcella (Ep. 41,3; 384 in Rom geschrieben;

CSEL 54, 311–314 Hilberg/CUFr II, 87–90 Labourt), die Montanisten *habent enim primos de Pepusa Phrygiae patriarchas, secundos, quos appellant* κοινωνούς, *atque ita in tertium, id est paene ultimum, gradum episcopi deuoluuntur.* Gewöhnlich wird aus diesem Zitat eine dreistufige ›montanistische Hierarchie‹ (Patriarchen; Koinonoi; Episkopoi) herausgelesen und von einem dreigegliederten Amt der ›Mehrheitskirche‹ (Bischöfe, Priester, Diakone) abgesetzt. Analysiert man freilich den Kontext bei Hieronymus und prüft die unabhängigen Belege für diese Titel, legt sich u.U. auch eine andere Sicht der Dinge nahe: Patriarchen sind die Gründergestalten der ›Sekte‹; Koinonoi und Episkopoi sind kirchliche Ämter, über deren exakte Funktion wir kaum etwas wissen. Hieronymus polemisiert, ohne wirklich informiert zu sein.

(5) Dann ist Sekundärliteratur heranzuziehen – dazu hilft zunächst der genannte Lexikonartikel, weiter Altaner/Stuiber (im Beispiel: Register s.v. p. 669); schließlich die ›Bibliographia Patristica‹ usw.

(6) Darauf kann mit einer Disposition begonnen werden; sie richtet sich zweckmäßig nach der zeitlichen Reihenfolge der staatlichen Maßnahmen – ein Vorkapitel über den Montanismus im vierten/fünften Jahrhundert (Verbreitung, Einfluß, Organisation – Verhältnis zur ›Mehrheitskirche‹) bietet sich an.

Beigaben:

§ 12 Literaturangaben

Es schien nicht sinnvoll, hier nochmals die Titel aus den katalogartigen Zusammenstellungen der voraufgegangenen Seiten zu wiederholen. Es folgen daher nur noch Literaturhinweise zu (a) Forschungsrichtungen, die hier nur knapp abgehandelt worden sind; (b) zu Kirchen-, (c) ›Profan-‹ und (d) Dogmen- bzw. Theologiegeschichten. Wichtige Literatur, die interessierte Studierende bis zum Examen lesen können (bzw. bei Handbüchern: in Anlage und Bedeutung studieren sollten), wurde mit einem Stern versehen, besonders wichtige mit zwei, für ein sinnvolles Studium des Faches unabdingbare Titel mit drei Sternen. Werden in einem Abschnitt mehrere Titel mit derselben Sternzahl versehen, handelt es sich in der Regel um Alternativen.

12.1. Forschungsrichtungen

Vgl. auch die »Systematische Bibliographie neuerer Untersuchungen« bei *B. Altaner/A. Stuiber,* Patrologie, 13–37 bzw. 536–549 (Literaturnachträge) und die bibliographischen Angaben zu »Methoden und Forschungsansätze(n) der Mediävistik« bei *H.-W. Goetz,* Proseminar Geschichte: Mittelalter, 277–336.

Amts-/Papsttumsgeschichte: *H. Freiherr von Campenhausen, Kirchliches Amt und geistliche Vollmacht in den ersten drei Jahrhunderten, BHTh 14, Tübingen 1953; E. Caspar, Geschichte des Papsttums von den Anfängen bis zur Höhe der Weltherrschaft, 2 Bde., Münster 1985 = Tübingen 1930/1933; G. Denzler (Hg.), Päpste und Papsttum, bisher 26 Bde., Stuttgart 1971ff [Biographien von Päpsten in Einzeldarstellungen und Monographien zum Thema Papsttum]; K.A. Fink, Papsttum und Kirche im abendländischen Mittelalter, München 1981; J. Gaudemet, Institutions de l'Antiquité, Paris 1967; M. Greschat (Hg.), Das Papsttum I/II, Gestalten der Kirchengeschichte 11/12, Stuttgart ²1993; J. Haller, Das Papsttum. Idee und Wirklichkeit, 5 Bde., RDE 221–230, Hamburg 1965; **C.Mirbt, Quellen zur Geschichte des Papsttums und des römischen Katholizismus, Tübingen, ⁴1924, jetzt ⁶1967 hg. v. K. Aland; L. Freiherr von Pastor, Geschichte der Päpste seit dem Ausgang des Mittelalters, 16 Bde. in 22, Freiburg ¹¹1931–¹⁻⁷1933; guter Literaturüberblick am Ende des Art. ›Papato‹ von B. Studer im ›Dizionario patristico e di antichità Cristiane‹ (II, Casale Monferrato 1984, 2654–2656); ***D. Rössler, Grundriß der praktischen Theologie, Berlin/New York ²1993 (bes. Kap. 2, 6 u. 10).

Gottesdienst/Liturgiegeschichte: ***K.-H. Bieritz, Das Kirchenjahr, Berlin ²1988; G. Rietschel/P. Graff, Lehrbuch der Liturgik, 2 Bde., Göttingen 1951/52; **F. Kalb, Grundriß der Liturgik, München ³1986; K.F. Müller/W. Blankenburg (Hg.), Leiturgia, Handbuch des ev. Gottesdienstes, 5 Bde., Kassel 1954–1970; *W. Nagel, Geschichte des christlichen Gottesdienstes, SG 1202/1202a, Berlin ²1970; ***D. Rössler, Grundriß der praktischen Theologie, Berlin/New York ²1993, 360–403; R. Volp, Liturgik. Die Kunst, Gott zu feiern. Bd. 1 Einführung und Geschichte, Gütersloh 1992; *besonders zur Hymnologie und zum Gesangbuch:* Ch. Albrecht, Einführung in die Hymnologie, Göttingen 1973; *Ch. Mahrenholz/O. Söhngen/O. Schlißke, Handbuch zum Evangelischen Kirchengesangbuch, 7 Bde., Göttingen 1953–1988.

Ordens- und Mönchsgeschichte; Hagiographie: Ascetic Behaviour in Greco-Roman Antiquity. A Sourcebook, V.L. Wimbusch, Ed., Studies in Antiquity & Christianity, Philadelphia 1990; *Askese und Mönchtum in der Alten Kirche, hg. v. K. S. Frank, WdF 409, Darmstadt 1975 – p.372–385 bietet einen bibliographischen Anhang; Dizionario degli Istituti di Perfezione, Roma 1974ff; H. Feld, Franziskus von Assisi und seine Bewegung, Darmstadt 1994 (Sonderposition); ***K. S. Frank, Grundzüge der Geschichte des christlichen Mönchtums, Darmstadt 1983; Frühes Mönchtum im Abendland, 2 Bde., eingel., übers. und erkl. v. K.S. Frank, BAW.AC, Zürich/München 1975; I. Origo, Der Heilige der Toskana. Leben und Zeit des Bernardino von Siena, München 1989; F. Prinz, Frühes Mönchtum im Abendland, München/ Wien 1965; *Th. Schieffer, Winfried-Bonifatius und die christliche Grundlegung Europas, Freiburg 1954; A. Schneider u.a. (Hg.), Die Cistercienser. Geschichte, Geist, Kunst, Köln ³1986; ; 800 Jahre Franz von Assisi. Franziskanische Kunst und Kultur des Mittelalters, Katalog der niederösterreichischen Landesausstellung 1982 in Krems-Stein, Wien 1982.

Quellenkundliche und sonstige Grundwerke der Hagiographie s.o. S. 47; weiter: A. Angenendt, Heilige und Reliquien. Die Geschichte ihres Kultes vom frühen Christentum bis zur Gegenwart, München 1994; Hagiography and Medieval Literature. A Symposium, ed. H. Bekker-Nielsen u.a., Odense 1981; F. Lotter, Methodisches zur Gewinnung historischer Erkenntnisse aus hagiographischen Quellen, HZ 229, 1979, 298–356; G. Kerscher, Hagiographie und Kunst. Der Heiligenkult in Schrift, Bild und Architektur, Berlin 1993.

Kirchenrecht/-ordnung: *M. Honecker, Art. Kirchenrecht II, TRE XVIII, Berlin, New York 1989, 724–749; Evangelisches Staatslexikon, begr. v. H. Kunst u. S. Grundmann, hg. v. H. K., R. Herzog u. W. Schneemelcher, Stuttgart ²1975; bzw. hg. v. K. Schlaich, 2 Bde., Stuttgart ³1987; *A. Sprengler-Ruppenthal, Art. Kirchenordnungen, reformatorische, TRE XVIII, 1989, 670–707; *A. Stein, Evangelisches Kirchenrecht. Ein Lernbuch, Neuwied ³1992.

158   Beigaben

Konzils- oder Synodalgeschichte: (Texte s.o. 5.1.4., S. 72); K. J. Hefele/H. Leclerq, Histoire des conciles d'après les documents originaux, 11 Bde., Hildesheim
1973 (= Paris 1907–52); *H. Jedin, Kleine Konziliengeschichte mit einem Bericht
über das zweite vatikanische Konzil, Freiburg ⁵1988; Geschichte der ökumenischen Konzilien, hg.v. G. Dumeige u. H. Bacht, 12 Bde., Mainz 1963ff; Konziliengeschichte, hg.v. W. Brandmüller, 2 Reihen, Paderborn 1979 ff.

Symbolgeschichte: (Texte: *A. Hahn/G. L. Hahn/A. von Harnack, Bibliothek der
Symbole und Glaubensregeln der alten Kirche, Hildesheim 1962 [= Breslau
³1897]; ***H. Lietzmann, Symbole der Alten Kirche, KlT 17/18, Berlin ⁶1968);
**J. N. D. Kelly, Altchristliche Glaubensbekenntnisse, Göttingen 1972; ders., The
Athanasian Creed, New York 1964; A.-M. Ritter, Das Konzil von Konstantinopel
und sein Symbol. Studien zur Geschichte und Theologie des II. Ökumenischen
Konzils, FKDG 15, Göttingen 1965; für die Kirchen der Reformation: ***BSLK =
Die Bekenntnisschriften der evangelisch-lutherischen Kirche, Göttingen ⁸1979
bzw. ***BSKORK = Bekenntnisschriften und Kirchenordnungen der nach Gottes
Wort reformierten Kirche, hg. v. W. Niesel, München 1938. – L. Grane, Die Con-
fessio Augustana. Einführung in die Hauptgedanken der lutherischen Reformation, UTB 1400, Göttingen ³1986; M. Brecht/R. Schwarz (Hgg.), Bekenntnis und
Einheit der Kirche. Studien zum Konkordienbuch, Stuttgart 1980.

Christliche Archäologie: C. Andresen, Einführung in die christliche Archäologie,
KIG Bd.1, Lfg.B 1.Tl., Göttingen 1971; B. Brenk, Spätantike und frühes Christentum. Propyläen-Kunstgeschichte. Supplementbände, Berlin 1985 (541 vorzügliche Abbildungen); *F. W. Deichmann, Einführung in die christliche Archäologie,
Darmstadt 1983; *A. Effenberger, Frühchristliche Kunst und Kultur. Von den Anfängen bis zum 7. Jhd., Leipzig 1986; R. Krautheimer, Rom. Schicksal einer Stadt
312–1308, München = Leipzig 1987; C.M. Kaufmann, Handbuch der christlichen
Archäologie, Wissenschaftliche Handbibliothek III/5, Paderborn 1922; *G. Koch,
Christliche Archäologie, in: W. A. Bienert/G. Koch, Kirchengeschichte I/ Christliche Archäologie, Grundkurs Theologie Bd. 3, Stuttgart u.a. 1989, 79–124; H.
Laag, Wörterbuch der altchristlichen Kunst, Kassel 1959.

Konfessionskunde/Ostkirchenkunde: *E. Fahlbusch, Kirchenkunde der Gegenwart, ThW 9, Stuttgart u.a 1979; ***F. Heyer (mit zahlreichen Fachkollegen),
Konfessionskunde, Berlin, New York 1977; K. Ch. Felmy/G. Kretschmar/F. von
Lilienfeld/C.-J. Roepke (Hg.), Tausend Jahre Christentum in Rußland. Zum Mil-
lennium der Taufe der Kiever Rus', Göttingen 1988; N. Gogol, Betrachtungen
über die göttliche Liturgie (ins Dtsche. übertr. v. R. v. Walter), Freiburg 1938; E.
Hämmerle/H. Ohme/K. Schwarz, Zugänge zur Orthodoxie, BenshH 68, Göttingen
1988; P. Hauptmann/G. Stricker, Die orthodoxe Kirche in Rußland. Dokumente
ihrer Geschichte (860–1980), Göttingen 1988; F. Heiler, Die Ostkirchen, Mün-
chen/Basel 1971; R.-D. Kluge/H. Setzer (Hg.), Tausend Jahre Russische Kirche
988–1988. Geschichte, Wirkungen, Perspektiven, Tübingen 1989.

»Ketzer«-Geschichte: W. Bauer, Rechtgläubigkeit und Ketzerei im ältesten Christentum, BHTh 10, 2., durchg. Aufl. mit einem Nachtrag hg. v. G. Strecker, Tübingen 1964; zur neueren Diskussion z.B. D.J. Harrington, The reception of Walter Bauer's *Orthodoxy and Heresy in earliest Christianity* during the last decade, HThR 73, 1980, 289–298; *H. Grundmann, Religiöse Bewegungen im Mittelalter. Untersuchungen über die geschichtlichen Zusammenhänge zwischen der Ketzerei, den Bettelorden und der religiösen Frauenbewegung im 12. und 13. Jh. und über die geschichtlichen Grundlagen der deutschen Mystik, HS 267, Darmstadt 1977 = 1935/1955; *A. Borst, Die Katharer (zuerst als SMGH 12, Stuttgart 1953) Herder/Spektrum 4025, Freiburg u.a. 1991; U. Bejick, Die Katharerinnen. Häresieverdächtige Frauen im mittelalterlichen Süd-Frankreich, Herder/Spektrum 4025, Freiburg u.a. 1993.

Missionsgeschichte: *H. Frohnes/H.W. Gensichen/G. Kretschmar, Kirchengeschichte als Missionsgeschichte, München 1974–1978; *A. von Harnack, Die Mission und Ausbreitung des Christentums in den ersten drei Jahrhunderten, Leipzig [4]1924 = Wiesbaden 1977.

Juden und Christen: J. Daniélou, The Theology of Jewish Christianity, London/Chicago 1964; H. Frohnhofen (Hg.), Christlicher Antijudaismus und jüdischer Antipaganismus. Ihre Motive und Hintergründe in den ersten Jahrhunderten, Hamburger Theologische Studien 3, Hamburg 1990; D. Judant, Judaïsme et Christianisme. Dossier Patristique, Paris o.J. (1963); N. de Lange, Origen and the Jews, Cambridge 1976; M. Simon, Verus Israel, Paris 1948; G. Stemberger, Juden und Christen im Heiligen Land. Palästina unter Konstantin und Theodosius, München 1987; ders., Die römische Herrschaft im Urteil der Juden, EdF 195, Darmstadt 1983; *K. H. Rengstorf/S. v. Kortzfleisch (Hgg.), Kirche und Synagoge: Handbuch zur Geschichte von Christen und Juden (2 Bde.), Stuttgart 1970; W. Seiferth, Synagoge und Kirche im Mittelalter, München 1964; ***B. Klappert/H. Starck (Hgg.), Umkehr und Erneuerung. Erläuterungen zum Synodalbeschluß der Rheinischen Landessynode 1980 »Zur Erneuerung des Verhältnisses von Juden und Christen«, Neukirchen-Vluyn 1980.

Sozialgeschichte: B. Grimm, Untersuchungen zur sozialen Stellung der frühen Christen in der römischen Gesellschaft, Diss. Phil. München 1975 (masch.); P. Lampe, Die stadtrömischen Christen in den ersten beiden Jahrhunderten, WUNT 2.R. 18, Tübingen [2]1989; P. Lampe/U. Luz, Nachpaulinisches Christentum und pagane Gesellschaft, in: J. Becker (Hg.), Die Anfänge des Christentums, Christentum und Gesellschaft 1, Stuttgart u.a. 1987, 185–216; J. Leipoldt, Der soziale Gedanke in der altchristlichen Kirche, Leipzig 1952; G. Schöllgen, Ecclesia sordida? Zur Frage der sozialen Schichtung frühchristlicher Gemeinden am Beispiel Karthagos zur Zeit Tertullians, JbAC. Ergbd. 12, Münster 1984; **G. Theißen, Studien zur Soziologie des Urchristentums, WUNT 19, Tübingen 1983; W. Wischmeyer, Von Golgotha zum Ponte Molle. Studien zur Sozialgeschichte der Kirche im dritten Jahrhundert, FKDG 49, Göttingen 1992. – O. Brunner, Sozialgeschichte

Europas im Mittelalter, KVR 1442, Göttingen [2]1984; C. M. Cipolla/K. Borchardt, Bevölkerungsgeschichte Europas. Mittelalter bis Neuzeit, München 1971; E. LeRoy Ladurie, Montaillou. Ein Dorf vor dem Inquisitor 1294 bis 1324, Ullstein-Buch 35344, Frankfurt/M. 1993 – kritische Einwände bei M. Benad, Domus und Religion in Montaillou, Spätmittelalter und Reformation, Neue Reihe 1, Tübingen 1990. – *H. Lehmann, Das Zeitalter des Absolutismus: Gottesgnadentum und Kriegsnot, Christentum und Gesellschaft 9, Stuttgart u.a. 1980; J. Trautwein, Religiosität und Sozialstruktur. Untersucht anhand der Entwicklung des württembergischen Pietismus, CwH 13, Stuttgart 1972. – M. Greschat, Das Zeitalter der industriellen Revolution. Das Christentum vor der Moderne, Christentum und Gesellschaft 11, Stuttgart u.a. 1980; **Th. Nipperdey, Religion im Umbruch. Deutschland 1870–1918, BSR 363, München 1988.

Frömmigkeitsgeschichte: **B. Hamm, Frömmigkeit als Gegenstand theologiegeschichtlicher Forschung, ZThK 74, 1977, 464–497 [mit weiteren Literaturhinweisen].

Frauen: W. Affeldt (Hg.), Frauen in Spätantike und Frühmittelalter, Sigmaringen 1990; R. Albrecht, Das Leben der heiligen Macrina auf dem Hintergrund der Thekla-Traditionen, FKDG 38, Göttingen 1986; B. J. Brooten, Women Leaders in the Ancient Synagogue, Brown Judaic Studies 36, Chico/Kalif. 1982; *P. Dinzelbacher/D.R. Bauer, Religiöse Frauenbewegung und mystische Frömmigkeit im Mittelalter, Köln, Wien 1988; E. Ennen, Frauen im Mittelalter, München 1984; L. Harris, Woman in the Christian Church, Brighton/Mich., 1988; S. Heine, Frauen der frühen Christenheit. Zur historischen Kritik einer feministischen Theologie, Göttingen 1986; A. Jensen, Gottes selbstbewußte Töchter. Frauenemanzipation im frühen Christentum?, Freiburg u.a. 1992; R. Nürnberg, *Non decet neque necessarium est, ut mulieres doceant.* Überlegungen zum altkirchlichen Lehrverbot für Frauen, JbAC 31, 1988, 57–73; L. Stoecker, Die Frau in der Alten Kirche, SGV 47, Tübingen 1907; J. Thiele (Hg.), Mein Herz schmilzt wie Eis am Feuer. Die religiöse Frauenbewegung des Mittelalters in Porträts, Stuttgart 1988; K. Thraede, Art. Frau, RAC VIII, Stuttgart 1972, 197–269 (Lit.); B. Witherington III, Women in the Earliest Churches, MSSNTS 59, Cambridge 1988.

12.2. Kirchengeschichte

In der folgenden Aufstellung sind nicht mechanisch *alle* Faszikel der jeweiligen Kirchengeschichten aufgeführt – sie finden sich im erwähnten Verzeichnis »Bücher zum Studium der evangelischen Theologie« (hg. v. J. Engelage u.a., 43. Ausgabe 1993, Marburg 1993) – sondern nur die allgemein empfehlenswerten Bände. Falls aber mehrere Werke zur selben Periode bzw. Epoche mit drei Sternen versehen sind, deutet diese Angabe darauf hin, daß es sich um in etwa gleichwertige Alternativen handelt.

Besonders zur einführenden Lektüre angeraten als einbändige konzentrierte Darstellung ist: Ekkehard Mühlenberg, Epochen der Kirchengeschichte (UTB 1046, Heidelberg [2]1991). Ebenfalls zur Anschaffung geeignet ist das »DTV-Wörterbuch der Kirchengeschichte« von Georg Denzler und Carl Andresen† (DTV 3245, München [4]1993).

Dagegen steht das »Kompendium der Kirchengeschichte« von Karl Heussi (Tübingen [18]1991), gewißlich eines der meistgelesenen kirchengeschichtlichen Lehrbücher, auf dem Stand des Jahres 1960. Es sollte wegen seines überholten Forschungsstandes nur für das gelegentliche kritische Nachschlagen und vielleicht zur letzten Erinnerung vor dem Examen verwendet werden.

Handbuch der Kirchengeschichte, hg. v. H. Jedin, 7 Bde., Freiburg/Basel/Wien 1962–1979 [Taschenbuchausgabe 1985]:

Bd. 1	Von der Urgemeinde zur frühchristlichen Kirche v. K. Baus, 1962.
Bd. 2/1	Die Reichskirche nach Konstantin dem Großen: Von Nikaia bis Chalkedon v. K. Baus/E. Ewig, 1973.
Bd. 2/2	Die Reichskirche nach Konstantin dem Großen: Von Chalkedon bis zum Frühmittelalter (451–700) v. K. B., H.-G. Beck, E. E., H. J. Vogt, 1975.
Bd. 3/1	Die mittelalterliche Kirche: Vom kirchlichen Frühmittelalter zur gregorianischen Reform v. F. Kempf, H.-G. Beck, E. Ewig, J.A. Jungmann, 1966.
Bd. 3/2	Die mittelalterliche Kirche: Vom kirchlichen Hochmittelalter bis zum Vorabend der Reformation v. H.-G. Beck, K.A. Fink, J. Glazik, E. Iserloh, H. Wolter, 1968.
Bd. 4	Reformation, Katholische Reform und Gegenreformation v. E. Iserloh, J. Glazik, H. Jedin, 1967.
Bd. 5	Die Kirche im Zeitalter des Absolutismus und der Aufklärung v. W. Müller, Q. Aldea, J. Beckmann, L. Cognet, P. J. Corish, O. Köhler, H. Raab, B. Schneider, B. Stasiewski, 1970.
Bd. 6/1	Die Kirche in der Gegenwart: Die Kirche zwischen Revolution und Restauration v. R. Aubert, J. Beckmann, P. J. Corish, R. Lill, 1971.
Bd. 6/2	Die Kirche in der Gegenwart: Die Kirche zwischen Anpassung und Widerstand v. R. Aubert, G. Bandmann, J. Baumgartner, M. Bendiscioli, J. Gadille, O. Köhler, R. Lill, B. Stasiewski, E. Weinzierl, 1973.
Bd. 7	Die Weltkirche im 20. Jahrhundert, in Verb. mit vielen Fachgenossen hg. v. H. Jedin u. K. Repgen, 1979.

Kirchengeschichte in Einzeldarstellungen, hg. v. G. Haendler, K. Meier u. J. Rogge, Berlin 1980ff.:

Bd. 1/2	Das Christentum im zweiten Jahrhundert v. K.-W. Tröger, 1988.
Bd. 1/3	Von Tertullian zu Ambrosius. Die Kirche im Abendland vom Ende des 2. bis zum Ende des 4. Jhd.s v. G. Haendler, ²1981. (***)
Bd. 1/4	Die Kirche des Ostens im 3. und 4. Jhd. v. H. G. Thümmel, 1988. (***)
Bd. 1/5	Die abendländischen Kirchen im Zeitalter der Völkerwanderung v. G. Haendler, ³1987. (***)
Bd. 1/6	Die östlichen Kirchen in der Epoche der christologischen Auseinandersetzungen (5. bis 7. Jhd.) v. F. Winkelmann, ³1988. (***)
Bd. 1/7	Die lateinische Kirche im Zeitalter der Karolinger v. G. Haendler, 1985. (***)
Bd. 1/8	Die Ostkirchen vom Bilderstreit bis zur Kirchenspaltung von 1054 v. H.-D. Döpmann, Berlin 1991.
Bd. 1/10	Die Kirchen im Zeitalter der Kreuzzüge v. F. Winkelmann, Leipzig 1993. (***)
Bd. 1/11	Christliches Denken im Mittelalter v. K.-H. Kandler, Leipzig 1993.
Bd. 2/3+4	Anfänge der Reformation. Der junge Luther 1483–1521. Der junge Zwingli 1581–1523 v. J. Rogge, Berlin ²1985.
Bd. 3/2	Theologie und Kirche im Zeitalter der Aufklärung v. W. Gericke, Berlin 1989.
Bd. 3/4	Außerkirchliche religiöse Protestbewegungen der Neuzeit v. H. Obst, Berlin 1990.
Bd. 3/9	Das Papsttum und der deutsche Katholizismus 1870–1958 v. H. Kirchner, Leipzig 1992.

Die Kirche in ihrer Geschichte, begr. v. K. D. Schmidt u. E. Wolf, hg. v. B. Moeller, Göttingen 1966ff.

Lfg. A	Die apostolische und nachapostolische Zeit v. L. Goppelt, ²1966.
Lfg. B₁	Einführung in die christliche Archäologie v. C. Andresen, 1971.
Lfg. C₁	Das vierte bis sechste Jahrhundert (Westen) v. R. Lorenz, 1970. (**)
Lfg. C₂	Das vierte bis sechste Jahrhundert (Osten) v. R. Lorenz, 1992. (**)
Lfg. D₁	Geschichte der orthodoxen Kirche im byzantinischen Reich v. H.-G. Beck, 1980. (*)
Lfg. D₂	Geschichte der orientalischen Nationalkirchen v. C. D. G. Müller, 1981.
Lfg. E	Geschichte des Frühmittelalters und der Germanenmission. Geschichte der Slavenmission v. G. Haendler u. G. Stökl, ²1976. (**)
Lfg. F₁	Die westliche Kirche vom 10. bis zum frühen 12. Jhd. v. G. Tellenbach, 1987. (***)
Lfg. G₁	Ketzergeschichte des Mittelalters, v. H. Grundmann, ³1978. (**)
Lfg. G₂	Scholastik v. M.A. Schmidt, Kirchliche Kunst im Mittelalter v. K. Goldammer, 1969.

Lfg. I	Luther v. R. Schwarz, 1986. (***)
Lfg. J$_1$	Zwingli und die Schweizerische Reformation v. G. W. Locher, 1982.
Lfg. K	Reformationsgeschichte Deutschlands bis 1555 v. F. Lau u. E. Bizer, 1964.
Lfg. L$_1$	Die katholische Reform und die Gegenreformation v. K. D. Schmidt, 1975.
Lfg. N$_1$	Die katholische Kirche von 1648 bis 1870 v. F. Heyer, 1963.
Lfg. O	Der Pietismus v. J. Wallmann, 1990. (***)
Lfg. R$_1$	Die Erweckungsbewegung v. E. Beyreuther, [2]1977. (***)
Lfg. R$_2$	Die deutschen Landeskirchen im 19. und 20. Jahrhundert v. K. Kupisch, [2]1975.
Lfg. T	Missionsgeschichte der neueren Zeit v. H.-W. Gensichen, [3]1976.

Christentum und Gesellschaft, hg. v. H. Gülzow u. H. Lehmann, Stuttgart u.a. 1980ff.

Bd. 1	J. Becker (Hg.), Die Anfänge des Christentums. Alte Welt und neue Hoffnung, 1987.
Bd. 4	A. Angenendt, Das Frühmittelalter, 1990. (**)
Bd. 5	O. Engels, Das Hochmittelalter I, 1993.
Bd. 9	H. Lehmann, Das Zeitalter des Absolutismus: Gottesgnadentum und Kriegsnot, 1980.
Bd. 11	M. Greschat, Das Zeitalter der industriellen Revolution. Das Christentum vor der Moderne, 1980.

Die Geschichte des Christentums. Religion. Politik. Kultur, hg. v. J.-M. Mayeur, Ch. u. L. Pietri, A. Vauchez, M. Venard, deutsche Ausgabe hg. v. N. Brox, O. Engels, G. Kretschmar, K. Meier, H. Smolinsky, Freiburg, Basel, Wien 1991ff.

Bd. 4	Bischöfe, Mönche und Kaiser (642–1054), hg. v. G. Dagron, P. Riché u. A. Vauchez, deutsche Ausgabe bearb. u. hg. v. E. Boshof, 1994.
Bd. 6	Die Zeit der Zerreißproben (1274–1449), hg.v. M. Mollat du Jourdin und A. Vauchez, deutsche Ausgabe bearb. u. hg. v. B. Schimmelpfennig, 1991.
Bd. 8	Die Zeit der Konfessionen (1530–1620/30), hg.v. M. Venard, deutsche Ausgabe bearb. u. hg. v. H. Smolinsky, 1992.
Bd. 12	Erster und zweiter Weltkrieg, Demokratien und totalitäre Systeme (1914–1958), hg. v. J.-M. Mayeur, deutsche Ausgabe bearb. u. hg. v. K. Meier, 1992.

K. Kupisch, Kirchengeschichte (5 Bde.; UrbanTB 168–172), Bd. 1 Von den Anfängen bis zu Karl dem Großen, Stuttgart u.a. [2]1983; Bd. 2 Das christliche Europa – Größe und Verfall des Sacrum Imperium, [2]1984; Bd. 3 Politik und Konfession – Die Reformation in Deutschland, [2]1983; Bd. 4 Das Zeitalter der Aufklärung, 1975; Bd. 5 Das Zeitalter der Revolutionen und Weltkriege.

J. McManners (Hg.): Die Geschichte des Christentums, aus dem Englischen von
  W. Müller, Frankfurt/New York 1993.

K. Müller, Kirchengeschichte, GThW 4.Tl, Tübingen (1. Bd. bearb.v. Hans Freiherr von Campenhausen) 1941. (*)

Ökumenische Kirchengeschichte, hg. v. R. Kottje und B. Moeller, Bd.1 Alte Kirche und Ostkirche von A. Benoît, A. Kallis, B. Kötting, E. Lohse, A. Schindler
  und A. Vögtle, Mainz, München ³1980 (3 Bde.).

K. D. Schmidt, Grundriß der Kirchengeschichte mit Ergänzungsband (Chronologische Tabellen zur Kirchengeschichte v. K.D. S. und G. Ruhbach), Göttingen
  ⁵1986.

F. Heyer, Kirchengeschichte des heiligen Landes, UrbanTB 357, Stuttgart u.a.
  1984.

Alte Kirche:

C. Andresen/A. M. Ritter, Geschichte des Christentums I/1. Altertum, ThW 6/1,
  Stuttgart, Berlin, Köln, Mainz ²1993. (***)

C. Andresen, Die Kirchen der Alten Christenheit, RM 29,1/2, Stuttgart, Berlin,
  Köln, Mainz 1971.

H. Chadwick, Die Kirche in der antiken Welt, SG 7002, Berlin, New York 1972. (*)

E. Dassmann, Kirchengeschichte I. Ausbreitung, Leben und Lehre der Kirche in
  den ersten drei Jahrhunderten, Kohlhammer Studienbücher Theologie Band
  10, Stuttgart, Berlin, Köln 1991.

H. Lietzmann, Geschichte der Alten Kirche, Berlin und Leipzig 1932–1944. (**)

Mittelalter:

E. Dassmann, Die Anfänge der Kirche in Deutschland. Von der Spätantike bis zur
  frühfränkischen Zeit, UrbanTB 444, Stuttgart, Berlin, Köln 1993. (**)

A. Hauck, Kirchengeschichte Deutschlands, 5 Bde., Leipzig 1914–1920. (*)

H. von Schubert, Geschichte der christlichen Kirche im Frühmittelalter, Tübingen
  1921 = Hildesheim 1976.

H. Zimmermann, Das Mittelalter, 2 Bde., Braunschweig 1975/79. (**)

Reformation und Neuzeit:

Th. A. Brady jr./H. A. Oberman/J. D. Tracy, Handbook of European History 1400–
  1600, 2 Bde., Leiden 1994ff.

J. Wallmann, Kirchengeschichte Deutschlands seit der Reformation, Tübingen
  ²1985. (**)

Quellen in deutscher Übersetzung mit Einleitungen:

H. A. Oberman, A. M. Ritter u. H.-W. Krumwiede (Hgg.), Kirchen- und Theologiegeschichte in Quellen. Ein Arbeitsbuch, 4 Bde. in 5 Teilen, Neukirchen-Vluyn
  ⁵1991–³1989. (***)

12.3. Allgemeine Geschichte
(mit Schwerpunkt deutsche Geschichte)

Deutsche Geschichte, hg. v. J. Leuschner

Bd. 1   J. Fleckenstein, Grundlagen und Beginn der deutschen Geschichte, KVR 1397, ³1988.

Bd. 2   H. Fuhrmann, Deutsche Geschichte im hohen Mittelalter, KVR 1438, ²1987.

Bd. 3   J. Leuschner, Deutschland im späten Mittelalter, KVR 1410, ²1983.

Bd. 4   B. Moeller, Deutschland im Zeitalter der Reformation, KVR 1432, ³1988. (***)

Bd. 5   M. Heckel, Deutschland im konfessionellen Zeitalter, KVR 1490, 1983. (***)

Bd. 6   R. Vierhaus, Deutschland im Zeitalter des Absolutismus (1848–1763), KVR 1439, ²1984.

Bd. 7   K.O. Freiherr v. Aretin, Vom deutschen Reich zum deutschen Bund, KVR 1455, 1980.

Bd. 8   R. Rürup, Deutschland im 19. Jahrhundert 1815–1871, KVR 1497, ²1992.

Bd. 9   H.-U. Wehler, Das deutsche Kaiserreich 1871–1918, KVR 1380, ⁶1988.

Bd. 10 G. Schulz, Deutschland seit dem ersten Weltkrieg 1918–1945, KVR 1419, ²1982.

H. Grundmann (Hg.) Gebhardt, Handbuch der Deutschen Geschichte, 9. bearb. Auflage, 22 Bde. von verschiedenen Fachgelehrten, München, 1973ff.

Bd. 2   H. Löwe, Deutschland im fränkischen Reich, DTV-WR 4202, ²1976.

Bd. 4   K. Jordan, Investiturstreit und frühe Stauferzeit, DTV-WR 4204, ³1976.

Bd. 5   H. Grundmann, Wahlkönigtum, Territorialpolitik und Ostbewegung im 13. u. 14. Jahrhundert, DTV-WR 4205, ³1977.

Bd. 6   F. Baethgen, Schisma und Konzilszeit. Reichsreform und Habsburgs Aufstieg, DTV-WR 4206, ²1976.

Bd. 7   K. Bosl, Staat, Gesellschaft, Wirtschaft im deutschen Mittelalter, DTV-WR 4207, ³1976.

Bd. 8   W. P. Fuchs, Das Zeitalter der Reformation, DTV-WR 4208, ²1976. (***)

Bd. 9   E.W. Zeeden, Das Zeitalter der Glaubenskämpfe, DTV-WR 4209, ²1976.

Bd. 12 W. Treue, Wirtschaft, Gesellschaft und Technik vom 16. bis zum 18. Jahrhundert, DTV-WR 4212, ³1980.

Bd. 13 F. Uhlhorn/W. Schlesinger, Die deutschen Territorien, DTV-WR 4213, 1974.

Bd. 15 Th. Schieder, Vom Deutschen Bund zum Deutschen Reich, DTV-WR 4215, ²1976.

Bd. 16   K. E. Born, Von der Reichsgründung bis zum ersten Weltkrieg, DTV-WR 4216, 1974.
Bd. 17   W. Treue, Wirtschaft, Gesellschaft und Technik Deutschlands im 19. Jahrhundert, DTV-WR 4217, ^{2}1977.

Neue Deutsche Geschichte, hg. v. P. Moraw, V. Press, W. Schieder (10 Bde., z.T. geplant)

Bd. 1   F. Prinz, Grundlagen und Anfänge. Deutschland bis 1056, München 1985.
Bd. 2   A. Haverkamp, Aufbruch und Gestaltung. Deutschland 1056–1273, München 1984.
Bd. 4   H. Rabe, Reich und Glaubensspaltung. Deutschland 1500–1600, München 1989.
Bd. 5   V. Press, Kriege und Krisen. Deutschland 1600–1715, München 1991.

Oldenbourg Grundriss der Geschichte, hg. v. J. Bleicken, L. Gall, H. Jakobs, München 1982ff.

Bd. 3   Geschichte der römischen Kaiserzeit v. W. Dahlheim, ^{2}1988.
Bd. 4   Spätantike und Völkerwanderung v. J. Martin, 1987.
Bd. 5   Das Frankenreich v. R. Schneider, ^{2}1990.
Bd. 7   Kirchenreform und Hochmittelalter 1046–1215 v. H. Jakobs, ^{2}1988.
Bd. 9   Das 15. Jahrhundert v. E. Meuthen, ^{2}1988.
Bd. 10   Reformation und Gegenreformation v. H. Lutz, ^{2}1982.
Bd. 11   Das Zeitalter des Absolutismus v. H. Duchhardt, 1989.
Bd. 12   Vom Ancien Régime zum Wiener Kongreß v. E. Fehrenbach, ^{2}1986.
Bd. 13   Europa zwischen Restauration und Revolution 1815–1849 v. D. Langewiesche, 1985.
Bd. 14   Europa auf dem Weg in die Moderne 1850–1890 v. L. Gall, 1984.
Bd. 15   Das Zeitalter des Imperialismus v. G. Schöllgen, 1986.
Bd. 16   Die Weimarer Republik v. E. Kolb, ^{2}1988.
Bd. 17   Das dritte Reich v. K. Hildebrand, ^{3}1987.
Bd. 18   Europa in der Weltpolitik der Nachkriegszeit 1945–1963 v. A. Hillgruber, ^{3}1987.
Bd. 19   Die Bundesrepublik Deutschland. Entstehung und Entwicklung bis 1969 v. R. Morsey, 1987.
Bd. 20   Die DDR 1945–1986 v. H. Weber, 1988.
Bd. 22   Byzanz, v. P. Schreiner, 1986.

Siedler Deutsche Geschichte
Das Reich und die Deutschen

Bd. 1   H. Wolfram, Das Reich und die Germanen, Berlin 1990.
Bd. 4   H. Boockmann, Stauferzeit und spätes Mittelalter. Deutschland 1125–1517, Berlin 1987.
Bd. 5   H. Schilling, Aufbruch und Krise. Deutschland 1517–1648, Berlin 1988.

12.4. Dogmen- und Theologiegeschichte

Dogmengeschichte als »Problem«: W.-D. Hauschild, Art. Dogmengeschichts-schreibung, TRE IX, 1982 = 1983, 116–125; U. Köpf, Dogmengeschichte oder Theologiegeschichte?, ZThK 85, 1988, 455–473; G. Krüger, Was heisst und zu welchem Ende studiert man Dogmengeschichte?, Freiburg/Leipzig 1895.

»Klassische« Darstellungen der Dogmengeschichte: *A.v. Harnack, Lehrbuch der Dogmengeschichte (3 Bde.), Tübingen [4]1909/10 (mehrfache Nachdrucke, zuletzt Tübingen 1990); R. Seeberg, Lehrbuch der Dogmengeschichte (4 Bde. in 5 Tl. – Mittelalterband: ***), Leipzig [3.4]1922–1933 (Nachdruck Darmstadt 1974); *F. Loofs, Leitfaden zum Studium der Dogmengeschichte, Halle 1906 (Tübingen [7]1967, hg. und durchg. v. K. Aland).

»Aktuellere« Darstellungen der Dogmen- bzw. Theologiegeschichte«: *** HDThG: Handbuch der Dogmen- und Theologiegeschichte, unter Mitarbeit v. G. A. Benrath, W. Dantine, G. Gaßmann, G. Hornig, E. Hultsch, B. Lohse, E. Mühlenberg, W. Neuser, A. M. Ritter, M. A. Schmidt, R. Slenczka u. K. Wessel hg.v. C. Andresen, 3 Bde., Göttingen 1988 (Ungekürzte Studienausgabe); Handbuch der Dogmengeschichte, hg. v. A. Grillmeier, L. Scheffczyk, M. Schmaus und M. Seybold, 4 Bde. in bisher 11/7/9/12 Fasc., Freiburg 1951ff.; A. Adam, Lehrbuch der Dogmengeschichte, 2 Bde., Gütersloh [5]1985/1986; *K. Beyschlag, Grundriß der Dogmengeschichte, 2 Bde. (bisher erschienen: Bd. 1 Gott und Welt, 2., neubearb.Aufl., Darmstadt 1988; Bd. 2/1 Gott und Mensch. Das christologische Dogma, Darmstadt 1991); B. Lohse, Epochen der Dogmengeschichte, Stuttgart [7]1988.

B. Hägglund, Geschichte der Theologie. Ein Abriß, München [2]1990; F. Mildenberger, Geschichte der evangelischen Theologie im 19. und 20. Jahrhundert, ThW 10, Stuttgart u.a. 1981; H. Stephan/M. Schmidt, Geschichte der evangelischen Theologie seit dem deutschen Idealismus, Berlin [3]1976.

Zur Christologie bzw. Trinitätslehre: **A. Grillmeier, Jesus der Christus im Glauben der Kirche, bisher 2 Bde. in 4 Tl., Freiburg, Basel, Wien 1979–1990; H.-Chr. Brennecke, Erwägungen zu den Anfängen des Neunizänismus, in: Oecumenica et Patristica, FS W. Schneemelcher, Chambésy/ Genf, Stuttgart 1989, 241–257.

Zur Rechtfertigungslehre: A. Ritschl, Die christliche Lehre von der Rechtfertigung und Versöhnung, Bd. 1 Die Geschichte der Lehre, Bonn [3]1889; G. Wenz, Geschichte der Versöhnungslehre in der evangelischen Theologie der Neuzeit (2 Bde.), München 1984/1986.

Anmerkungen

[1] Vgl. den Beginn seiner *Historiarum Libri IX:* Ἡροδότου Ἁλικαρνησσέος ἱστορίης ἀπόδεξις ἥδε, ὡς μήτε τὰ γενόμενα (…) ἀκλεᾶ γένηται (BSGRT 1,1–3 ROSÉN – Diese letzte Angabe [vgl. zur Zitation antiker und mittelalterlicher Autoren unten S. 53–57] ist so aufzulösen: Das griechische Zitat findet sich in der Herodot-Ausgabe von H. B. ROSÉN, die 1987 in der Reihe »Bibliotheca scriptorum Graecorum et Romanorum Teubneriana« [nach dem Abkürzungsverzeichnis der TRE: ›BiTeu‹ oder ›BSGRT‹] erschienen ist, auf der angegebenen Seite in angegebener Zeile).

[2] Cicero, Leg. I 5 (SQAW 31, 214,16f ZIEGLER – dort allerdings mit kritischen Bemerkungen zur Glaubwürdigkeit einzelner Passagen des Werkes).

[3] Vgl. R. KOSELLECK, Art. Geschichte, Historie. V. Die Herausbildung des modernen Geschichtsbegriffs, GGB II, Stuttgart 1975, (647–691) 647–653 sowie G. SCHOLTZ, Art. Geschichte, HWP III, Basel 1974, (345–398) 356–359.

[4] Hist. I 22,2: τὰ δ' ἔργα τῶν πραχθέντων … οὐκ ἐκ τοῦ παρατυχόντος πυνθανόμενος ἠξίωσα γράφειν, οὐδ' ὡς ἐμοὶ ἐδόκει, ἀλλ' οἷς τε αὐτὸς παρῆν καὶ παρὰ τῶν ἄλλων ὅσον δυνατὸν ἀκριβείᾳ περὶ ἑκάστου ἐπεξελθών. ἐπιπόνως δὲ ηὑρίσκετο, διότι οἱ παρόντες τοῖς ἔργοις ἑκάστοις οὐ ταὐτὰ περὶ τῶν αὐτῶν ἔλεγον, ἀλλ' ὡς ἑκατέρων τις εὐνοίας ἢ μνήμης ἔχοι (SCBO 13,23–29 JONES/POWELL Übersetzung nach G. P. LANDMANN, München 1973, 35).

[5] Hist. I 20,1 (34,2–4; vgl. auch K. VON FRITZ, Die griechische Geschichtsschreibung, 2 Bde., Berlin 1967).

[6] Vgl. A. M. RITTER, Art. Arianismus, TRE III, 1978 = 1993, 692–719.

[7] H.-M. BARTH, Art. Apostolisches Glaubensbekenntnis II. Reformations- und Neuzeit, TRE III, 1978 = 1993, (554–566) 560–562.

[8] J. HENKYS, Die pädagogischen Dienste der Kirche, Handbuch der praktischen Theologie III, Berlin 1978, (12–64) 60–63; G. BESIER, Der SED-Staat und die Kirche. Der Weg in die Anpassung, Gütersloh 1993, 106–125 (mit Vorbehalt).

[9] E. BETHGE, Dietrich Bonhoeffer. Eine Biographie, München ⁶1989, 272.

[10] Athanasius Werke, hg. im Auftrage der Kirchenväter-Kommission der Preußischen Akademie der Wissenschaften, 3. Bd. Urkunden zur Geschichte des arianischen Streites 318–333, hg. v. H.-G. OPITZ (2 Lieferungen, Berlin/Leipzig 1934; Fortsetzung geplant).

[11] AGNES VON ZAHN-HARNACK, Adolf von Harnack, Berlin 1936, 193–214 (»Der Kampf um das Apostolikum«).

[12] H. WHITE, »Metahistory«. Die historische Einbildungskraft im 19. Jahrhundert in Europa, aus dem Amerikanischen von P. KOHLHAAS, Frankfurt/M. 1991; vgl. auch DERS., The Historical Text as Literary Artefact, in: R. H. CANARY/H. KOZIKI (Edd.), The Writing of History, Madison 1978, 41–61.

[13] Jetzt bequem zugänglich in der Studienedition von P. LEYH (Stuttgart 1977), 22; zu DROYSEN z.B. K. CHRIST, Von Gibbon zu Rostovtzeff. Leben und Werk führender Althistoriker der Neuzeit, Darmstadt 1972, 50–67.

[14] Wandlungen im Bedeutungsgehalt der Kategorie des »Verstehens«, in: CH. MEIER/J. RÜSEN (Hgg.), Historische Methode, Theorie der Geschichte. Beiträge zur Historik 5, München 1988, (200–226) 218.

[15] Hist. I 22,4 κτῆμά τε ἐς αἰεὶ μᾶλλον ἢ ἀγώνισμα ἐς τὸ παραχρῆμα ἀκούειν ξύγκειται(14,3f).

[16] In der Jenaer Antrittsvorlesung von 1789: »Und auf solche Art behandelt, M. H. H. wird

Ihnen das Studium der Weltgeschichte eine eben so anziehende als nützliche Beschäftigung gewähren. Licht wird sie in Ihrem Verstand und eine wohlthätige Begeisterung in ihrem Herzen entzünden. Sie wird Ihren Geist von der gemeinen und kleinlichen Ansicht moralischer Dinge entwöhnen, und, indem sie vor Ihren Augen das große Gemählde der Zeiten und Völker auseinander breitet, wird sie die vorschnellen Entscheidungen des Augenblicks, und die beschränkten Urtheile der Selbstsucht verbessern«. (Schillers Werke. Nationalausgabe 17/1, Historische Schriften, hg. v. K.-H. HAHN, Weimar 1970, 374,31–375,1).

[17] Kurze Darstellung des theologischen Studiums zum Behuf einleitender Vorlesungen, kritische Ausgabe hg. v. H. SCHOLZ QGP 10, Leipzig 1910 = Hildesheim/New York 1969, 11 (§ 26).

[18] Zu theologischen Hintergründen: G. A. BENRATH, Art. Ablaß, TRE I, 1977 = 1993, 347–364 bzw. E. KOCH, Art. Fegfeuer, TRE XI, 1983 = 1993, 69–78; zur Mentalität: B. MOELLER, Frömmigkeit in Deutschland um 1500, ARG 56, 1965, 5–31 bzw. J. HUIZINGA, Herbst des Mittelalters. Studien über Lebens- und Geistesformen des 14. und 15. Jh.s in Frankreich und in den Niederlanden, Stuttgart [11]1975.

[19] Belege und Literatur bei E. KOCH, TRE XI, 70f.

[20] H. DENZINGER/P. HÜNERMANN, Enchiridion symbolorum, Freiburg [37]1991 (vollständige Bibliographie oben, S. 56), Nr. 3011, S. 816.

[21] Einige wenige Literaturhinweise zur Vertiefung: M. ELZE, Der Begriff des Dogmas in der Alten Kirche, ZThK 61, 1964, 421–438; W.-D. HAUSCHILD, Art. Dogmengeschichtsschreibung, TRE IX, 1982 = 1993, 116–125; U. KÖPF, Dogmengeschichte oder Theologiegeschichte, ZThK 85, 1988, 455–473.

[22] Hipp., Dan. IV 1–14 (GCS Hippolyt I, 180,14–222,14 BONWETSCH); Oros., Hist. II 1,3–6 (94,11–96,30 LIPPOLD).

[23] Zitiert nach W. SCHULZE, Einführung in die Neuere Geschichte, Stuttgart 1987, 16.

[24] Wieder in Auswahl: K.-V. SELGE, Einführung in das Studium der Kirchengeschichte, Darmstadt 1982, 26–47; U. KÖPF, A European View of the Problems of Dividing Church History into Periods, in: L. VISCHER, Towards a History of the Church in Third World. Papers and Report of a Consultation on ›The Issue of Periodisation‹ ... (July 17–21, 1983, Geneva), Bern 1985, 87–109; P. E. HÜBINGER, Spätantike und frühes Mittelalter. Ein Problem historischer Periodenbildung, Libelli 40, Darmstadt 1959 und die als ›Libelli 263‹ in Darmstadt 1969 nachgedruckten Arbeiten von E. GÖLLER und K. HEUSSI zur Periodisierung (von 1919 bzw. 1921: E. G., Die Periodisierung der Kirchengeschichte und die epochale Stellung des Mittelalters zwischen dem christlichen Altertum und der Neuzeit bzw. K. H., Altertum, Mittelalter und Neuzeit. Ein Beitrag zum Problem der historischen Periodisierung). Ein Klassiker bleibt J. H. J. VAN DER POT, De periodisering der geschiedenis. Een overzicht der theorieen, 1951.

[25] »Die Neuzeit hat mit der Reformation Luthers ihren Anfang genommen, und zwar am 31. Oktober 1517: die Hammerschläge an der Türe der Schloßkirche zu Wittenberg haben sie eingeleitet« (A. v. HARNACK, Die Reformation und ihre Voraussetzung, in: DERS., Erforschtes und Erlebtes, Reden und Aufsätze NF IV, Gießen 1923, [72–140] 110); vgl. H. RÜCKERT, Die geistesgeschichtliche Einordnung der Reformation, in: DERS., Vorträge und Aufsätze zur historischen Theologie, Tübingen 1972, 52–70.

[26] Mainz/München [5]1989; Bd. III (Neuzeit) zuletzt ebd. [4]1989.

[27] K. ARNOLD, Das ›finstre‹ Mittelalter. Zur Genese und Phänomenologie eines Fehlurteils, Saeculum 32, 1981, 287–300; CH. MARKSCHIES, Die eine Reformation und die vielen Reformen oder: Braucht evangelische Kirchengeschichtsschreibung Dekadenzmodelle?, ZKG 106, 1995, 18–45.

[28] M. HONECKER, Art. Gerhard, Johann, TRE XII, 1984 = 1993, 448–453.

[29] Belege in Auswahl z.B. bei B. ALTANER/A. STUIBER, Leben, Schriften und Lehre der Kirchenväter, Freiburg [8]1978, 2–6.

[30] Dieser Gefahr entgeht man, wenn man »Patristik« als einen historisch gewachsenen Begriff für die »Dogmen-« bzw. »Theologiegeschichte der Alten Kirche« ansieht (vgl. auch W. SCHNEEMELCHER, Wesen und Aufgabe der Patristik innerhalb der Evangelischen Theologie, EvTh 10, 1951/52, 207–222 = DERS., GA zum Neuen Testament und zur Patristik, hg. v. W. BIENERT u. K. SCHÄFERDIEK, ΑΝΑΛΕΚΤΑ ΒΛΑΤΑΔΩΝ 22, Thessaloniki 1974, 1–22).

[31] Die heutige Auffassung und Behandlung der Kirchengeschichte. Fortschritte und Forderungen, Tübingen/Leipzig 1902, 28–31.

[32] Ausführliche Nachweise finden sich in den Aufsätzen des Sammelbandes von P. E. HÜBINGER, Zur Frage der Periodengrenze zwischen Altertum und Mittelalter, WdF 51, Darmstadt 1969.

[33] Es empfiehlt sich aber m.E. vor dem studienabschließenden Examen und nach Abschluß der kirchengeschichtlichen Lernphase eine solche Diskussion über verschiedene Periodisierungsmodelle, am besten in einer Gruppe, deren Mitglieder dann jeweils unterschiedliche Positionen stark zu machen versuchen.

[34] Dabei bedeuten: **SpA** Spätantike; **MA** Mittelalter; **FMA** – **HMA** – **SpMA** Frühmittelalter, Hochmittelalter – Spätmittelalter sowie **NZ** Neuzeit.

[35] M. SCHMIDT, Art. Neuzeit, RGG IV, 1960 = 1986, 1443–1450; E. TROELTSCH, Der Historismus und seine Probleme, GS III, Tübingen 1922 = Aalen 1961, 763.

[36] Die Epochen der kirchlichen Geschichtsschreibung (1852), Ausgewählte Werke in Einzelausgaben, 2. Bd., Stuttgart-Bad Cannstatt 1963, 267–272 (= 255–260).

[37] Erstmals erschienen Braunschweig 1959 ([2]1966 = 1976).

[38] Vgl. zu HEUSSI die Würdigung von E. PÄLTZ, Geschichte als Selbstorientierung in der Zeit. Zum Vermächtnis Karl Heussis (1877–1961), in: Mosaiksteine. Zweiundzwanzig Beiträge zur thüringischen Kirchengeschichte, TKS IV, Berlin 1981, 19–43.

[39] Mit diesem Begriff, der auf die lateinischen Ausdrücke ordo bzw. potestas ecclesiastica zurückgeht, bezeichnet man das nachreformatorische Recht der Fürsten, zusätzlich zu ihren weltlichen Rechten als Landesherren auch die juristischen Vollmachten der für evangelische Territorien in Wegfall gekommenen Bischöfe als »Notbischöfe« zu übernehmen, in der Regel: Berufung von Geistlichen, Visitationsrecht, kirchliche Gesetzgebung, Leitung von Synoden und Finanzverwaltung – vgl. dazu H.-W. KRUMWIEDE, Art. Kirchenregiment, landesherrliches, TRE XIX, 1990, 59–68.

[40] Gelegentlich wird die Zäsur zwischen Kirchengeschichte III und IV auch erst beim Ende des dreißigjährigen Krieges (1648) vorgenommen und die dritte Hälfte des Zyklus als »Kirchengeschichte im konfessionellen Zeitalter« vorgetragen; eine Trennung zwischen den Teilen IV und V geschieht bisweilen auch mit der Französischen Revolution (1789) oder geringfügig später (z.B. in Tübingen).

[41] Zuletzt 1882; jetzt in der Textausgabe von P. LEYH (Stuttgart 1977).

[42] Zitiert nach A. VON BRANDT, Werkzeug des Historikers. Eine Einführung in die Hilfswissenschaften, UB 33, Stuttgart u.a. [11]1986, 48.

[43] Vgl. z.B. H.-G. GADAMER, Wahrheit und Methode. Grundzüge einer philosophischen Hermeneutik (GW 1/2), 2 Bde., [2]1990/1993 und dessen Beobachtungen zum »Vorverständnis«.

[44] Zum Stichwort »Überreste« in der Vorlesung von 1857: »In der Natur der Sache liegt es, daß deren Fülle unabsehbar ist, da ja alles und jedes, was durch Menschenhand und Menschengeist hindurchgegangen und deren Gepräge trägt, gelegentlich als unmittelbare Quelle benutzt werden kann. Die Trümmer der großen Strombauten an Euphrat und Tigris, die Wallbauten, die die Römer vom Rhein zur Donau oder in Nordengland errichtet haben, geben nach mehr als einer Hinsicht historische Ausbeute, wenn man sie zu deuten versteht« (71 LEYH).

[45] Ich folge hier weitgehend A. v. BRANDT, Werkzeug des Historikers, 53.

[46] R. STAATS, Die Reichskrone. Geschichte und Bedeutung eines europäischen Symbols, Göttingen 1991 (Zitat S. 16); ausführlicher ders., Theologie der Reichskrone. Ottonische »Renovatio Imperii« im Spiegel einer Insignie, MGMA 13, Stuttgart 1976.

[47] Vgl. dazu folgende Beiträge im Sammelband »Frauen in Spätantike und Frühmittelalter« (hg. v. W. AFFELDT, Sigmaringen 1990): B. SASSE, Frauengräber im frühmittelalterlichen Alamannien (S. 45–64) oder B. DÜBNER-MANTHEY, Zum Amulettbrauchtum in frühmittelalterlichen Frauen- und Kindergräbern (S. 65–87).

[48] Vgl. Bibliographie und kartographische Beispiele bei H. QUIRIN, Einführung in das Studium der mittelalterlichen Geschichte, Mainz 1991, 6–11.

[49] Dazu jetzt U. KÖPF, Die geschichtliche Dimension in der Religionsgeographie. Überlegungen am Beispiel der Geschichte des Christentums, in: M. BÜTTNER (Hg.) u.a., Grundfragen der Religionsgeographie, Geographia Religionum 1, Berlin 1985, 165–181, bes. 169f.

[50] Sermo in natali S. Benedicti 4, Opera V, Rom 1968, 3f; vgl. dazu U. KÖPF, Kirchengeschichte und Geographie. Möglichkeiten und Grenzen, ZThK 77, 1980, 42–68.

[51] J. HÖNSCHEID, Kurzgefaßtes Verzeichnis der Korrespondenz Adolf von Harnacks, ZKG 88 (1977), 285–301 = F. SMEND/J. DUMMER, A. v. Harnack, Verzeichnis seiner Schriften, Leipzig 1990, 261–277.

[52] Die Katharerinnen. Häresieverdächtige Frauen im mittelalterlichen Südfrankreich, Freiburg u.a. 1993; vgl. auch schon E. LE ROY LADURIE, Montaillou. Ein Dorf vor dem Inquisitor 1294–1314, Frankfurt a.M./Berlin 1980 (= Paris 1975). Einwände jetzt bei M. BENAD, Domus und Religion in Montaillou, Spätmittelalter und Reformation. Neue Reihe 1, Tübingen 1990.

[53] K. U. JAESCHKE, Art. Annalen, Lexikon des Mittelalters I, 1980, 657–661.

[54] Ein solcher Osterkalender für die Jahre 222–334 n.Chr. ist auf einer Seite der Kathedra (d.h. des Thrones) der Hippolytstatue eingemeißelt, die heute im Aufgang der ›Biblioteca Apostolica Vaticana‹ in Rom steht (ICUR VII, Nr. 19934 p. 411–414; zur Statue selbst jetzt C. SCHOLTEN, Art. Hippolytos II [von Rom], RAC 15, 1991, 493–551, bes. 541f).

[55] *Hiems mollissima et usque ad Kalendas Februarii quadam temperie modificata* (krit. Textausgabe von G. WAITZ in den ›Monumenta Germaniae Historica‹ – dazu oben, S. 63f – [MGH. SRG 5, 1883, 30]; zweisprachige Ausgabe in der ›Freiherr vom Stein-Gedächtnisausgabe‹ der ›Wissenschaftlichen Buchgesellschaft‹ Darmstadt von R. RAU [AQDG 6, 1958 = 1992, 62,2f]).

[56] *Gregorius Romanae aecclesiae pontifex decessit. Cui Sergius succedens, in eadem sede substituitur* (30 = 62,7f).

[57] *Interea fratrum, id est Hlotharii, Hludowici et Karoli, alternatim fraterno affectum legatis multifariam discurrentibus, mense Octobri idem penes Theodonis-villam conveniunt* (31/64,11–13).

[58] H. GELZER, Sextus Julius Africanus und die byzantinische Chronographie Bd. 2/1, Leipzig 1885 (= New York 1973), 90f.

[59] Eusebius Werke 7. Bd., Die Chronik des Hieronymus, hg. v. R. HELM mit einer Vorbemerkung von U. TREU, GCS Eusebius VII, Berlin ³1984, 194 Z.11.

[60] Georgii Syncelli Ecloga Chronographica, ed. A. A. MOSSHAMMER, BSGRT, Leipzig 1984.

[61] O. DIBELIUS, Ein Christ ist immer im Dienst. Erlebnisse und Erfahrungen in einer Zeitenwende, Stuttgart 1961, 210.

[62] Kirche unter dem Wort. Der Kampf der bekennenden Kirche der altpreußischen Union 1933–1945, AKG.E 11, Göttingen 1978, 303f mit Anm. 70.

[63] R. STUPPERICH (unter Mitarbeit v. M. STUPPERICH), Otto Dibelius. Ein evangelischer Bischof im Umbruch der Zeiten, Göttingen 1989, 358f.

[64] *Pauper vero ›abiit et vendidit‹ ›pallium et tunicam‹ et ›universa, quae habuit‹, et dedit cardinalibus et hostiariis et camerariis* (zitiert nach der lat.-dtsch. Parallelausgabe von K. LANGOSCH, Vagantendichtung, Sammlung Dietrich 316, Leipzig 1984, 280).

[65] H. v. CAMPENHAUSEN, Theologenspieß und -spaß, durchg. u. erweitert v. A. v. CAMPENHAUSEN, Göttingen ⁷1988.

[66] M. SMITH, Elias J. Bickerman, in: E.B., Studies in Jewish and Christian History, Bd. 3, AGJU 9, 1986, XI-XIII.

[67] Dazu jetzt J. MEHLHAUSEN, Art. Neander, TRE XXIV, 1994, (238–242) 239.

[68] Kommentar und Abbildung zuletzt im Katalog der Ausstellung »Bernward von Hildesheim und das Zeitalter der Ottonen« (Hildesheim 1993), Bd. 2, Hildesheim/Mainz 1993, 62–65 (H. HOFFMANN).

[69] K./B. ALAND, Der Text des Neuen Testaments, Stuttgart ²1989, 85f bzw. (ausführlicher) C. H. ROBERTS, Manuscript, Society and Belief in Early Christian Egypt (The Schweich Lectures of the British Academy 1977), London 1977.

[70] *Ceteris paribus* – A. v. BRANDT, Werkzeug des Historikers, 51 erläutert: »bei im übrigen gleichen Gegebenheiten (Intelligenz, Zuverlässigkeit, Urteilskraft, sozialer Stand, Bildungsgrad und Aussagewilligkeit des Zeugen)«. Natürlich kann eine zeitlich primäre Quelle bei extremen Mängeln hinsichtlich dieser Punkte kaum einer späteren vorgezogen werden.

[71] Das Bruchstück in WA 7, 815; ein Faksimile der Handschrift bei H. BOEHMER, Der junge Luther, Stuttgart [6]1971, nach S. 336; zu den Vorgängen am 18. April vgl. R. WOHLFEIL, Der Wormser Reichstag von 1521 (Gesamtdarstellung), in: F. REUTER (Hg.), Der Reichstag zu Worms von 1521. Reichspolitik und Luthersache, Worms 1971, 59–154, bes. 112–119 und K. MÜLLER, Luthers Schlußworte in Worms, Philothesia, P. Kleinert zum LXX. Geburtstag, dargebracht von A. HARNACK u.a., Berlin 1907, 269–289.

[72] Deutsche Reichstagsakten unter Kaiser Karl V. (= DRTA. JR), Bd. 2, bearb. von A. WREDE, Gotha 1896 = Göttingen 1962 – hier Nr. 79, S. 555,22 mit Anm. 1.

[73] DRTA.JR 2, 555,22 = Weimarer Ausgabe der Werke Martin Luthers (= WA), Bd. 7, 838,9.

[74] Dieser Text findet sich seit 1546 in den Gesamtausgaben Luthers; in WA 7 (1897) S. 814–887.

[75] W. ELLIGER, Ephesus. Geschichte einer antiken Weltstadt, UB 375, Stuttgart u.a. 1985, 84f; die Inschrift jetzt im Sammelwerk »Die Inschriften von Ephesos« (Teil VII/2, Bonn 1981, Nr. 5113 S. 523–525).

[76] Beispielsweise H.-A. RUPPRECHT, Kleine Einführung in die griechische Papyruskunde, Darmstadt 1994 oder P. W. PESTMAN, The New Papyrological Primer, Leiden 1990 (Texte mit Erläuterungen); für die Kirchengeschichte von besonderem Interesse: Nr. 62 *Libellus,* d.h. amtliche Opferbestätigung, aus der dezischen Christenverfolgung von 250 n.Chr. mit Faksimile (p. 236–239); Nr. 69 christlicher Brief (4. Jh.; p. 255–257) und Nr. 77 christliche »Orakelfrage« (6. Jh.; p. 274).

[77] Von daher auch die Abkürzungen: fol. $7^{r/v}$ = *folium* (lat. Blatt) 7 *recto/verso.*

[78] Für die Kirchengeschichte vgl. vor allem J. VAN HAELST, Catalogue des papyrus littéraires Juifs et Chrétiens, Université de Paris IV Paris-Sorbonne, Série »Papyrologie« 1, Paris 1976 und K. ALAND †/H.-U. ROSENBAUM, Repertorium der griechischen christlichen Papyri, Bd. 2, Kirchenväter, PTS 39, Berlin, New York 1995.

[79] CH. WESSELY, Les plus anciens Monuments du Christianisme. Écrits sur Papyrus, Patrologia Orientalis (= PO) 4/2, Paris 1906 und 18/3, Paris 1924 = Turnhout 1985.

[80] Bequem zugänglich mit deutscher Übersetzung bei A. G. HAMMAN, Das Gebet in der Alten Kirche, Traditio Christiana (= TC) 7, Bern 1989, 47–75, hier S. 49,5f (= PO 18/3, 432,80f W.).

[81] Pap. Oxy. 405 (GRENFELL/HUNT The Oxyrhynchus Papyri IV, London 1904, 264f; bei WESSELY, PO 4/2 Nr. 25 p. 200f mit Abb. I,5) = Iren., haer. III 9,2 (SC 211, 104–107).

[82] Pap. Grenf. II 73; Text, Übersetzung und Kommentar bei WESSELY, PO 4/2, Nr. 6 (p. 125–129) oder A. DEISSMANN, Ein Original-Dokument aus der Diokletianischen Christenverfolgung herausgegeben und erklärt, Tübingen 1902.

[83] Freiburg 1917.

[84] Übersichten bei KAUFMANN, Handbuch, 8–10; im CIG enthält ein Teil des vierten Bandes die christlichen Inschriften (Nr. 8606–9595[a], Berlin 1877 = Hildesheim 1977, S. 277–595) mit einem Appendix jüdischer Inschriften (Nr. 9894–9926, S. 584–593).

[85] Eine regional gegliederte Übersicht gibt W. WISCHMEYER, Griechische und lateinische Inschriften zur Sozialgeschichte der Alten Kirche, TKTG 28, Gütersloh 1982, 18–20.

[86] Abbildung der Front des Sarkophages bei C. M. KAUFMANN, Handbuch, 251 (Bild 173); Text und Übersetzung ebd. oder bei W. WISCHMEYER, M. Iulius Eugenius. Eine Fallstudie zum Thema ›Christen und Gesellschaft im 3. und 4. Jh.‹, ZNW 81, 1990, 225–246, hier 226f.

[87] Das hier (wie schon Z. 2) hinter dem griechischen Wort stehende lateinische (*militia*) kann freilich auch die Zivilverwaltung bezeichnen (WISCHMEYER, M. Iulius Eugenius, 235).

[88] Lexicon Abbreviaturarum. Dizionario di abbreviature Latine ed Italiane usate nelle carte e codici specialmente del Medio-evo riprodotte con oltre 14000 segni incisi per cura di A. CAPPELLI, Milano [6]1985. (Eine deutsche Ausgabe erschien in 2. Aufl. 1928).

[89] Als klassische Darstellung ist nach wie vor zu nennen: H. BRESSLAU, Handbuch der Urkundenlehre für Deutschland und Italien, 3 Bde. in 4 Tln., Berlin [3]1958–1960; teilweise überholt, aber u.U. preiswert in Antiquariaten zu finden sind die drei Faszikel aus dem ›Grundriß der Geschichtswissenschaft‹ von R. THOMMEN, L. SCHMITZ-KALLENBERG und H. STEINAKER, Urkundenlehre Tl. 1–3, Leipzig 1906 bzw. [2]1913. – Für die Papsturkunden vgl. beson-

ders TH. FRENZ, Papsturkunden des Mittelalters und der Neuzeit, Historische Grundwissen-
schaften in Einzeldarstellungen 2, Stuttgart 1986.

[90] Ich folge hier der Einführung von H. GOETTING (Das Erscheinungsbild einer ottoni-
schen Kaiserurkunde, in: Bernward von Hildesheim, Katalog der Ausstellung Hildesheim
1993, Bd. 1, Hildesheim/Mainz 1993, 63–69), die sich auf MGH.DR II, 292 bezieht – von
dorther auch die Zitate; die Beispiele für Inscriptio und Poenformel stammen aus J. F. BÖH-
MER/J. FICKER, Acta imperii selecta. Urkunden deutscher Könige und Kaiser (928–1398),
Aalen 1967 (= 1870), p. 435 Nr. 623.

[91] Die auf Karl den Großen zurückgehende Formel will besagen, daß der Urheber divina
favente clementia, d.h. durch göttliche Gnade in sein Amt berufen wurde. In deutschen Urkunden bis 1918 stets kurz: »… von Gottes Gnaden«.

[92] Das Monogramm entwickelte sich unter dem schreibunkundigen Pippin (König 751–
768) und wies bis 1137 in der Regel einen vom Herrscher eigenhändig eingefügten (Quer-)
Balken auf, den sogen. »Vollzugsstrich«. Im Unterschied zu modernen Monogrammen ent-
hielt es alle Namensbuchstaben; vgl. dazu oben S. 99 mit Abb. 8.

[93] H. GROTEFEND, Taschenbuch der Zeitrechnung des deutschen Mittelalters und der Neuzeit, Hannover [12]1982, 8 und 140.

[94] Der Text am besten als Nr. 504 bei C. MIRBT/K. ALAND, QGP I, Tübingen [6]1967, 251–
256; eine (problematische) deutsche Übersetzung von S. WENZLOWSKY in BKV Papstbriefe
II, Kempten 1876, 65–74; dazu vgl. H. FUHRMANN, Art. Constitutum Constantini, TRE VIII,
1981 = 1993, 196–202, hier 199.

[95] Das gilt etwa für die päpstlichen Register: K. A. FINK, Urkundenwesen, päpstliches,
LThK X (1965), 560–563; DERS., Das vatikanische Archiv. Einführung in die Bestände und
ihre Erforschung, BDHIR 20, Rom [2]1951.

[96] Nach A. VON BRANDT, Werkzeug des Historikers, 107f; vgl. auch H. O. MEISNER, Archi-
valienkunde vom 16. Jahrhundert bis 1918, Berlin, 1969.

[97] Literatur, mit der sich die Bestände der wichtigsten Archive aufschlüsseln lassen, nennt
A. VON BRANDT, Werkzeug des Historikers, 188f.

[98] Trial of the Major War Criminals before the International Military Tribunal, Vol. XXV
Documents and other Material in Evidence Nos. 001-PS to 400-PS, Nuremberg 1947, 125–
128 (Dokument 066-PS); vgl. dazu K. MEIER, Der evangelische Kirchenkampf. Gesamtdarstellung in 3 Bänden, Bd. III Im Zeichen des zweiten Weltkrieges, Halle = Göttingen 1984,
557–559.

[99] Unter Katenen versteht man die byzantinischen Exzerpte aus verschiedenen Kirchenvä-
terkommentaren, die nach Bibelstellen geordnet sind. Viele Kommentare z.B. des Origenes
(oben S. 8) sind nur noch in dieser fragmentarischen Form erhalten (einführend: H. LIETZ-
MANN, Catenen. Mitteilungen über ihre Geschichte und handschriftliche Überlieferung, Freiburg 1897).

[100] Ein wichtiger Gegner des oben (S. 3) erwähnten Arius; vgl. M. TETZ, Art. Athanasius
von Alexandrien, TRE IV, 1979 = 1993, 333–349.

[101] Da eine geplante Neubearbeitung des Werkes nicht zustandegekommen ist, muß einstweilen auf eine neue Patrologie gewartet werden. Die, die H. DROBNER jetzt veröffentlicht hat
(Freiburg 1994), befriedigt nicht.

[102] Hier ist eine italienische Neubearbeitung im Erscheinen: Bd. 3 enthält die bei QUASTEN
fehlenden lateinischen Väter nach dem Konzil von Nizäa (325): Patrologia Vol. III Dal Concilio di Nicea (325) al Concilio di Calcedonia (451) – I Padri latini, a cura di A. DI BERARDINO,
Rom 1983 (= 1978).

[103] K. CHRIST, Römische Geschichte. Einführung, Quellenkunde, Bibliographie, Darmstadt [4]1990; I. WEILER, Griechische Geschichte. Einführung, Quellenkunde, Bibliographie,
2., durchg. und erw. Aufl. Darmstadt 1988.

[104] Literatur im deutschen Mittelalter. Eine poetologische Einführung, RUB 8038, Stuttgart 1975; DERS., Geschichte der deutschen Literatur Bd. 1 Vom frühen Mittelalter bis zum
Ende des 16. Jh.s, Stuttgart 1980.

[105] Geschichte der deutschen Literatur im Mittelalter, 3 Bde., München 1990; vgl. auch J.

BUMKE, Höfische Kultur. Literatur und Gesellschaft im hohen Mittelalter (2 Bde.), München 1987.

[106] J. M., Kirchengeschichte (KG) 2. Tl., in: Theologie im 20. Jh. Stand und Aufgaben, hg. v. G. STRECKER, UTB 1238, Tübingen 1983, 203–288.

[107] Diese und weitere Titel stellt mit Kommentar vor: H.-U. DELIUS, Quellen und Hilfsmittel zum Lutherstudium, in: H. JUNGHANS (Hg.), Leben und Werk Martin Luthers von 1526 bis 1546. Festgabe zu seinem 500. Geburtstag, Berlin [2]1985, Bd. I, 699–707 (Text) und Bd. II, 975–978 (Anmerkungen).

[108] Mimesis. Dargestellte Wirklichkeit in der abendländischen Literatur, Bern 1946 (*seither viele Nachdrucke*).

[109] R. A., Feste des Barock, Die neue Rundschau, 66, 1955, Heft 4, 1–9; DERS., Die Epoche der höfischen Feste in Dokument und Deutung, Hamburg 1959; E. TRUNZ, Weltbild und Dichtung im deutschen Barock. Sechs Studien, München 1992; DERS., Johann Matthäus Meyfart. Theologe und Schriftsteller in der Zeit des dreißigjährigen Krieges, München 1987; [DERS.,] Nobilitas literaria. Dichter, Künstler und Gelehrte des 16. und 17.Jh.s in zeitgenössischen Kupferstichen. Sammlung Erich Trunz, Schriften der Schleswig-Holsteinischen Landesbibliothek 11, Heide 1990.

[110] N.B. (= nota bene): Das Lexikon ist unvollständig und (z.B. in den Belegen) fehlerhaft. Da allerdings der ›Thesaurus Linguae Latinae‹ für die spätantiken Autoren ebenfalls nicht Vollständigkeit garantiert, bleibt oft nur der (kritische) Blick in das Werk von BLAISE.

[111] Auflösungen und Nachweise bei H. J. FREDE, Kirchenschriftsteller. Verzeichnis und Sigel, VL 1/1, Freiburg 1981, passim (mit Nachtragsheften und -blättern).

[112] Diese Angabe ist aufzulösen: M. VINZENT, Asterius von Kappadozien. Die theologischen Fragmente. Einleitung, kritischer Text, Übersetzung und Kommentar, VigChr. Suppl. 20, Leiden u.a. 1993, Frgm. 15 auf S. 90. Diese Ausgabe löst ab: G. BARDY, Recherches sur Saint Lucien d'Antioche et son école, Paris 1936, Frgm. 5 auf p. 244 – allerdings ist es u.U. hilfreich, die vertraute ältere Fragmentennummer mitzuzitieren, die sich in der Literatur bis 1993 findet. In beiden Ausgaben von VINZENT und BARDY ist schließlich nachgewiesen, wo das Fragment eigentlich steht: Athanasius, De synodis 19,3 (Werke II, 246,29f OPITZ). Diese Angabe kann ebenfalls mitzitiert werden, muß aber nicht mit angegeben werden.

[113] Lateinisch-Deutsch, hg. v. P. HÜNERMANN, Freiburg u.a. [37]1991, S. 488.

[114] Die Opferbescheide der dezischen Christenverfolgung sind bequem in Übersetzung zugänglich bei A. BLUDAU, Die ägyptischen Libelli und die Christenverfolgung des Kaisers Decius, RQ.S 27, Freiburg 1931 – unsere Beispiele als Nr. 4 bzw. 26 (S. 3f und 9).

[115] J. M. CHLADENIUS, Allgemeine Geschichtswissenschaft (…), Neudruck der Ausgabe Leipzig 1752, Wien u.a. 1985.

[116] Vgl. den entsprechenden Artikel im »DTV-Wörterbuch der Kirchengeschichte« (G. DENZLER/C. ANDRESEN, München [4]1993, 391–392 [Lit.]), ausführlicher Dom Renatus Prosper Tassius [= R. P. Tassin], Mitgliedes und Priesters der Congregation von St. Maur und vornehmsten Verfassers des neuen Lehrgebaeudes der Diplomatik, Gelehrgeschichte der Congregation von St. Maur, Benedictiner Ordens (…) aus dem Französischen ins Teutsche übersetzt [*zeitgenössischer handschriftlicher Zusatz in UB Tübingen Signatur Ke I 34:* von Anton Rudolph, Diac. u. Prof. Gymnas. zu Erfurt], Frankfurt/Leipzig, 1773/74.

[117] A. MANDOUZE/J. FOUILHERON, Migne et le renouveau des études patristiques. Actes du Colloque de Saint-Flour 7–8 juillet 1975, Turnhout 1985.

[118] Die erwähnte ›Clavis Patrum Graecorum‹ von M. GEERARD (s.o. S. 46) gibt dankenswerterweise stets an, auf welche Barockeditionen PG zurückgreift; ebenso E. DEKKERS in der ›Clavis Patrum Latinorum‹.

[119] Programmatischen Charakter hat seine Edition der Kirchengeschichte Eusebs im Berliner Kirchenväterkorpus, mit der er den beteiligten Theologen zeigen wollte, wie solche Texte zu edieren seien: Die Kirchengeschichte, hg. im Auftrage der Kirchenväter-Commission der Königl. Preuß. Akademie der Wissenschaften von E. SCHWARTZ, die lateinische Übersetzung des Rufinus bearbeitet im gleichen Auftrage von TH. MOMMSEN, GCS Eusebius II/1–3, Leipzig 1903–1909.

[120] So in seiner Edition des Athanasius zugeschriebenen ›Sermo maior de fide‹ (= CPG II,

2803 p. 135): Der s.g. Sermo maior de fide des Athanasius, SBAW.PH 6,1924 (München 1925), 5.

[121] Das dem ersten Band beigelegte Werbedoppelblatt macht auf Seltenheit und den hohen Preis der Maurinertexte aufmerksam und offeriert Textausgaben nach den besten und ältesten Kodizes mit Quellenhinweisen für die Väter von Tertullian bis Isidor von Sevilla († 636) – vgl. auch R. HANSLIK, 100 Jahre CSEL, Wien 1964.

[122] Bibliotheca Patrum Latinorum Britannica, bearb. v. H. SCHENKL, Wien 1891–1908 = Hildesheim 1969; Bibliotheca Patrum Latinorum Hispaniensis, nach G. LOEWE u. R. BEER bearb. v. W. v. HARTEL u. Z. GARCIA, Wien 1887–1915 = Hildesheim 1973; Bibliotheca Patrum Latinorum Italica, hg. v. A. REIFFERSCHEID, Wien 1865–72 = Hildesheim 1976.

[123] R. HANSLIK u.a., Die handschriftliche Überlieferung der Werke des Hl. Augustinus, Vol. I ff; SÖAW.PH; Wien 1969 ff.

[124] Die politische Entwicklung in Berlin läßt sich an den wechselnden Titeln des herausgebenden Gremiums ablesen: Kirchenväterkommission der (Kgl.) Preußischen Akademie der Wissenschaften (bis 1945); Kommission für spätantike Religionsgeschichte der Deutschen Akademie der Wissenschaften (bis 1967), der Akademie der Wissenschaften der DDR (bis 1989). Der Ausgabe wurden die »Texte und Untersuchungen zur Geschichte der altchristlichen Literatur« (TU, Vol. 1 Leipzig 1882/83 = Berlin 1991) als »Archiv für die von der Kirchenväter-Commission der Preußischen Akademie der Wissenschaften unternommene Ausgabe d. älteren christlichen Schriftsteller« zur Seite gestellt. – Vgl. auch J. IRMSCHER/K. TREU (Hgg.), Das Korpus der Griechischen Christlichen Schriftsteller. Historie, Gegenwart, Zukunft, TU 120, Berlin 1977.

[125] GCS 53, Berlin 1969 (hg. v. P. GALLAY). Mit diesem Band wurde auch die Zählung nach Erscheinen aufgegeben, die zu ungünstigen Doppelziffern geführt hatte: GCS 7 = Eusebius Bd. 1 (hg. v. I. A. HEIKEL, Leipzig 1902). Man zitiert jetzt nur noch: GCS Eusebius I oder 1 und läßt die Zählung nach Erscheinen am besten auch bei älteren Bänden weg.

[126] Zu ihm vgl. jetzt die kleine Monographie von F. WINKELMANN, Euseb von Kaisareia, Berlin 1991.

[127] LIETZMANNS Schüler H.-G. OPITZ konnte bis zu seinem Tode (1942) neun Lieferungen des Werkes fertigstellen: Athanasius Werke, hg. im Auftrage der Kirchenväter-Kommission der Preuß. Akademie der Wissenschaften, II. Bd. 1. Tl. Die Apologien, hg. v. H.-G. OPITZ (7 Lieferungen, Revisionsbogen der 8. Lfg.), Berlin und Leipzig 1935; III. Bd. Urkunden zur Geschichte des arianischen Streites 318–333, hg. v. H.-G. OPITZ (2 Lieferungen), Berlin und Leipzig 1934. Seit 1945 arbeiten an der Fertigstellung des Werkes M. TETZ (in Bochum) und W. SCHNEEMELCHER (in Bonn). Faszikel sind bisher allerdings nicht erschienen.

[128] Zuerst (1921): Contra Eunomium Libri iteratis curis ed. W. JAEGER (GNO I/II, 2., korr. Aufl. Leiden 1960); zuletzt G. HEIL/J. P. CAVARNOS/O. LENDLE, Sermones II, GNO X/1, Leiden 1990.

[129] Corpus Dionysiacum: Vol. I De divinis nominibus, hg. v. B. R. SUCHLA, PTS 33, Berlin, New York 1990; De coelesti hierarchia, de ecclesiastica hierarchia hg. v. G. HEIL †; De mystica theologia, epistulae hg. v. A. M. RITTER, PTS 36, 1991. – Dankenswerterweise haben alle drei Editoren neben ihre Ausgabe auch eine neue kommentierte deutsche Übersetzung in der Reihe ›Bibliothek der griechischen Literatur‹ gestellt, zuletzt erschien: Pseudo-Dionysius Areopagita. Über die mystische Theologie und Briefe, eingel., übers. und mit Anm. versehen von A. M. RITTER, BGL 40, Stuttgart 1994.

[130] Das gilt z.B. für die beiden Tertullianbände (1954: CChr.SL 1/2), die i.W. Editionen des Wiener Kirchenväterkorpus nachdrucken.

[131] Irénée de Lyon, Contre les Hérésies, Édition critique par A. ROUSSEAU et L. DOUTRELEAU, 5 Vol. in 10 Teilbänden, SC 100; 152/153; 210/211; 263/264; 293/294, Paris 1965–1982. – Allerdings zeigen die viel zu wenig beachteten Arbeiten von SVEN LUNDSTRÖM (zuletzt: Die Überlieferung der lateinischen Irenaeusübersetzung, AUU.SLatU 18, Uppsala 1985) durch kritische Einwände gegen den Text der französischen Forscher, daß diese Ausgabe noch nicht als editio maior critica gelten kann.

[132] Ausgelöst durch die römische lehramtliche Verurteilung des französischen Reformkatholizismus im Jahr 1907 (DENZINGER-HÜNERMANN [Bibliographie S. 56] Nr. 3401–3466,

pp. 932–939); vgl. die knappen, aber informativen Artikel unter den Stichwörtern »Modernismus« und »Nouvelle Théologie« bei G. DENZLER/C. ANDRESEN, DTV-Wörterbuch der Kirchengeschichte, München ⁴1993, (405–408 bzw. 426).

[133] Dazu jetzt D. BERTRAND, Die Rückkehr zu den Vätern: ein Weg zur Erneuerung der Theologie. Das Beispiel der ›Sources Chrétiennes‹, ThQ 172, 1992, 295–300.

[134] Aphrahat, Demonstrationes, übers. v. P. BRUNS, FChr 5/1–2, Freiburg u.a. 1991; Origenes, Commentarii in Epistulam ad Romanos, übers. v. TH. HEITHER, FChr 2,1ff, Freiburg 1990 ff; Traditio Apostolica, übers. v. W. GEERLINGS, FChr 1, Freiburg u.a. 1990, 141–358.

[135] H. GRUNDMANN, Monumenta Germaniae Historica 1819–1969, München 1969 = 1979.

[136] Gregor: AQDG 2/3, hg. R. BUCHNER, ⁷1988/90; Lampert: AQDG 13, hg. A. SCHMIDT/W. D. FRITZ, ³1985; Otto: AQDG 16, hg. W. LAMMERS, ⁵1990; Bonifatius: AQDG 4, hg. R. RAU, ²1988; F. J. SCHMALE/I. SCHMALE-OTT, Quellen zum Investiturstreit, AQDG 12a/b, 1978/1984.

[137] G. EBELING, WA 61, Weimar 1983, VII–X; für die Geschichte der Lutherausgaben bis 1883 vgl. E. WOLGAST/H. VOLZ, WA 60, 1980, 429–637.

[138] Literatur dazu bei R. SCHWARZ, Luther, KiG I/3, Göttingen 1986, 28; seither noch die zweite erweiterte Auflage von O. BAYER, Promissio. Geschichte der reformatorischen Wende in Luthers Theologie, Darmstadt 1989.

[139] Nur die erste Psalmenvorlesung von 1513–1515, die »Einblick in die Keimzelle von Luthers Theologie« (G. EBELING) gibt und ursprünglich in WA 3/4 ediert war, ist als WA 55 vor allem von S. RAEDER und R. SCHWARZ neu im Rahmen der WA herausgegeben worden und 1992 zum Abschluß gekommen.

[140] 3. u. 6., durchg. Aufl. Berlin, New York 1962–1967; Bände 1–4 in Kassette (1966).

[141] In Zus. mit H. JUNGHANS, R. PIETZ †, J. ROGGE u. G. WARTENBERG hg. v. H.-U. DELIUS, Berlin 1979 ff.

[142] E. STÖVE, Art. Karl Gottlieb Bretschneider, TRE VII, 1981 = 1993, 186f.

[143] Kritische Edition des lateinischen Textes durch P. FRAENKEL, CCath 34, Münster 1979; Edition des deutschen Textes (als Faksimile-Druck der Ausgabe Augsburg 1533) durch E. ISERLOH, CCath 35, Münster 1980 – vgl. auch DERS., Art. Eck, Johannes, TRE IX, 1982 = 1993, 249–258.

[144] Das berühmte »Über die Religion. Reden an die Gebildeten unter ihren Verächtern« erfuhr z.B. vier Auflagen (1799, 1806, 1821, 1831). »Die ursprüngliche, von Auffassungen der Berliner Romantik geprägte Fassung hat Schleiermacher dabei immer mehr verändert. In der (...) Gestalt der Ausgabe letzter Hand sind die ›Reden‹ zum Erbauungsbuch geworden« (F. Schleiermacher zum 150. Todestag, Berlin, New York 1984, 49).

[145] Eine knappe Aufstellung bei J. GAUCK, Die Stasi-Akten, Hamburg 1991, 12.

[146] G. BESIER/ST. WOLF, ›Pfarrer, Christen und Katholiken‹. Das Ministerium für Staatssicherheit der ehemaligen DDR und die Kirchen, Historisch-theologische Studien zum 19. und 20. Jh. 1, ²1992, 19 und 811–815. Die Einleitung dieses Bandes (S. 1–103) schreibt zu Teilen einen schriftlichen Bericht für einen Volkskammerausschuß (so Besier, 1 Anm. 1) bzw. S. 84 ff. die Diss. Phil. B (= Habil.) von H. DOHLE aus (Grundzüge der Kirchenpolitik der SED zwischen 1968 u. 1978, Diss. Phil. B [masch.], Akademie für Gesellschaftswissenschaften beim ZK der SED).

[147] Bibliographie in der vorangegangenen Anmerkung.

[148] Für deren Editionsprinzipien s.u. S. 104f.

[149] Freilich wurden für die altkirchlichen Texte nur wenige von den vielen Reihen mit italienischer Übersetzung bzw. rein italienischem Text aufgenommen. – Es empfiehlt sich, sich mit Aufbau und Inhalt der wichtigsten Reihen einmal am Bücherschrank des jeweiligen Seminars vertraut zu machen: PG/PL, GCS, CChr, FChr/SC, Mansi, ACO, Mirbt/Aland, BKV, MGH, AQDG, WA, CR, Werke Schleiermachers, Bonhoeffers, Barths und Bultmanns. – Abkürzungen in der linken Spalte nach TRE.

[150] In diesen Reihen werden die Texte meistens mit einer Übersetzung ediert; früher in lateinischer, jetzt in französischer, englischer oder deutscher Sprache.

[151] Die Ausgaben haben also *zwei* Nummern, z.B. CSCO 206 C. 29.

[152] Ein »Generalregister« (1931) erschließt Personennamen und wichtige kirchen- bzw. dogmengeschichtliche Topoi auf 367 Seiten; einzelne Bände erschienen gekürzt mit neuen Einleitungen und Erläuterungen als »Schriften der Kirchenväter«, hg. v. N. BROX, München 1986 (10 Bde.).

[153] Deutsch-lateinische Ausgaben auf der Basis dieser Edition von F. SCHMITT: Monologion, Stuttgart 1964; Proslogion, Stuttgart ²1984; De Veritate, Stuttgart 1966; Cur Deus Homo, Darmstadt ⁴1986.

[154] Zur Begriffsgeschichte und zu den einzelnen historischen Hilfswissenschaften vgl. A. v. BRANDT, Werkzeug des Historikers. Eine Einführung in die historischen Hilfswissenschaften, Stuttgart ¹¹1986, 11–14 und passim.

[155] Weitere Literatur zum Thema: (veraltet) A. DEGRASSI, I Fasti Consolari dell' Impero Romano, Rom 1952; vollständige Fasten am Ende von A. H. M. JONES/J. R. MARTINDALE/J. MORRIS, The Prosopography of the Later Roman Empire, Vol. I A.D. 260–395, Cambridge u.a. 1987 (= 1971), 1040–1127. – *fasti, orum* (m) hat die Bedeutung ›Kalender‹, ›Amtskalender‹ angenommen, weil ursprünglich im römischen Verzeichnis der Gerichtstage diese Tage mit der Bezeichnung *fas* versehen waren.

[156] Stammtafeln europäischer Herrscherhäuser, Köln u.a. ³1993.

[157] Indices zum Werk erstellte B. NOACK, Amsterdam 1983.

[158] Carmen 94 (MGH.PL I, 320,13f DÜMMLER); vgl. W. HEIL, Art. Alkuin, TRE II, 1978 = 1993, 266–276.

[159] Å. FRIDH, Art. Cassiodor, TRE VII, 1981 = 1993, 657–663.

[160] Inst. I 30,1 (75,5–8 MYNORS = K. S. FRANK, Frühes Mönchtum im Abendland, 1. Bd. Lebensformen, BAW.AC, Zürich/München 1975, 273).

[161] P. OCHSENBEIN u.a., Vom Schreiben im Galluskloster, 104f.

[162] Q.v.I.3; A. MUTZENBECHER, Codex Leningrad. Ein Beitrag zu seiner Beschreibung, Sacres Erudiri 18, 1967, 406–450; DIES., CChr.SL 44, 1970, XXXVI–XXXVIII.

[163] Hier kann für eine ausführlichere Darstellung und Literatur pauschal auf A. v. BRANDT, Werkzeug des Historikers, 119–157 (Text) und 190–197 (Literatur) verwiesen werden.

[164] H. HÖMIG, Die Gründung des Bistums Berlin, Wichmann-Jahrbuch 30/31 (= NF 1), 1990/91, 117–127.

[165] Abbildung als Nr. II-7 im Katalog der Ausstellung »Bernward von Hildesheim und das Zeitalter der Ottonen«, Bd. 1, Mainz 1993, 23; zur Romorientierung Ottos klassisch, wenn auch teilweise überholt P. E. SCHRAMM, Kaiser, Rom und Renovatio, Darmstadt ³1992 (= Leipzig 1929).

[166] Die Diskussion ist jetzt nachgezeichnet bei R. LEEB, Konstantin und Christus, AKG 58, Berlin u.a. 1992, 29–42; Bemerkungen dazu von CH. MARKSCHIES in ThLZ 119, 1994, 145–148.

[167] H. DÖRRIES, Erneuerung des kirchlichen Amtes im vierten Jahrhundert. Die Schrift De sacerdotio des Johannes Chrysostomus (…), in: Bleibendes im Wandel der Kirchengeschichte, Kirchenhistorische Studien [FS Freiherr von Campenhausen], hg. v. B. MOELLER u. G. RUHBACH, Tübingen 1973, 1–46.

[168] E. SIEVERS, Tatian. Lateinisch und altdeutsch mit ausführlichem Glossar, Bibliothek der ältesten deutschen Literaturdenkmäler 5, Paderborn ²1892 = 1960. Die Frage, wo und in welcher Sprache das ›Diatessáron‹ geschrieben wurde, ist umstritten: Diskutiert werden eine Abfassung in Rom vor 172 in griechischer Sprache bzw. nach 172 in Syrien bzw. Mesopotamien in syrischer Sprache (dazu M. GEERARD, Clavis patrum Graecorum I, Turnhout 1983, 44–53).

[169] Jetzt mit einer neuhochdeutschen Übersetzung und kundigem Stellenkommentar von N. LARGIER als Band 20 in der ›Bibliothek des Mittelalters‹ der ›Bibliothek deutscher Klassiker‹ (Bd. 91), Frankfurt/M. 1993; zum Autor U. KERN, Art. Eckhart, Meister, TRE IX, 1982 = 1993, 258–264.

[170] Kritische Edition: W. v. HINTEN, ›Der Franckforter‹ (›Theologia Deutsch‹). Kritische Textausgabe, Münchner Texte und Untersuchungen zur deutschen Literatur des Mittelalters 78, München 1982; neuhochdeutsche Übersetzung v. A. M. HAAS, Theologia Deutsch, Christliche Meister 7, Einsiedeln 1980.

[171]   Vorrede 1516 WA 1, 153 bzw. Vorrede 1518 WA 1, 378f – bei HAAS p. 27–29. Mehrere Beiträge des Herausgebers zu diesem Themenkomplex sind gesammelt in A. HAAS, Gott leiden. Gott lieben. Zur volkssprachlichen Mystik im Mittelalter, Frankfurt 1989.

[172]   Eine Neubearbeitung steht als Computerdatei auf CD-Rom zur Verfügung; Auskünfte und Nachweise beim ›Thesaurus Linguae Graecae‹ (University of California Irvine [CA 92717 USA]).

[173]   Katakomben sind unterirdische Friedhöfe; die Bezeichnung geht auf einen solchen Friedhof zurück, der sich unter der römischen Kirche San Sebastiano an der Via Appia Antica befindet. Die Gegend trug die Flurbezeichnung »in/ad catacumbas« (die deutsche Bedeutung ist umstritten, entweder: »bei den Talsenken« oder »bei dem Schiffs[denkmal])«.

[174]   Leipzig 1986; vgl. A. EFFENBERGER/H.-G. SEVERIN, Das Museum für spätantike und byzantinische Kunst, Mainz 1992 – weitere Literatur im Anhang, oben S. 158.

[175]   Literatur zu den drei Gelehrten (in Auswahl): TH. KLAUSER, Henri Leclerq, 1869–1945. Vom Autodidakten zum Kompilator großen Stils, JbAC. Ergbd. 5, Münster 1977; DERS., Franz Joseph Dölger, 1879–1940. Sein Leben und sein Forschungsprogramm ›Antike und Christentum‹, JbAC. Ergbd. 7, Münster 1980; K. ALAND, Glanz und Niedergang der deutschen Universität. 50 Jahre deutscher Wissenschaftsgeschichte in Briefen an und von Hans Lietzmann (1892–1942), Berlin, New York 1979.

[176]   C. WAMPACH/M. ZENDER, Art. Echternach, RGG II, [2]1958, 301f.

[177]   B. STASIEWSKI, Art. Wilsnack, RGG VI, [3]1962, 1727.

[178]   Lact., Inst. II 8,6 (CSEL 19, 130f App. BRANDT) und VII 5,27 (602–604 App.).

[179]   E. HECK, Die dualistischen Zusätze und die Kaiseranreden bei Lactanz, StP 13 = TU 116, Berlin 1975, 185–188; DERS., Die dualistischen Zusätze und die Kaiseranreden bei Lactantius. Untersuchungen zur Textgeschichte der *Divinae institutiones* und der Schrift *De opificio dei*, AHAW. PH 2/1972, Heidelberg 1972.

[180]   T. D. BARNES, The Editions of Eusebius' *Ecclesiastical History*, GRBS 21, 1980, 191–201 = DERS., Early Christianity and the Roman Empire, Collected Studies Series 207, London 1984, nr. XX.

[181]   Von lateinisch *bulla*, eigentlich die Kapsel zum Schutz von Siegeln und ganzen Dokumenten, schließlich allgemein für besonders feierliche oder wichtige päpstliche Erlasse; vgl. zum Thema W. GOEZ, Art. Franciscus von Assisi, TRE XI, 1983 = 1993, 299–307.

[182]   B. LOHSE, Art. Augsburger Bekenntnis I, TRE IV 1979 = 1993, (616–628) 625f.

[183]   So P. MAAS, Textkritik, Leipzig [4]1960, 31 – dieses knappe, aber gehaltvolle Heft von etwas über 30 Seiten ist nach wie vor die beste Einführung in die Materie.

[184]   Die berühmte Berliner Ausgabe der Kirchengeschichte des Bischofs Eusebius von Cäsarea/Palästina (s.o. S. 60/106: GCS Eusebius II/1–3, Leipzig 1903–1909) kombiniert beide Apparatformen: EDUARD SCHWARTZ ediert Eusebius mit ›negativem‹, THEODOR MOMMSEN Rufins lateinische Übersetzung von 403 n.Chr. mit einem ›positiven‹ Apparat.

[185]   Ein extremes Beispiel von *divinationes* im Haupttext ist die Ausgabe der ›Refutatio Omnium Haeresium‹ des Hippolyt († um 235 n.Chr.) von M. MARCOVICH (PTS 25, Berlin u.a. 1986). Kritische Worte dazu von D. HAGEDORN in JbAC 32, 1989, 210–214.

[186]   Die ursprüngliche nikänische Form des ersten Glaubenssymbols im Ankyrōtos des Epiphanios von Salamis, ThPh 53, 1978, 407–414.

[187]   Die beste Übersicht über die Bezeugungen findet sich in der Ausgabe der Basiliusbriefe von M. FORLIN PATRUCCO, Corona Patrum 11, Turin 1983, 84.

[188]   U.a. durch M. BOUSSET, Apophthegmata. Textüberlieferung und Charakter der Apophthegmata Patrum. (...) Euagrius-Studien, Tübingen 1923, 335–341.

[189]   J. B. LIGHTFOOT, The Apostolic Fathers, Part II S. Ignatius, S. Polycarp, Vol. I, London [2]1889, 110–134 (Handschriften) und Vol. III, London [2]1889, 135–273 (Text).

[190]   Erstmals ediert von CURETON 1845, bei LIGHTFOOT hg. und übers. von W. WRIGHT (Vol. III, 75–92: »The Curetonian Epistles«).

[191]   LIGHTFOOT, Apostolic Fathers II/3, 190,14f. Der Begriff τριώνυμος (und allzumal in antisabellianischer Wendung) ist erst im vierten Jahrhundert belegt: LAMPE, PGL, s.v. (p. 1411).

[192]   Eine Bibliographie der äußerst lebhaften Kontroverse bei E. CALIC/W. HÖFER u.a., Der

Reichstagsbrand – eine wissenschaftliche Dokumentation, Bd. 2, München 1978; knappe Informationen bei M. S. CULLEN, Der Reichstag. Die Geschichte eines Monuments, Berlin 1983, 373–388.

[193] H. RAUSCHNING, Gespräche mit Hitler, Zürich u.a. 1940, 76.

[194] TH. SCHIEDER, Hermann Rauschnings ›Gespräche mit Hitler‹ als Geschichtsquelle, Publikation der Rheinisch-Westfälischen Akademie der Wissenschaften, Opladen 1972, bes. S. 30f.

[195] Stenogramme H. HEIM bei H. PICKER, Hitlers Tischgespräche im Führerhauptquartier 1941–42, (...) geordnet, eingeleitet und veröffentlicht von G. RITTER, Bonn 1951 bzw. hg. v. P. E. SCHRAMM, Stuttgart [2]1965.

[196] BARNES aaO. (S. 178 Anm. 180), 194.

[197] SC 300, 112 PIÉDAGNEL: Τοῦ (...) Ἰωάννου ἀρχιεπισκόπου Κωνσταντινουπόλεως τοῦ Χρυσοστόμου ἐγκώμιον εἰς τὸν ἅγιον ἀπόστολον Παῦλον λόγος α'. – Zur Gattung vgl. TH. PAYR, Art. Enkomion, RAC V, Stuttgart 1962, 332–343.

[198] Unter dem Titel »Widerstand und Ergebung. Briefe und Aufzeichnungen aus der Haft« München 1951/Neuausgabe München [2]1977; GTB 1, Gütersloh [10]1978 – das Material soll in Bd. 16 der neuen Werkausgabe (DBW) kritisch ediert werden.

[199] An E.B. (5.5.1944): »... und vielleicht war das Geschriebene auch mehr für mich selbst zur Klärung als für Dich zur Belehrung abgefaßt« (137 = Neuausgabe München [2]1977, 312).

[200] Z.B. bei G. EBELING, Die ›nicht-religiöse Interpretation biblischer Begriffe‹, zuerst ZThK 52, 1955, 296–360, auch in: DERS., Wort und Glaube, Tübingen 1960, 90–160 oder E. BETHGE, Dietrich Bonhoeffer. Eine Biographie, München [6]1986, 958–1000, bes. 968–982.

[201] Legende, Sage, Mythe, Rätsel, Spruch, Kasus, Memorabile, Märchen, Witz, Halle [2]1956 (mit Literaturanhang, p. 224–231).

[202] Z.B.: Cicero, Orator, hg. B. KYTZLER, TuscBü, München/Zürich [3]1988; Quintilian, Ausbildung des Redners, hg. und übers. v. H. RAHN, TzF 2/3, Darmstadt [2]1988, E. ZUNDEL, Clavis Quintilianea, Darmstadt 1989; O. SEEL, Quintilian oder die Kunst des Redens und Schweigens, Stuttgart 1977 = München 1987 (zur mittelalterlichen und neuzeitlichen Nachwirkung bes. p. 240–325).

[203] Z.B. M. FUHRMANN, Die antike Rhetorik. Eine Einführung, Artemis Einführungen, München/Zürich [2]1987; W. EISENHUT, Einführung in die antike Rhetorik und ihre Geschichte, Darmstadt [3]1983.

[204] Z.B. bei W. EGGER, Methodenlehre des Neuen Testaments. Einführung in linguistische und historisch-kritische Methoden, Freiburg [2]1990.

[205] Über Kriterien gültiger Schlüsse orientiert z.B. das empfehlenswerte Studienbuch von W. HÄRLE, Systematische Philosophie. Eine Einführung für Theologiestudenten, München/Mainz 1982, in seinem Logikabschnitt (60–129).

[206] Zu diesem »Gottesdienst«: K. SCHOLDER, Die Kirchen und das Dritte Reich II. Das Jahr der Ernüchterung 1934 (...), Berlin [2]1988, 323f; der Text des Gelöbnisses bei K. D. SCHMIDT, Die Bekenntnisse und grundsätzlichen Äußerungen zur Kirchenfrage II, Göttingen 1935, 138 (Nr. 61).

[207] So zeigt sich bei der Übersetzung von Texten des sogenannten »Corpus Dionysiacum« (dazu oben S. 61) an den Notaten der Lexika, daß der Autor eine große Menge von Worten wahrscheinlich selbst gebildet hat, z.B. ὑπερώνυμος »über alle Namen hinaus«, d.h. nicht mehr zu benennen.

[208] Tübingen [7]1967, hg. und durchg. v. K. ALAND.

[209] Das »Reallexikon für Antike und Christentum« verweist unter dem Stichwort »Frömmigkeit« auf einen langen Artikel »Eusebeia« von D. KAUFMANN-BÜHLER (RAC VI, 1966, 985–1052), der allerdings vollkommen begriffsgeschichtlich orientiert ist und die Frömmigkeitspraxis nicht in den Blick nimmt.

[210] Deutsche Ausgabe h. v. N. BROX u.a., Freiburg, Basel, Wien 1991ff; bisher 4 Bde. Eine freundliche Besprechung von B. MOELLER in ThLZ 118, 1993, 899–904.

[211] Geschichte des Christentums I/1, Gütersloh [2]1938, VIf.

[212] Vgl. die Beiträge in dem Sammelband »Mentalitäten-Geschichte« (Zur historischen Rekonstruktion geistiger Prozesse, hg. v. U. RAULFF, Berlin 1987).

[213] P. BURKE, Offene Geschichte. Die Schule der ›Annales‹, Berlin 1991; J. MEHLHAUSEN, Art. Geschichte/Geschichtsschreibung/Geschichtsphilosophie VII/2, 19.-20. Jahrhundert, TRE XII, 1984 = 1993, (643–658) 654f.

[214] S.o. S. 31 mit Anm. 81 (S. 172); L. DOUTRELEAU, SC 210, 126–130.

[215] J.-C. FREDOUILLE, SC 280, 12.

[216] Hipp., Haer. IX 12,10; ausführlich J. STRAUB, Art. Commodus, RAC III, 1957, 251–266, bes. 261–263.

[217] E. HECK, MH ΘΕΟΜΑΧΕΙΝ oder: Die Bestrafung des Gottesverächters, Studien zur klassischen Philologie 24, Frankfurt/M. u.a. 1987, 212–217.

[218] Text: OECT 62 CREED; zur Diskussion über die Gestalt des Zeichens: R. LEEB, Konstantin und Christus, AKG 58, Berlin/New York 1992, 36f mit Anm. 40.

[219] Eus., H.E. IX 9,2 θεὸν τὸν οὐράνιον τόν τε τούτου λόγον (...) σύμμαχον δι' εὐχῶν ἐπικαλεσάμενος, ... (GCS Eusebius II/2, 828,5–7 SCHWARTZ); zur Datierung der Auflage den oben S. 178 Anm. 180 genannten Aufsatz von BARNES.

[220] Eus., V.C. I 28,2 (GCS Eusebius I/1, 30,5–8 WINKELMANN).

[221] Eus., V.C. I 29 (GCS Eusebius I/1, 30,13–15 WINKELMANN).

[222] Zuletzt (mit Literatur und einer eigenen Lösung): R. LEEB, Konstantin und Christus, 129–140.

[223] Über historische und dogmatische Methode, in: DERS., Zur religiösen Lage, Religionsphilosophie und Ethik, GS II, Tübingen ²1922 = Aalen 1981, 729–753, bes. 732f – dazu ausführlicher oben, S. 134–136.

[224] Zu diesem Begriff vgl. H. G. GADAMER, Wahrheit und Methode. Grundzüge einer philosophischen Hermeneutik, 2 Bde., Tübingen ⁶1990/²1993.

[225] Historik (Vorlesungen 1857), 11 LEYH.

[226] Literaturhinweise und Vorschläge zur Fortführung einer Debatte, die hier im Gang ist, bei CH. MARKSCHIES, Ambrosius und die Trinitätstheologie. Studien zu Antiarianismus und Neunizänismus bei Ambrosius und im lateinischen Westen (364–381 n.Chr.), BHTh 90, Tübingen 1995, 192–197.

[227] Vgl. die knappe Zusammenfassung des fragmentarischen Werkes »Die Kirchen und das Dritte Reich« von KLAUS SCHOLDER (1930–1985) in seinem Artikel »Kirchenkampf« (zuerst: EStL ²1975, 1177–1200 = DERS., Die Kirchen zwischen Republik und Gewaltherrschaft. GA hg. v. K. O. v. ARETIN u. G. BESIER, Berlin 1988, 131–170).

[228] Bibliographie oben in Anm. 223.

[229] Athenäumsfragment (F.S., Kritische Schriften, hg v. W. RASCH, München ²1964, 51).

[230] Maximen und Reflexionen, aus dem Nachlaß, SW. Jubiläums-Ausgabe, Bd. 39, Stuttgart/Berlin 1840, 110.

[231] A. v. ZAHN-HARNACK, Adolf von Harnack, Berlin-Tempelhof 1936, 156–172; W. WENDLAND, Die Berufung Adolf Harnacks nach Berlin (auf Grund der Akten des Evangelischen Ober-Kirchenrats), JBrKG 29, 1934, 103–121.

[232] Alle Zitate aus der Historik-Vorlesung von 1857, 165f LEYH.

[233] Deutsch: Der junge Mann Luther. Eine psychoanalytische und historische Studie, Frankfurt/M. 1975.

[234] Luther und sein Vater. Bemerkungen zu E. H. Erikson, Young Man Luther, ZThK 66, 1969, 38–61; auch in: DERS., Luther, Gestalt und Wirkungen, Gütersloh 1975, 11–32.

[235] Sexuelle Entsagung, Askese und Körperlichkeit am Anfang des Christentums, München/Wien 1991, 395–437 (deutsche Übersetzung von »The Body and Society«, New York 1988 v. M. PFEIFFER). – 1994 auch als preiswertes DTV-Taschenbuch erschienen.

[236] Vorlesung 1857, 57 LEYH; zu Herodot oben S. 2.

[237] R. BULTMANN, Das Problem der Hermeneutik, in: DERS., Glauben und Verstehen, GAufs. II, Tübingen ⁶1993, 211–235; DERS., Ist voraussetzungslose Exegese möglich?, in: DERS., Glaube und Verstehen III, Tübingen ⁴1993, 142–150.

[238] DROYSEN 1857 dagegen mit anderem Akzent: »Aber wir sind weit entfernt, zuzugestehen, daß die historische Wissenschaft darum in den Bereich der *schönen Literatur* gehört; es wäre nur eine Verwirrung der Begriffe, zu sagen, daß hier notwendig künstlerische, ästheti-

sche Formungen eintreten müßten, weil von Ideen und von Darstellung die Rede ist« (217 LEYH).

[239] ›TRE‹ steht für das Abkürzungsverzeichnis der TRE, zusammengestellt v. S. SCHWERTNER, Berlin, New York [2]1993; angegeben ist jeweils der heutige Erscheinungsort.

[240] Beispiele: C. ANDRESEN, Bibliographia Augustiniana, Darmstadt [2]1973; M. ALTENBURGER/F. MANN, Bibliographie zu Gregor von Nyssa, Leiden 1987; H. CROUZEL, Bibliographie Critique d'Origène *bzw.* Supplément I, IP VIII/VIIIa, Hague 1971/1982; jährliche Sammel-Berichte über frühe lateinische Väter (Tertullian, Cyprian) in der »Revue des Études Augustiniennes« (REAug, Paris 1955ff).

[241] Zuletzt Vol. XXX-XXXII. Die Erscheinungen der Jahre 1985–1987, hg. v. K. SCHÄFERDIEK, Berlin 1994.

[242] »L'Erma« di BRETSCHNEIDER (Rom).

[243] Erstellt von der AMERICAN THEOLOGICAL LIBRARY ASSOCIATION (ATLA), auf CD-Rom; Schwerpunkt: angelsächsische evangelische Literatur.

[244] Schwerpunkt: katholische und orthodoxe Literatur romanischer Sprachen.

[245] Dazu: A. VON HARNACK, Anmerkungen in Büchern, in: DERS., Aus Wissenschaft und Leben, 148–162 (= F. SMEND/J. DUMMER, A. v. Harnack, Verzeichnis seiner Schriften. Leipzig 1990, Nr. 902).

[246] G. EBELING, Kirchengeschichte als Geschichte der Auslegung der Heiligen Schrift, SGV 189, Tübingen 1947, 5 = DERS., Wort Gottes. Studien zu einer Hermeneutik der Konfessionen, KiKonf 7, Göttingen [2]1966, (9–27) 12.

[247] Die theologischen Prüfungen enthaltend die Instruktion pro licentia concionandi et pro ministerio (...), Berlin 1883, 13.

[248] Kirchliche Dogmatik I/1: Die Lehre vom Wort Gottes. Prolegomena zur kirchlichen Dogmatik, Zürich [11]1985 = München 1932, 3.

[249] BARTH macht übrigens nicht einmal klar, ob er selbst eine andere Bezeichnung intendiert oder was sein Ausfall bedeuten will!

[250] Beispielsweise die Fragen: ›Worin zeigt sich die historische Bedingtheit der vergangenen und gegenwärtigen Gestalten der Rede von Gott?‹ › Welche Forderungen an gegenwärtige Rede von Gott stellt die Kenntnis vergangener Redeformen?‹. EBELING (Kirchengeschichte, 8) zeigt, daß zudem »auch die Erkenntnis, daß es kein aprioristisches Denken in der Theologie gibt, verbietet, eine systematische Methode absolut selbständig der historischen entgegenzusetzen« – das gilt natürlich auch für die absolut selbständige Entgegensetzung einer systematischen Frage.

[251] Bibliographie oben in Anm. 246 – über die ›Auslegungsgeschichte‹, die auch diese Konzeption heute bereits hinter sich hat, schrieb F. DE BOOR und kritisierte das Programm (ThLZ 97, 1972, 402–414). Auch E. STÖVE (Art. Kirchengeschichtsschreibung, TRE XVIII, 554) meint, diese Wesensbestimmungen nur »>historisch‹ erklären« zu können: »Die programmatischen, theologischen Qualifizierungen der Kirchengeschichte sind eine Reaktion auf die als Bedrohung empfundene historische Auflösung fundamentaler Wahrheiten des christlichen Glaubens«. Gegen diese Art, ein spezifisch reformatorisches Verständnis von Kirchengeschichte in Rahmen einer evangelischen Theologie zu dispensieren, muß nachdrücklich protestiert werden!

[252] *Belege:* J. L. von Mosheim, Institutionum historiae ecclesiasticae antiquae et recentioris libri quatuor, Helmstedt [2]1764, § 1 (zitiert nach der Übersetzung von M. HAUFE, masch., Kassel 1986, 8); F. D. E. Schleiermacher, Kurze Darstellung des theologischen Studiums zum Behuf einleitender Vorlesungen, kritische Ausgabe hg. v. H. SCHOLZ, QGP 10, Leipzig 1910 = Hildesheim/New York 1969, 58 (§ 149); H. BORNKAMM, Grundriß zum Studium der Kirchengeschichte, Grundriß des Theologiestudiums (hg. v. M. DOERNE) II, Gütersloh 1949, 17; M. SCHMIDT, Art. Kirchengeschichtsschreibung, RGG III, Tübingen [3]1959, (1421–1433) 1422; H. JEDIN, Einleitung in die Kirchengeschichte, HKG[J] I, Freiburg 1962 = 1985, 2.

[253] Grundlagen der theologischen Ausbildung im Gespräch, im Auftrag der Gemischten Kommission für die Reform des Theologiestudiums hg. v. W. HASSIEPEN u. E. HERMS, Reform der theologischen Ausbildung 14, Stuttgart 1993, 50f – dazu die Rezension von CH. MARKSCHIES in LM 34, 1995, 42.

Personenregister

Sachregister

Die *kursiv* gedruckten Seitenzahlen verweisen auf eingehendere Behandlung;
Reihenabkürzungen nach der Theologischen Realenzyklopädie (TRE).

Albert Schweitzer
Geschichte der Leben-Jesu-Forschung

Zu Beginn unseres Jahrhunderts erschienen, ist dieses Werk des jungen Albert Schweitzer inzwischen zum theologischen Klassiker geworden.
Es zog den Schlußstrich unter 150 Jahre historisch-kritischer Forschung und setzte so einen neuen Anfang. Es macht die Geschichte der Leben-Jesu-Forschung, dieser epochalen ‚Wahrhaftigkeitstat des protestantischen Christentums' so durchsichtig, daß die persönliche Eigenart der Mitwirkenden ebenso zur Geltung kommt, wie ihre sachliche Bedeutung in diesem Gespräch.

9. Auflage, Nachdruck der 7. Auflage in einem Band 1984. 651 Seiten (UTB 1302). Broschur

UTB
FÜR WISSEN
SCHAFT

Gerhard Ebeling
Luther

Einführung in sein Denken

„…Ein Buch, das ich nicht nur auf die Liste derjenigen Titel setzen würde, die in der Bibliothek jedes Pfarrers und Theologiestudenten vorhanden sein sollten, sondern das in die Hand all derjenigen Zeitgenossen zu wünschen ist, die, ob Christen oder Christentumsferne, Zugang nicht nur zu Luther, sondern zum Verständnis der christlichen Lehre suchen." Helmut Gollwitzer in *Kirche in der Zeit,* Bd. 21 (1966), Heft 1

4., durchgesehene Auflage 1981. VII, 321 Seiten (UTB 1090). Broschur

UTB
FÜR WISSEN
SCHAFT

Texte zur Umwelt des Neuen Testaments

Deutsche Bearbeitung der zweiten englischen Auflage
Herausgegeben von Charles K. Barrett.
Bearbeitet und übersetzt von Claus-Jürgen Thornton

Der Band enthält eine Sammlung von alten und neuen
Dokumenten zur neutestamentlichen Zeitgeschichte
sowie zur Geistes-, Religions- und Sozialgeschichte in
der Umwelt des NT. Kurze Einleitungen zu den
einzelnen Texten geben spezifische Hinweise oder
verweisen auf weiterführende Literatur; Anmerkungen
geben ‚Lesehilfen' und ermöglichen das Verständnis
schwieriger Passagen.

2., neubearbeitete und stark erweiterte Auflage 1991.
XXXIV, 413 Seiten (UTB 1591). Broschur.

UTB
FÜR WISSEN
SCHAFT

Adolf von Harnack
Dogmengeschichte

Der berühmte Theologe Adolf von Harnack widmete sich der historischen Theologie, insbesondere der Erforschung des Neuen Testaments und der älteren Kirchengeschichte. Das bedeutendste Ergebnis dieser Lebensarbeit ist das vorliegende Werk, in dem der Verfasser die These vertritt, daß das Dogma eine Frucht der Hellenisierung des Christentums sei.

„Weit über den engeren Kreis der Kirchen- und Dogmengeschichte hinaus hat Adolf von Harnack eine ganze Generation von Theologen geprägt und ist der glänzendste Vertreter einer Theologie, deren Probleme gewiß von der Zeit gestellt waren, die aber doch weit darüber hinaus wirksam geblieben ist."
Wilhelm Schneemelcher in *Die Religion in Geschichte und Gegenwart* 3. Auflage (1965), S. 78f

1991. XV, 486 Seiten (UTB 1641). Broschur.

UTB
FÜR WISSEN
SCHAFT

Johannes Wallmann
Kirchengeschichte Deutschlands seit der Reformation

Johannes Wallmann gibt einen Überblick über die Kirchengeschichte Deutschlands von der Reformation bis zur Mitte des 20. Jahrhunderts. Neben der Reformationsgeschichte ist der Kirchen- und Theologiegeschichte des 19. Jahrhunderts besondere Aufmerksamkeit gewidmet.

„Alles in allem ein empfehlenswertes Buch für alle, die einen Kurzüberblick und eine sachliche und gute Kurzinformation über diese 500 Jahre deutscher Kirchengeschichte suchen."
Hans-Ulrich Delius in *Theologische Literaturzeitung,* 1986, Nr. 4

4., durchgesehene Auflage 1993. 304 Seiten (UTB 1355). Broschur.

UTB
FÜR WISSEN
SCHAFT

UTB
FÜR WISSEN
SCHAFT

Auswahl Fachbereich
Theologie/Religionswissenschaft

1336 Joest: Dogmatik, Band 1
(Vandenhoeck). 3. Aufl. 1989.
DM 26.80, öS 209.–, sFr. 26.80

1355 Wallmann: Kirchengeschichte
Deutschlands seit der Reformation
(J.C.B. Mohr). 4. Aufl. 1993.
DM 12.80, öS 100.–, sFr. 12.80

1382 Scharfenberg: Einführung
in die Pastoralpsychologie
(Vandenhoeck). 1994. ND d. 2. Aufl.
DM 29.80, öS 233.–, sFr. 29.80

1395 Puza:
Katholisches Kirchenrecht
(J.C.B. Mohr). 2. Aufl. 1993.
DM 39.80, öS 311.–, sFr. 39.80

1400 Grane:
Die Confessio Augustana
(Vandenhoeck). 4. Aufl. 1990.
DM 21.80, öS 170.–, sFr. 21.80

1413 Joest: Dogmatik, Band 2
(Vandenhoeck). 3. Aufl. 1993.
DM 32.80, öS 256.–, sFr. 32.80

1446 Conzelmann: Grundriß der
Theologie des Neuen Testaments
(J.C.B. Mohr). 5. Aufl. 1992.
DM 27.80, öS 217.–, sFr. 27.80

1486 Baldermann:
Einführung in die Bibel
(Vandenhoeck). 4. Aufl. 1993.
DM 29.80, öS 233.–, sFr. 29.80

1488/89/90 Weber:
Gesammelte Aufsätze zur
Religionssoziologie 1–3
(J.C.B. Mohr). 9. Aufl./7. Aufl./
8. Aufl. 1988.
DM 24.80, öS 194.–, sFr. 24.80
DM 29.80, öS 233.–, sFr. 29.80
DM 29.80, öS 233.–, sFr. 29.80

1530 Aland (Hrsg.): Lutherlexikon
(Vandenhoeck). 4. Aufl. 1983.
DM 32.80, öS 256.–, sFr. 32.80

1547 Fohrer: Erzähler und Propheten
im Alten Testament
(Quelle & Meyer). 1989.
DM 29.80, öS 233.–, sFr. 29.80

1577 Rudolph: Die Gnosis
(Vandenhoeck). 1994. ND d. 3. Aufl.
DM 39.80, öS 311.–, sFr. 39.80

1578 Fraas: Die Religiosität
des Menschen
(Vandenhoeck). 2. Aufl. 1993.
DM 36.80, öS 287.–, sFr. 36.80

1591 Barrett/Thornton (Hrsg.):
Texte zur Umwelt
des Neuen Testaments
(J.C.B. Mohr). 2. Aufl. 1991.
DM 39.80, öS 311.–, sFr. 39.80

1592 Holm: Einführung in die
Religionspsychologie
(E. Reinhardt). 1990.
DM 22.80, öS 178.–, sFr. 22.80

1594 Lang: Die Bibel
(Schöningh). 2. Aufl. 1994
DM 29.80, öS 233.–, sFr. 29.80

1618 Riedel-Spangenberger:
Grundbegriffe des Kirchenrechts
(Schöningh). 1992.
DM 29.80, öS 233.–, sFr. 29.80

1641 v. Harnack:
Dogmengeschichte
(J.C.B. Mohr). 1991.
DM 34.80, öS 272.–, sFr. 34.80

Preisänderungen vorbehalten.